华章经管
HZBOOKS | Economics Finance Business & Management

将战略落地

重新定义目标驱动与执行

胡浩 /著

机械工业出版社
China Machine Press

图书在版编目（CIP）数据

将战略落地：重新定义目标驱动与执行/胡浩著. --北京：机械工业出版社，2022.1
ISBN 978-7-111-69644-5

I. ① 将… II.① 胡… III. ① 企业管理–战略管理 IV. ① F272.1

中国版本图书馆CIP数据核字（2021）第252040号

本书旨在指导和帮助企业实现战略落地。作者以企业管理顾问的角色，在数十年的管理实践中，汲取了众多企业战略落地的成败经验教训，总结出一套战略落地系统，它包括企业领导者的认知转变、构建策略性的目标管理体系、战略落地过程的项目化管控，以及战略落地中的领导力技巧。书中介绍了大量的项目化管控实战方法，包括工具和表格，读者可以在阅读本书后进行实际应用。

将战略落地：重新定义目标驱动与执行

出版发行：机械工业出版社（北京市西城区百万庄大街22号　邮政编码：100037）	
责任编辑：秦　诗	责任校对：马荣敏
印　　刷：北京市兆成印刷有限责任公司	版　　次：2022年1月第1版第1次印刷
开　　本：170mm×230mm　1/16	印　　张：21
书　　号：ISBN 978-7-111-69644-5	定　　价：79.00元

客服电话：（010）88361066　88379833　68326294　　投稿热线：（010）88379007
华章网站：www.hzbook.com　　读者信箱：hzjg@hzbook.com

版权所有·侵权必究
封底无防伪标均为盗版
本书法律顾问：北京大成律师事务所　韩光/邹晓东

推荐语

值此"十四五"规划开局之年,胡浩老师出版发行《将战略落地》,恰逢其时且意义深远。本书将高深、复杂的管理理论,通过通俗易懂的语言、生动形象的案例、直观实用的工具呈现出来,不仅有理论的高度,更有实践的厚重。书中大量的实践案例、工具方法,既为企业实施战略落地提供了行之有效的方法,也为各级组织管理者打开了新的思考空间,还为基层经理执行战略提供了有力工具。

——张俊林　深圳特发集团党委书记、董事长

胡浩老师的这本书兼具理论性和实践性,重点着墨于如何行动,对所有管理者都大有裨益。不论你是部门管理人员还是经验丰富的CEO,都能在本书中找到极具实操性的解决方案。胡浩老师曾经在我们企业授课并亲自参与项目落地全过程,本书中提到的方法和工具对我之后的团队管理以及战略执行都起到重要且具体的指导作用。本书非常接地气,提供了大量翔实的案例和管理工具,深入浅出地告诉大家如何把一个战略目标分

解成若干可执行、可操作的任务和活动，并由团队高效完成。特推荐给各级管理者阅读。

——张键　深圳市创新投资集团副总裁

如何实现战略落地，是企业管理者必须面对的难题。《将战略落地》源于实战，指引实践，将项目化体系引入企业战略落地管控全流程，为读者提供了一条"在复杂中寻找简单"的破局思路。

——路江涌　北京大学光华管理学院教授、《共演战略》作者

本书是一本不可多得的、有价值的好书。因为它填补了战略管理方面的空白。

随着经济和政治形势的发展，越来越多的有识之士认识到战略管理是一个极其重要的大问题。这些年来，涌现出许多关于战略管理的著作和资料，但是它们大多集中在战略的理论层面，更多地描述"是什么"的问题。而本书与众不同，它对于如何将战略落实为执行者的行动，如何将目标管理化为全员的行动理念和活动准则，做了深入的研究和探讨，是一本既有理论深度又有实践运作的好书，适合每个高层管理人员学习和应用，非常有利于他们指导下级的日常活动，以提高自己的战略管理水平。

天下乃众人之天下，战略只有化为众人的行动才能获得成功。本书作者胡浩具有多年的管理和培训经历，希望他的著作得到更多的关注和传播。

——潘军　南京航空航天大学经济与管理学院教授

战略是企业在有限资源条件下的选择。企业战略的制定要紧紧围绕客户需求和机会市场的选择，要解决企业参与竞争和实现目标的能力建设问题。企业战略的制定和落地执行，是一个科学管理过程。很多企业的战略管理缺乏科学的方法论和工具，抑或将制定出来的战略视为绝密文件束之高阁，这样的战略管理，无疑是成效甚微的。

胡浩老师所著的《将战略落地》一书，从战略认知、战略目标共识、战略的项目化分解以及战略管理需要的领导力等方面，全面地阐述了战略从宏观策略到微观任务、活动的过程，为企业管理者实施战略落地提供了非常科学、有效的方法论以及战略管理的工具模板，能够很好地帮助企业领导者实现卓有成效的战略管理。

——阮清苗　东呈酒店集团总裁

作者具有多年的管理培训经验，博采众家，融会贯通。同时，他亲身实践，将理论与实践相结合，逐步形成了一套既有普适性，又有针对性的培训方法和体系。该书对公司的战略问题做了详细的分析和阐述，并针对各种问题给出相应的解决方法，这也是作者管理培训课程的一个重要分支。同时，作者给出分析问题、解决问题背后的底层逻辑，让读者能够真正地融会贯通且形成举一反三的能力去解决他们遇到的实际问题。

——张俭　深圳市睿德通讯科技有限公司副总裁、TCL通讯科技控股前副总裁

胡浩老师的新作，完成了我们这些挚友的心愿。说实话，这本书我们期盼很久。多次茶叙畅谈中，朋友们建议他把这么多年做战略辅导的经

验和案例分享出来，胡浩老师总是笑着说时机还不成熟，他要去探索更多企业，了解更多的行业，研究更多的问题，给大家更多的答案、更多的工具，要写就写出具有真正价值的书。如今，历经多年打磨的精华之作《将战略落地》终于面世，这本书不仅会帮助你思考，还会指导你如何将战略落地。本书扎根实践，直面企业发展中的战略问题，帮助企业在博弈中增加胜率。我们期待这本书蕴含的价值让更多人、更多企业受益，感谢胡浩老师的无私分享。

——丁顺龙　九牧集团企业大学执行校长

前言

抓住第三个问题

当提及"战略"二字时,有人觉得它很重要,有人觉得它很遥远,更多人觉得这是一个庞大而难以具体化的概念。几乎每个企业都会制定战略,有的是通过科学的战略制定方法而成,有的则依靠领导者的经验与感觉而定,不管用什么方法制定出来,战略能有效落地才是至关重要的,而这取决于领导者对战略的认知和管理方法。

有的企业在耗费了大量精力和资源后制定出来的战略却变成一堆堆资料被束之高阁;有的企业在毫无战略的情况下能突飞猛进地发展,达到一定规模后制定了战略却走向衰败;而有的企业则能一直沿着战略路径逐步发展壮大。这些企业的差异到底在哪里?是战略本身的优劣吗?优秀企业往往与世界一流的管理咨询公司合作来制定战略,那普通企业该如何获得战略的成功呢？

我刻意将这些问题带入管理实践生涯，通过自己所具备的两种角色的实践尝试获得最佳答案：一是以企业创始人的角色来审视自身战略的问题，二是从企业管理顾问的角度来汲取其他企业的成败经验教训。

企业的战略管理要解决三个基本问题：

- 问题1：企业处在什么位置上？（Where are you？）
- 问题2：想要去到哪里？（Where you want to go？）
- 问题3：如何去到那里？（How to go there？）

在经历和了解各种类型企业（央企、国企、外企、民企）的成功或失败案例后，我发现战略有效的关键在于对第三个问题的解答。

在很长一段时间里，企业的战略管理重点在于解决前两个问题，的确，方向的确定很重要，但战略管理的本质是什么呢？我想，应该是保障战略的有效性，实现战略所规划的结果，绝不仅仅是呈现出战略方案是什么样的。

在进行企业实际问题分析时，我发现恰恰是因为在战略方向的选择和确定上投入了大量的精力，领导者们太过于重视制定出来的战略目标，而将它放得高高的，导致对第三个问题"如何去到那里"有所忽略。这听起来似乎有些奇怪，但事实确实如此，就如同人们费尽功夫手工制作了一件满意的用品，却舍不得用，只是摆起来看而已。

几乎所有的战略方案里都会提到阶段性目标和举措，但问题是，除了这些方案的审阅者（企业高管），中基层人员并不知道他们的工作该做哪些改变，他们要走一条什么样的路径才能与公司战略有关。或者说，公司战略与他们有关吗？如果有关，他们该如何参与呢？是被安排执行目标，还是参与实施策略的讨论……

关于战略的优秀书籍非常多，无论是世界领先企业的战略管理经验，还是系统的管理理念及科学分析工具，都给予企业在寻找最佳战略方向时有力的支撑，但关于战略如何去实现的落地管理方面的书籍，还相当缺乏，甚至可以说是空白，这也是本书的撰写目的之一。

如果组织成员的行动不能与战略目标产生清晰的呼应，那企业就会陷入"有战略，不落地"的情况，即使战略目标的制定过程再怎么科学、再怎么令人热血沸腾，战略目标也会浮泛无根。

战略管理领域的奠基者之一钱德勒提出："战略可以定义为确立企业的根本长期目标并为实现目标而采取必需的行动序列和资源配置。"⊖因此，战略应该包含目标、路径、行动这些基本元素。

对于绝大多数企业而言，难点不仅在于要明确做什么，还在于要想方设法确保做到的比应该做的更多。战略目标的制定只解决"是什么"的问题，而战略落地，是组织成员共同参与并做出结果的过程，是支撑企业生存和发展的核心工作。

具体怎么去"做"也不是应用几个工具或下达管理要求这么简单，而是需要一套战略落地系统，它包括企业领导者的认知转变、构建策略性的目标管理框架、战略落地过程管控，以及相应的领导力技巧。据此，本书分为四篇 12 章。

第一篇是战略落地的前提，通过剖析企业仍在沿用的那些导致战略无法落地的模式，提醒企业领导者必须进行思维和认知上的自我审视。如果领导者缺乏随着企业发展而自我进化的能力，就不可能制定出好的

⊖ 钱德勒. 战略与结构：美国工商企业成长的若干篇章 [M]. 孟昕，译. 昆明：云南人民出版社，2002.

战略。

第二篇是构建策略性的目标管理体系，摒弃目标简单分解和按人头分配的模式，倡导参与式的领导模式，让目标逐层有效地传递和转化下去，要求领导者与团队共同构建从目标到策略、行动的框架，这是在组织中实现上下共识的核心工作。

第三篇是战略落地项目化管控实战，这是我长期辅导企业战略落地的核心工具，特点在于导入项目化管理的模式来衔接战略目标的设定与执行。本篇介绍了大量的管控实战方法，包括工具和表格，无论是领导层的战略目标追溯，还是中基层人员的具体执行，都可以在阅读本篇后在实际中进行应用。

第四篇是战略落地中的领导力，分三个模块共介绍了十种在企业实践中可以应用的方法。仅仅靠模式和工具是不能带动团队去实现战略目标的，需要各层级管理者把自己当成领导者去带领团队，这里有一些实际的技巧，本篇中有详细解读。

附录部分包括数个关键的工具模板，有助于读者实际应用，但要提醒的是，只有基于自己的实际情况去学习甚至优化书中的工具，才能真正为你所用。附录里最有价值的地方之一是我为某企业做战略落地辅导项目的具体方案，希望对更多愿意真正实现战略落地的领导者有所启发。

对管理知识的探索是无穷无尽的，本书所提及的思想、体系和知识工具，如果能够对积极发展中的中国企业实施战略落地提供一点启发和帮助，我就感到莫大的欣慰。在写作过程中，我明显感觉到文笔的欠缺，要把实际辅导企业中的很多精彩过程都描述出来是一件很难的事，本书的内容也无法囊括所有战略落地所需的知识和解决问题的方法，只能以后再不断完善。

在本书之外，我还为读者提供了丰富的学习资源：

我们在公众号"胡言非语"（ID：hutalking）提供原创管理文章；

我们在公众号"胡浩讲管理"提供线上管理系列视频课程。

当然，还必须说明的是，本书的内容是我基于长期的管理实践和知识积累而写作的，其中有些思想和内容来自我在实践过程中学习的一些著作，以及辅导企业过程中获得的经验，当时未能详细记录，而后在反复的思考和实践中转化为自己的话语在本书中呈现出来。

目录

推荐语
前言　**抓住第三个问题**

第一篇　战略落地的前提

第 1 章　是什么让战略无法落地　/2

被数字"绑架"的战略目标　/3
战略系统出现"等待真空"　/6
不要把战略落地等同于执行力　/10

第 2 章　不确定性给战略落地带来新挑战　/14

范式转变：目标"凭什么能实现"　/15
新公司"宽容"带来的麻烦　/21
被"万能计划"框住的团队　/24
华为：拥抱不确定性获得成长　/27

第二篇 构建策略性的目标管理体系

第 3 章 激活策略性思考 / 33

为什么目标成了摆设 / 33

策略思维：你是伐木工人，还是将军 / 35

领导者的观念升级 / 39

第 4 章 重新定义目标管理 / 42

目标为什么需要管理 / 43

战略目标传递的层次模型 / 46

好的目标在写出来时就有计划的轮廓 / 50

有趣的测试：如何让目标可行 / 57

目标管理是一套循环系统 / 60

第 5 章 战略目标必须要上下同欲 / 64

变革受阻的二代接班人 / 65

为什么业绩刺激手段变得无效 / 67

期望值管理：让员工拥有动力的公式 / 70

激发团队主动性的"2+1"要诀 / 77

第 6 章 一页纸目标规划：从战略目标到策略执行 / 84

一页纸目标规划的结构与逻辑 / 85

建立"超级战略目标" / 97

逻辑目标的设定 / 102

策略的设定要点 / 116

让行动清晰可见的项目设定 / 121

第三篇　战略落地项目化管控实战

第 7 章　以项目化管控的方式实现战略落地的可视化追溯　/ 129

战略落地的最佳实施方式　/ 131
从战略到落地执行的追溯系统　/ 140
项目化战略落地管控流程　/ 158

第 8 章　以项目的方式把事情做漂亮　/ 186

重新定义项目管理　/ 188
项目计划有效的两大基石　/ 198
如何实现项目化协同　/ 213

第 9 章　闭环，启动下次出发的按钮　/ 230

避免绩效考核变得无效　/ 230
以项目 SOP 来进行知识管理　/ 236

第四篇　战略落地中的领导力

第 10 章　管理思维进化　/ 249

掌握目标的刚性与柔性　/ 249
有效管理分歧　/ 254
拥有较高的情感强度　/ 259

第 11 章　致力共识　/ 264

目标感染力　/ 266

消除沟通位差效应 / 271

学会向员工"表白" / 274

构建团队共同语 / 279

第 12 章　激励与解决问题　/ 286

正确的激励 / 286

杜绝问题麻木症 / 289

掌握"一对一会议" / 296

结束语　意义是什么　/ 303

附录　企业战略落地模板汇总　/ 306

参考文献　/ 317

第一篇

战略落地的前提

战略落地是一套管理和执行系统,它包括对战略目标的缜密思考、策略性研讨、质疑和推演,落实具体的行动计划和责任,以及坚持不懈地进行跟进、反馈,并动态调整;还应该进行各种假设,包括对企业所处环境的假设和评估,对组织能力的盘点和评估等。总之,战略落地是将战略目标与企业运营资源结合,找到最切合实际的行动路线,实现预设战略目标的过程。

在众多的企业管理咨询项目中,我与一些带有"战略目标遗憾"的领导者交谈过,他们对没能将自己觉得"挺好"的战略想法转化为企业实际成果感到非常遗憾,且不约而同地将问题的原因归结到下属身上,例如下属的责任感、执行力、职业化水平等存在不足,但他们忽略了最关键的一点:面对现实。

战略落地,并不是把目标交代下去,输出命令,就等待收获结果的过程,也不是简单的执行过程,而是能让整个组织有效地行动起来的过程。最关键的问题就是战略目标的有效分解,即如何从上往下贯穿执行战略目标并实现真正的落地,这是企业领导者必须要面对的现实问题,而不能躲在目标的背后观看团队的行为。

第1章

是什么让战略无法落地

谈及战略管理必谈及"目标",它已经成为每个企业必备的经营管理元素,是管理者极为重视的两个字。但是,在二十年的企业管理实践中,我发现对于绝大多数企业组织成员而言,"目标"二字并没有让他们感受到动力或者形成激发效应,反而是压力重重。

究其原因,一方面,绝大多数企业把目标管理当成了"控制"手段,同时在战略目标分解时又出现了"职能割裂",目标制定者总是习惯于只站在各自职能的范围内设立自己能接受的目标,极少顾及横向和纵向的关联,使得整体目标层层下达后,变成了一个个孤立的子目标,失去了系统性,它们的加和并不等同于整体目标。

另一方面,企业决策层为了让团队重视战略,为了能完成分解下去的目标,不断地加重考核奖罚的力度,借此来保障落地性。

事实上,由于"控制""被动""割裂"等因素的存在,战略目标自出现在团队面前的那一刻起就已经发生了偏差,管理力度越大越可能把事情变得更糟糕。

被数字"绑架"的战略目标

将战略目标以"数字化摊派"的方式层层下达,就像分猪肉一样,把大块的肉一刀刀分成小块,各自领回去就完成任务了。这似乎已经成为"主流方式",毫不夸张地说,现在99%的企业都在这么做。许多管理者认为,只要有足够有力度的绩效考核,团队成员就会重视分配给自己的目标并尽力去完成。

有一家公司将战略目标定义为:在2019年12月31日前实现15亿元的销售额,成为行业规模前十的企业。

总经理召集各职能负责人召开战略会议,公布公司的战略目标,重点就是分解这15亿元的销售目标,他们详细地按区域、产品线、负责人、时间阶段等维度分配给销售团队,如表1-1所示。

表1-1 某公司年度目标分配模式

区域分配	产品线分配	人头分配	时间分配
按各区ABCDE分配销售额	按各产品线ABCDE分配销售额	按销售团队ABCDE及负责人分配销售额	按季度Q1~Q4、月度M1~M12分配销售额

在总经理看来,这15亿元的目标,应该按照这些维度分下去,并且能够横向对应起来,确定每个负责人在什么时间,在哪个区域,在哪些产品线上,应该有什么样的销售额,再挨个签字确认,一切落实到人头上。

至于销售之外的那些部门，只用一句话来安排："各职能部门全力支持和响应销售部门的行动。"做完这些事，总经理就感到安心了，认为战略已部署完毕，剩下的就看下属的执行力了。

在这样的分解模式下，领导者似乎不用学习任何管理知识，就可以分解战略目标，实现"战略落地"了。但多数企业的战略失败教训告诉我们，这样的做法犯了两个错误。

错误一：被数字绑架的思维

总经理眼里只有这个15亿元的数字目标，忽略了成为行业前十的目标，而后者更具有战略性意义。前者当然是实现后者的有力支撑，但后者绝非仅靠前者就可以完成。

每年不断增长的数字目标虽然挂钩绩效制度，但并不会对员工产生任何激励作用。他们只会感受到日益增长的业绩压力，不会有兴趣去思考如何实现新的目标。

在"分猪肉"模式下，实际情况和预设相差甚远，员工们并没有把这些数字当作自己必须去完成的目标，管理者则在季度末、半年度末、年底这些关键时刻拼命催促员工完成数字指标，他们高举着绩效考核的"皮鞭"，但员工仍然是慢吞吞地前进。这已经成为每年重复出现的景象了：年初简单地进行"分猪肉"下达目标，然后整个年度都在"催、逼、赶"中度过。

员工们是这样说的："老板都是拍脑袋决策，每年的硬性目标都在增加，完不成就扣绩效奖金，还必须签字认领个人绩效目标，心里不愿意又能怎么办？"

错误二：人人头上有指标就等于上下一致

有的领导者特别享受自己琢磨战略目标的过程，深思熟虑之后提出新的战略目标，激情四溢地向团队宣讲，而下属则附和着领导，配合地做着笔记，实际却没有动力去立刻行动，而且他们还存在着一些担忧：

- 领导制定的战略，以前经常变来变去，这次会不会也一样？
- 在新的战略目标里，会有哪些工作落到自己头上？
- 实现新的战略目标后，自己在组织里处于什么位置？

即使那些战略目标看起来真的很好，即使分解到下属头上的子目标是合理的，下属也不会认为这是自己一定要去实现的目标，而是处在被动接受的状态中，甚至会产生危机感，并且心里产生一定的抵制。

一旦团队成员缺乏对目标构建的参与度，缺乏对实现目标策略的探讨，目标分解就会成为生硬的任务摊派，这使得他们失去"去实现"的动力，并且会产生这样的理解：

- 这目标是上级的，我不得不替他去完成；
- 这目标不是我想要的，但完不成要受惩罚；
- 虽然有激励，但上级给的目标哪会让我轻易完成？

所以经常有企业领导者略带郁闷地问我："我们的战略很清晰，但团队总是带不动，你给他们指明了方向，也拿起喇叭喊了半天了，可他们还是原地打转。"

必须要知道的是，战略目标不是只要分到人头上有人负责就能实现，如果真是这样的话，世界上成功的企业就太多了。必须要搞清楚的是，如果下属是在被动状态下接受的目标，即便目标很明确、量化且与绩效紧密挂钩，他们的理解也会和领导者的战略意图有偏差，导致具体执行效果大打折扣。

领导者们需要正确认知战略目标落地这一"系统"，才会拒绝"分猪肉"的目标分解模式。系统不是一些事物的简单集合，而是一个由一组相互联结的要素构成的、能够实现某个目标的整体。没有任何内在联结或功能的随机组合体就不是一个系统。因为"一加一等于二"，所以多数领导者认为只要知道"一"，就能知道"二"，但是他们忘了，还必须理解两个"一"之间的关系。⊖

把目标简单分解到人头上，再进行结果的简单加和，这种方式无法产生系统性的结果，只是数字游戏而已。

战略系统出现"等待真空"

的确，战略目标有很大比重体现在销售数据上，但这并不意味着除销售之外的职能都不重要。以销售为主导，其他部门配合的战略落地模式已经过时了，这会导致效率低下、责任不明，无法获得真正的组织整体效能。战略落地需要的是整个组织系统都运转起来，每个职能部门都需要设计自己能主导的行为来支撑整体战略。

如果把一个部门效能比作1，N个部门就是N个1，如果把整体组织效能比作T，则在传统的销售导向企业里，T最多等于N个1相加，永远不可能大于N。而真正的组织效能一定是大于各部门组成之和的（T＞N），二者的差异就在于战略落地的模式是"一方牵头、多方被动配合"，还是"多方主动、相互参与"。

⊖ 梅多斯. 系统之美：决策者的系统思考 [M]. 邱昭良，译. 杭州：浙江人民出版社，2012.

我担任一家央企集团顾问期间，这家集团发生经营管理的良性转变就是得益于战略落地模式的转变。

在成立的 30 年间，该集团一直把目标集中在业务单元，其他职能（人力、财务、供应链、研发等）都是响应业务单元需求的后端。集团里充斥着各种冗长的流程，战略举措部署下去后，各个环节反应迟钝，出现过多次错失战略机会的情况。

例如其在西部进行业务拓展，这是集团核心战略目标之一，需要外派干部以及业务骨干，否则拓展人员太少，无法覆盖广阔的市场区域。业务负责人在每次的大会小会上都喊缺人，但人力部门的确在不停地招人，那问题出在哪儿呢？

在业务负责人的认知里，但凡涉及人的问题都属于人力部门的职能范围，甚至给出的招聘需求都语焉不详，他们的思维是：我需要拓展人员，人力部门给我招聘就可以了，我只管用人，招什么样的人、是否能招到人，都是人力部门的事。

但从人力部门的角度来讲，他们很清楚公司的拓展战略，也知道输出人才很重要，却没有当作头等大事来操作。业务部门什么时候提需求就什么时候招聘，西部 A 省需要的人招聘完成了，这个事情就停下来了，至于 B 省、C 省等是否马上要开拓市场，与人力部门无关，等需要用人的时候再招聘就好了。

客观来讲，各部门都在认真做自己职能范围内的事，但只要出现一件涉及多部门的事情，就进入漫长的流程且部门之间互相抱怨。在我担任集团管理顾问并导入战略落地体系后，这些职能部门管理者的认知发生了颠覆性的改变。

业务负责人从"我只负责业务，其他都是你们的事"转变为"我要做好业务，确定需要什么资源，并一起保证资源的有效性"，不是出现问题就抱怨，因为抱怨对业务目标的实现毫无益处。业务部门主动找人力部门开会，讲述西部拓展遇到的情况以及发展规划，让人力部门充分地了解业务所需、当地人才特点等，而人力招聘团队也第一次发现自己筛选简历时找到的拓展人员与实际所需的差别有多大。

人力管理者的改变更为明显，一直以来他们都认为自己只是一个配合部门。我问人力部门负责人："在公司的整体战略中，人力部门应该有什么战略目标？人力部门应该主导什么？"

"主导"这两个字对他们来说已经很陌生了，这需要思维的转变，从协助、配合、被动响应转变为主导、积极参与、主动设计。例如每年都做的人才盘点项目，人力部门需要耗时一个多月，投入很大的精力才能完成，让他们不满的是：饱含心血的人才盘点报告提交给总经理后，居然一直放在办公桌上没有被翻阅。这可是人力部门的重要项目啊，总经理之前也要求尽快提交，但提交后不看也不问，这让人力团队很有挫败感，感觉自己的专业能力和付出都白费了。

通过战略落地项目重塑主动参与思想后，他们发现了这些"令人骄傲"却没有得到重视的工作成果中存在的问题，体现在以下对话中。

我：人才盘点项目的意义在哪里？

人力部门负责人：这是人力部门非常重要的项目，可以梳理整个队伍的状态。长期来看，可以了解公司发展所需的人才（数量、质量、结构），通过分析目前的人才状况，制订继任和培训计划；短期来看，可以解决人员岗位匹配问题，通过建立胜任力素质模型和实施人才测评，评估人员是否适岗。

我：说得非常好，尤其是了解企业发展所需的人才，这样的项目对公司发展来讲是非常重要的。那公司现在最重要的战略方向是什么呢？

人力部门负责人：我们目前的经营战略主要是拓展新市场，尤其是西部市场，公司正在做战略布局，未来的增长主要靠西部。

我：在外拓战略上，从人力角度来看公司高层领导最关心什么？或者说最想解决的问题是什么呢？

人力部门负责人：应该是拓展队伍人才，各区域办事处负责人的空缺还很多。完全靠外部招聘也不行，得内部培养。

我：那高管最想从人才盘点报告里面看到什么内容呢？

人力部门负责人：应该是想一眼就看到哪些人可以派出去，并且了解这些人对外派工作的意愿情况吧。

我：那就对了，现在的人才盘点只是对现有人才情况进行分析，主动关注战略所需了吗？

人力部门负责人：没有，我终于明白为什么高层对我们辛苦做出的报告不感兴趣了。

只要想清楚了这个问题，人力部门就不会忽略外拓人才的选拔和培养项目，也不会觉得这是在响应其他部门的工作，而是认为这是自己本来就应该主导和参与的工作。真正的战略落地不会区分前端部门和后端部门，各职能单元都要找到自己能主导的子战略，并以此去主动迎接整体战略，绝非被动响应和"下单式"配合。

可以想象，太多企业的管理还停留在1911年泰勒所写的《科学管理原理》中的水平，组织中充斥着机械式的任务分配，各职能单元不觉得整体战略中有需要自己主动参与甚至主导的地方，于是在工作衔接上出现很多"等待真空",协同效果大打折扣。

我这些年奔走于各类企业之中,致力于帮助企业解决一个问题:如何有效地进行战略落地。这涉及对目标管理的重新定义以及如何有效地层层联动、有效执行,这已经成为我每年坚持担任数家企业管理顾问的主要动力。

不要把战略落地等同于执行力

执行力是企业中永恒的话题,也是一个出现问题时的"万能"解释。在目标无法完成时,似乎都可以用"执行力不强"来解释,显得与管理者无关。

将"战略落地"的成效好坏归结到执行力表现上来,是一种极大的误解。领导者把自己在"战略落地"工作中的角色使命仅仅局限在两个动作上:设定战略目标、验收落地结果,"剩下的就是下属的执行了",这种想法最要命。下面我将通过三个问题来思考传统领导者在进行战略落地管理时的不足。

问题一:战略目标谁最清楚

没有人比那些主导或者制定战略目标的人更清楚战略目标,目标的提出会涉及许多背景因素,包括资源、行业趋势、企业实际情况等,甚至包括领导者个人的倾向。但下属不可能在看到目标时就获取了全部信息,职位层级决定了思维高度和信息水平上的差异。千万不要指望下属在接到目标时,就在目标理解程度上与制定者完全一致。

问题二：战略实现的最终结果是谁的责任

最终结果一定是给到企业最高层人员，战略目标执行后的总体结果就是对企业高层人员的评估，不论下属有什么问题，企业高层都必须为最后的结果买单。

既然最终结果是高层要的，他们也是为此负责的，那为何不参与其中呢，为什么还总是期待自己只需要收获结果，其他的交给下属执行就好了呢？

问题三：战略目标 vs. 交代期望

很多领导者将目标与期望混为一谈，实际上，前者是必须实现的，而后者仅仅是一种美好的愿望而已，愿望往往与实际相差甚远。

例如，当领导者向下属提出"加强新产品的表现"这一要求时，就必须意识到下属是如何接受这一信息的。如果当作战略目标来下达，则一定要引起下属的重视，要有明确的状态要求。如果被下属理解为这仅仅是上级的期望，就不会变成他们的努力方向和必须完成的工作。

对这三个问题的思考，会促使领导者重新定义自己的"参与行为"，也就是在战略落地时作为领导者要做的战略执行事务，"执行"并非专属于下属的概念。

拉姆·查兰在《执行》一书中写道：

"执行是企业领导者的主要工作。很多企业领导者都认为，作为企业的最高领导者，他不应该屈尊去从事那些具体的工作。这样当领导当然很舒服了：你只需要站在一旁，进行一些战略性的思考，用你的愿景目标来激励自己的员工，而把那些无聊的具体工作交给手下的经理们。自然，这种领导工作是每个人都向往的。如果有一份工作,既不让你亲自动手,又可以让你享有所有的乐趣与荣耀,谁不想干呢?……领导并不应该只注重高瞻远瞩的工作,……,虽然这也是他们工作的一部分。领导者必须切身融入企业运营中,并学会执行。领导者必须对企业、企业员工和生存环境有着全面、综合的了解,而且这种了解是不能为任何人所代劳的。"㊀

查兰的这段话指出了很多企业战略无法落地的主要原因,不要认为执行就是下属的事,没有人比领导者更了解战略目标以及企业的整体情况,战略落地要求从上至下的每一个人都在相应层面上做着应该执行的事,共同为战略负责。

我曾经辅导过一家生产面粉的民营企业,该企业有着良好的运营管理水平,技术也在行业内领先,骨干人员稳定且人才储备充足,每年都在各重点大学中招聘食品相关专业的毕业生来充实队伍。但它最大的问题是销售额停留在30亿元左右的这个台阶上很多年了,虽然利润不错,但就是没法再度实现大的跨越。

老板认为是战略的问题,由于业绩稳定,公司里上上下下的人员太久没有危机感了,自然也没有更高的追求,于是他左思右想之后提出了一个让自己非常满意的战略目标:在五年之内成为中国最好的面粉厂!

在全体干部和骨干大会上,这位老板激情四溢地表达了自己要做中国最好的面粉厂的宏伟目标,他很务实,没有说"最大"而是"最好",因为国内有很多规模领先的粮食集团,论规模是很难在五年内赶超的,于是将战略目标定为"最好"。

㊀ 博西迪, 查兰, 伯克. 执行: 如何完成任务的学问 [M]. 刘祥亚, 等译. 北京: 机械工业出版社, 2016.

他也很注重"落地"，他要求所有的中高层人员将实现"最好面粉厂"这个目标放到年度管理目标中去，每个团队都要提出计划说明他们将如何支撑这一目标。

老板认为自己只需要负责提出这个目标，剩下的就是各级管理者和员工的事情。他指定了一位常务副总来抓工作落实（其实就是汇总各部门的支撑计划），然后留下一句"半年度后我会来检查"，就脱身忙别的投资去了。

转眼就到了半年度经营分析会，从各种数据来看都是不温不火，所有人都一副安然处之、按部就班的样子，并没有什么创新和突破。老板发火了，这样下去何时才能实现成为最好面粉厂的目标呢？

他在翻看这些部门的支撑计划时发现了问题所在：对于什么是"最好面粉厂"，下属有着各种各样的理解，有人认为是利润最高，有人认为是员工收入最高，还有人认为是产品价格最高……

其实这位老板自己诠释的"最好"表现在三个方面：最好的产品品质、最好的原材料、最好的客户。没有人比他自己更清楚自己想要什么，但他并没有让团队知道自己所想，却认为其他人所想都应该如他所想，结果就是每个人都按自己的理解去行事，在这种情况下，战略目标如何能落地？

对战略目标的诠释是高层人员的重要工作内容，他们的工作绝非只是宣布目标而已。

战略落地水平是企业经营管理水平高低的核心衡量指标，提升战略落地水平需要改变"分猪肉"的目标数字摊派模式；需要团队主动参与和承接战略目标，而非被动响应；需要高层领导者参与执行，找到那些能真正帮助战略目标落地的执行事项，并亲自去做好它们。

第 2 章

不确定性给战略落地带来新挑战

每一个组织都希望拥有这样的理想状态：设定明确的战略目标，整个组织据此设定明确的行动计划并有序执行，一切可控地去实现目标。

事实却并非如此，总会有各种情况打乱原本的计划，甚至领导者做出妥协而重新修订战略目标，然后再次层层下达。虽然用计划将工作设定得可谓"精准"，但各种问题总是不期而遇，组织中也充斥着各种疑虑，例如，对目标不坚定、质疑计划的有效性、各种计划一再改变或拖延。

对于多数企业领导者而言，即使没有科学的量化模型支撑及进行详尽的资料分析，其依据经验和行业感知而设定的战略目标也不会出现太大的问题，关键在于如何让其落地。在这个过程中，领导者和团队成员往往陷入"确定性"陷阱，这是牛顿经典力学体系带来的根深蒂固的影响，它建立在绝对性之上——绝对的空间、绝对的时间、绝对的确定性。㊀

采用确定性思维来经营目标，则习惯使用过去的经验和模式来预测

㊀ 左哈尔. 量子领导者 [M]. 杨壮，施诺，译. 北京：机械工业出版社，2016.

未来的结果。确定性思维总是隐藏在战略规划或目标管理的分析过程之中，试图将企业的经营活动管理得更加精确、可靠、可控，最好能在未来一直复制下去。这在没有环境变化的情况下非常适用，一旦有新的变量出现，如核心人员变更、市场环境变化、技术变革等，原本非常确定的因素就会成为障碍。

"这是一个VUCA的世界。"——宝洁公司（Procter & Gamble）首席运营官罗伯特·麦克唐纳（Robert McDonald）借用这个军事术语来描述新的商业世界格局。VUCA指的是不稳定性（volatility）、不确定性（uncertainty）、复杂性（complexity）、模糊性（ambiguity），⊖而企业的战略目标需要在这样的环境中落地成功，必然要认识到更多变化及可能性的存在，这对领导者和整个组织提出了更高的要求，不能再采用"设定目标""发出目标"，最后"验收目标"的简单模式。

VUCA的因素使得企业在制订战略计划或者展望未来的时候，原本的经验和模式难以再起到决定性作用，要实现战略落地首先领导者需要做出改变。

范式转变：目标"凭什么能实现"

有一个哲学问题："鱼是否知道水的存在？"

在很多人眼里这是一个显而易见的问题，鱼就在水里，怎么会不知道水的存在呢？但事实是，即使鱼在水里游来游去，它也不知道"水"是什么。因为始终处在自己的世界里反而看不到，只有在高高跳起跃出水面的那一刻，它才会认知到外面的世界是不一样的，外面没有水，而自己生

⊖ 宝洁CEO：价值领导力模型的十大原则，联商网，2011年12月21日。

活的环境里有"水"这种物质。

对自己世界的原本认知就是范式。

美国哲学家托马斯·库恩在《科学革命的结构》一书中对范式（paradigm）做了定义：范式是感性、概念、情感和精神框架的整合，囊括我们深层潜意识里的假设和价值。⊖

用简单的话来讲，范式就是我们深以为然的东西，它会在无意识中决定我们对事物的预期，框范我们做事的方式。企业领导者在组织中恰恰是最难转换范式的人，这是一种思维固着，即被一个与既定功能相关联的方式看待事物的倾向主宰，总会接受那些早已假定的想法，如锤子是用来敲钉子的。⊜所以传统领导者在战略目标的传递上总会固执地告诉团队"我要什么"，导致无论他怎么强调战略目标的重要性以及它有多么诱人，团队都未必能产生共识。

在众多中大型企业的战略落地项目中，我告诉领导者要意识到转化范式的必要性以及时机，将单方面的"想要"改变为"我凭什么要这些目标，我们如何一起来实现"。

要能真正意识到自己的范式需要转化，就必须懂得面对现实。我自己在管理实践中也曾经受到固有范式带来的负面影响，在很长一段时间里都想不通为什么自己力推的战略目标无法得到全公司的行动响应。

早在2012年担任某民营企业董事兼总裁时，我也高举着变革的旗帜，要将服务业务云化，产品多品牌化，并致力于成为中国最好的电气服务平台。这一战略转型得到了所有股东及高管的一致支持，随后我设定了

⊖ 库恩.科学革命的结构 [M].4 版.金吾伦，胡新和，译.北京：北京大学出版社，2012.
⊜ 阿代尔.正确决策 [M].燕清联合，译.海口：海南出版社，2008.

数个BPR（业务流程再造）项目，涉及市场、技术、销售、人力等多个模块的变革。

在激动人心的战略启动会后（回头来看也许当时仅仅是自己在激动），各位高管分别领到任务，分头行动。第一个月毫无动静，高管们纷纷表示业务很忙。第二个月他们只是交来一些原有业务的流程和制度，很明显他们并没有参与，依旧只是忙于原来的业务，即使专门安排人员每周进行工作督办，还是没法让项目有所推进。

我给几位分公司高管打电话询问为什么不能按照要求去执行，其中一位非常诚恳地说："老板，我们也觉得您定的目标非常好，如果做到了我们都很受益，但说实话现在我连那个叫BP还是BPR什么的都记不住了，不是我们不执行，的确是现在的业务负担太重，每天忙着应酬，如果销售和回款完不成，什么战略目标都没用啊。"

这位高管的说法很具有代表性，讲到底就是没有真正地重视整个集团的战略转型，如果连分公司总经理都无法参与进来，员工自然更不可能产生和新战略目标有关系的行动。

要想实现新的战略目标，必须改变原来电气服务仅围绕A公司产品的状况，必须引进新的国际电气品牌，从而实现销售额和市场份额倍增。集团战略会议上确定了要引进S品牌，也专门通过渠道拓展工作得到了S品牌的支持，并将新品牌的业务目标分解到各地市场，例如上海地区要贡献1000万元的S品牌中压产品改造项目。

各地的销售机会报表里面都填满了远超目标的数字，并且均反馈目标在推进中。直到我亲自去巡察各地市场时，才发现了问题：新品牌发展的战略目标在分公司的实际运营中形同虚设，那些销售机会都是从投标网站上抄来应付总部要求的。

有一次我隐藏身份与服务工程师共同去某水务集团拜访客户，客户的机房里有一百多台 A 品牌的低压电气柜，还有二十多台 S 品牌的中压电气柜，工程师很认真地与客户一起逐个检查低压柜，记录各种数据，询问客户是否存在异常情况等。因为公司做了 A 品牌多年的金牌服务商，所以工程师开口闭口都是"我们 A 品牌……"。

巡检完，客户很满意，提出了部分服务需求，然后指着旁边的 S 品牌中压电气柜问道："S 品牌的柜子你们要不要看看？我们今年中压要维护保养，会有预算。"

这是客户主动给预算机会，但工程师很干脆地回绝了他："不用了，我们不做 S 品牌，我们是做 A 品牌的。"我在后面听得满脸惊愕，实在是不解甚至有点愤怒，集团好不容易获得了新品牌授权，也在各种会议里强调要成为多品牌的服务平台，因为客户往往会使用多品牌电气产品。现在，我们几乎不需要什么额外的成本就能在同一个客户那里实现业务倍增，但就在我的眼皮底下，竟发生了拒绝客户需求的事情。

离开客户后，我忍住愤怒的情绪问工程师为什么拒绝 S 品牌的需求，工程师反过来一脸惊奇地看着我说："老板，咱们什么时候做过 S 品牌？十多年来不都是做 A 品牌吗？"

这样的场景几乎在所有的分公司里上演着，我陷入了痛苦之中：战略目标落地怎么就这么难？这些人为什么不听总部的命令？是不是需要撤掉几个分公司总经理来以儆效尤？

但愤怒和痛苦不能帮助战略落地，幸运的是通过实际的一线走访，我觉察到了自己存在固有范式问题：在"我想要"的思维模式下，你们应该听从我的要求，应该立刻行动，不管你是否理解，不管你是否有动力，不管你是否有困难。

但真正解决问题则需要转换范式：为什么我们要对这个目标有共识？凭什么让员工们愿意为新的战略目标而努力？如何去实现它？

在这样的转换下，思维就从对员工不执行战略的痛苦和愤怒，转移到对事实问题的解决上来。我决定与他们站在一起研究原因，放弃那些对分公司执行不力的埋怨，重新面对现实，发现了三个在其他企业也存在的共性问题。

问题一：分公司管理层对战略目标没有安全感

过去出现过很多次这样的场景：总部大张旗鼓地宣扬某个目标，于是从上到下都行动了起来，但不到两个月目标就变了，又回到从前。反复几次下来，分公司很受伤，感觉是总部在瞎折腾，干脆不把新目标当回事。

在这样的背景下，越是激动人心的战略目标，反而越让他们心生警惕，如果投入精力后不久又变化了，就得不偿失。尤其是这次的战略目标涉及新品牌业务，还没有正式获得相关授权证书，只是开会说获得了品牌支持并一定要开展业务，所以就难怪分公司总经理们心里打鼓了，最多安排员工做一些简单的市场调研，实际上还是按兵不动。

很显然，他们并没有参与到新的战略中来，仅仅是听了几次会议而已，尤其是考核指标并没有发生变化，还是以年初定好的销售额和利润指标为主，这就很难让分公司主动在原有的目标中嵌入新业务占比。要知道，人们总是愿意选择更为熟悉的方向去行动，正如相对维护老客户而言，销售人员在接受开拓市场的目标时心里会产生较大的抵抗。

这就是战略落地时的首要矛盾：在领导者看来，自己好不容易规划出如此好的方向，只要行动就会赢得未来；但在下属的眼里，可能只是老板在"自嗨",对于这些目标会不会随时改变,到底会怎样进行,他们没有预期,也不知道自己会如何参与,"赢"得未来后,自己又会在哪里。

如果团队没有对目标笃定,那谈何落地?我意识到,建立团队对于战略目标的安全感,是战略落地的首要任务。

问题二:缺乏实现战略目标所需的配套能力

战略目标是基于未来发展而定的,必然产生新的要求和挑战,尤其是需要学习新技术、新能力,以面对进入新领域过程中的问题。

领导者往往在下达目标之后,就默认只需要下属去执行即可,容易忽略配套能力的建设。要知道,下属较少能够主动思考自己需要补充什么能力或资源来支撑战略目标。

我提出的扩充新品牌的战略,默认技术人员可以很快掌握S品牌产品,以及销售人员可以便捷地在现有客户那里获得S品牌的服务需求。这只是战略层人员的假设,我认为战略执行很简单,一旦方向定了,团队去做就好了。但问题在于A品牌和S品牌的产品在结构、系统、机构件等方面都有很大差异,维护和改造时的操作也截然不同,员工们从来没有做过和S品牌有关的工作,这需要系统地进行实操培训才行。所以团队没有行动是有原因的,因为他们不知道该如何行动。

目标可以很有挑战性,但必须让团队觉得有足够的可能性去实现。配套能力是在战略目标提出时就要思考和着手准备的,它包括技能、工具、人、预算甚至公共关系、市场宣传等,这是习惯发号施令的领导者最容易忽略的问题。

问题三：缺乏激励机制

领导者容易犯的一个常见错误是：战略目标虽然明确，但行动环境还是跟以前一样，或者仅仅在绩效考核中设置更大的权重，这对于团队而言并不是激励，反而是压力。要知道，战略目标对于团队而言，往往是需要去突破和创造的，没有动力很难实现。

团队成员们当然知道追求更为高远的战略目标，需要去发展新客户、新产品，但领导者如果认为这是"理所应当"的，那就大错特错了。我在创办企业的十多年间，最大的感悟就是：理解是容易的，道理谁都懂，但采取行动就需要挑战人性了，领导者只有懂得面对现实，才能找到对实现战略目标真正有帮助的办法。

尽管员工们都理解公司的战略目标，甚至都拍着胸脯表态，但在遇到挑战时往往就会退缩，转头去做那些熟悉和不会出错的工作。这时候，领导者责怪员工们是毫无意义的，只有通过发挥激励机制的作用，让员工对新目标产生兴趣，主动探索和学习，主动发现并解决问题，那些"应该做的事"才会转化为"必须做到的事"。

每个企业都有自己的激励机制和方式，无论是设置实现目标的奖励系数，还是评选业务突破明星，抑或是组建专门的拓展团队并给予更好的待遇，本质上都是要让成员们知道实现公司战略目标是最重要的事，并且和自己紧密相关。

新公司"宽容"带来的麻烦

人们长期处在传统的组织结构中，早已习惯于被赋予明确的目标，总是希望一切事物都具有确定性——环境、人、方法、资源等，甚至希望竞争对手也采取确定的套路，尽量避免未来的不确定性，担忧甚至恐惧不确定性。

我经常对团队讲要敢于拥抱不确定性，但他们仍旧会有顾虑：未来都不确定了，谁知道会发生什么，这太可怕了，还是选择明确而稳定的路去走比较好。事实上，只有拥抱不确定性才会给组织和个人带来新的思考，激发兴趣，产生创新的结果。

我曾经遇到过一家由多方投资创立的新企业，它要建立一个融物流仓储、零售商业、融资服务、信息化管理等为一体的综合体。它的战略目标是成功实现商业模式创新，并成为高度信息化的标杆。虽然还处在筹备期，甚至还没有完成项目用地的平整工作，但工程部、商务部、信息部、人力部、财务部、市场部、供应链部等一应俱全。董事长认为虽然离项目建设完成还有两年，但组织结构要先建立起来，担心后期再招人和培养会来不及。这样一边花费巨大成本养着团队，一边对各部门人员的管理要求很宽松，也没有给他们施加压力，最后出现了问题。

董事长是我多年的好友，他在邀请我担任管理顾问时，我还很纳闷，公司出资方背景很好，福利也很好，董事长管理风格也很优秀，为什么刚成立就需要顾问？等到了公司，我发现只有工程部的人略感充实（现阶段他们最忙，办理各种许可证以及与施工方协调），其他部门的人虽然都忙着，但明显看得出有些无精打采。

一番访谈下来我发现，各部门的管理者与员工都不知道要干什么，这是非常令人惊讶的。例如市场部，常规的工作内容就是在开业前招商，但现在工期还有两年，没办法招商，董事长便要求他们多做市场调研，可他们觉得自己已经足够了解市场了，就把调研工作停留在形式上，认为完成这项工作不仅没有实际意义，还跑来跑去的，特别累。

其他部门也都有类似的问题，现在的工作模式和他们过去多年的工作经验发生了冲突，所以他们一下子就不知道该怎么办了，虽然拿着不错的工资，但总觉得每天都像是在做研究。

针对这个情况，我专门对他们进行了一场培训，并告诉他们："你们在一个新的公司里，也希望做出新的事情，但现在没有人明确要求你们必须做什么、必须在什么时间内做成什么样，你们就不适应了。其实现阶段非常宝贵，你们在这里的工作充满了不确定性，这会给你们的职业生涯带来很多想象的空间。过去我们都是按照成熟的流程来工作，从一个环节到另一个环节，现在所有人都在等待工程结束，那公司把大家抽调或者招聘到这里来干什么呢？虽然工期还有两年，市场部、信息部、供应链部这些部门以前在建设尾期才会成立，可现在你们已经在这个企业里了，你们该做什么呢？我认为，每个部门都应该围绕总体目标去做自己的尝试，每个部门都要把自己看作公司的主体。例如信息部要主动关注工程节点，与供应链部一起进行功能设计，并将信息化作为市场招商的亮点，这些都需要你们相互沟通、协作，而不是等待。没有人告诉你这个公司会是什么样子的，这些都需要你们在两年的时间里去设计，不确定性带来的才是机会。"

在培训后，所有部门都对工作内容进行了重新设定，并形成年度工作规划，几乎所有人都发现，那些本来不被重视的准备工作变得重要起来，原先等待工程结束后按照固有经验来操作的思路行不通了。

在这个顾问项目里，所有人都体会到，自己必须主动参与战略落地，所有人都必须主动思考该做什么，而不是等待安排，大家的状态得到了很大的改变。

不确定性带来的是好处还是坏处，取决于你如何看待它。如果什么都变得确定，思维和行事就变得按部就班，进而极大地削弱创新力。当环境发生变化时，隐藏的危机就出现了。因此，管理者和团队成员必须明白两点：

首先，没有绝对明确而稳定的未来，即使是现在看起来非常健康的业务或者非常稳定的团队，也可能在未来受到许多未知变量的影响，你不能回避，只能拥抱这种不确定性。

其次，如果一切都确定，人的思维就会僵化，失去可能性，失去创新力。

对于战略目标的管理更是如此，绝大部分领导者都认为要有明确的、不能轻易变化的战略目标，但执行战略落地时需要一定的管理技巧，如果让下属觉得一切都早已确定，板上钉钉，甚至每个节点都设置好了，他们即便会遵守要求，也很难被激发出兴趣，更难有创新举措，因为没有人喜欢"被安排"。他们只会按照固有的经验和流程罗列出表面上能够让战略目标顺利推进的计划事项，甚至心里在喊着一句话：计划不如变化快，这有什么用！

被"万能计划"框住的团队

在辅导了数百家规模企业后，我发现绝大多数组织无法做到战略的上下一致。领导层是组织中最有危机感的人群，他们在殚精竭虑地思考公司未来的走向，进行战略目标的设定。中层往往在观望和观察，而基层则只能埋头做着最熟悉的"眼前事"。所以很多企业的董事长、总经理跟我不停地抱怨道："带不动啊，团队能力不行，拿鞭子抽都抽不动！"

真是这样吗？

我们应该思考"带不动"的表现是什么。很多企业都存在一个特别有意思的现象：战略目标设定好了，虽然它包含了很多过去完全没有接触过的东西，人们却能很容易地把计划写出来。我把这种计划称为"万能计划"，因为它看起来都是正确的，而且把日期改一改，明年、后年还能继续使用。不过，这到底是为了交给上级一份作业，还是为了实现目标呢？计划提交后，领导只关心自己要的结果和关键节点有没有列出来，却没想到战略目标已经被看起来有道理却没有实际推进能力的"万能计划"给废掉了。

这种情况归因于团队的思维和行动被"框"了起来，人们总是习惯于被动接受指标，已经不愿意去思考了。要知道，战略落地最大的问题并不在于目标本身，而在于围绕着目标行动的人没有运转脑筋，也不能产生新的想法，只是沿着过去的路径在重复而已。

一家软件公司的目标是新业务要实现 4000 万元的营收，老板在年度经营会议上不断强调这是生死之战，因为旧业务的营收不断下滑，如果新业务不能达到一定比例，公司就会在未来三年内垮掉。

各个业务部门在会后提交了具体的战略转型行动计划，各部门目标加起来达到了 4600 多万元，在老板看到后正想松口气的时候，我提出了以下两个问题。

问题一：继续原来的模式可以实现新目标吗

下属总是特别擅长琢磨和迎合上级的关注点，当领导者总是在目标数字总和上寻找满意时，下属就会把工作的重点从思考如何实现战略目标转移到如何填写让领导满意的数字目标上来，不管接下来怎么去实现，至少现在让领导满意了。

所有部门的思路几乎都一样：拓展新客户和挖潜老客户、拜访重点客户、举办业务交流会和进行关系营销……这只能说明他们熟悉业务，并不能说明他们可以实现目标。我也经常反问这些领导者："过去肯定也做了这些工作，但为什么新业务一直无法打开市场呢？如果按照原来的做法就可以实现新目标，那为何不把目标设定为一个亿甚至更高？"

爱因斯坦曾说过："你不能指望用过去产生问题的方式，来解决新的问题。"德博诺也在《水平思考》中指出："你不能在一个地方挖洞，挖得越来越深，来实现获得多个洞的目的。"⊖

问题二：行动计划中是否考量了不确定性的影响

对战略目标的重视度，很大程度体现在是否能意识到不确定性的存在，是否能去探索多种可能性。只有拥抱不确定性，才会推动人们进行创新，帮助人们去设置那些能真正不断靠近战略目标的行动。不确定性包括内外部环境中的各种不断变化的因素，例如人员稳定性、团队技能构成、部门立场及配合、流程与机制、竞争对手的反应、客户的需求变化、行业趋势等。

软件公司老板意识到，下属对于新业务的推广永远都使用同一个套路——市场调研、明确重点客户、产品推介、公关活动、签约回款，这看似有道理却只是个"万能计划"。由于只是理论上可行的流程，没有对内外部不确定性因素展开推演，因此任何一个环节都可能搁浅。例如，公司像过去一样开展了数场产品推介会，花费越来越多，却没有产生新业务的

⊖ 德博诺.水平思考[M].卜煜婷，译.北京：化学工业出版社，2017.

意向客户，也没有获得有效的客户建议。所有人都觉得新业务推广一定要做推介会，从来不去考量客户需求的变化、市场环境的趋势、竞争对手的举动等不确定性因素，只是很确定地按照固有经验做着推介会，其实这项工作与战略目标没有太强的关联性。

问题的实质是下属并没有致力于实现战略目标，也就没有激发大脑灰质（大脑皮层）的运行，没有产生深度思考，仅仅是杏仁核（大脑中控制学习和记忆的脑部组织）在发挥作用，将过去的经验和知识简单罗列出来而已。

软件公司老板思考了这两个问题之后，开始意识到自己设定的4000万元目标仍然只停留在自己的脑海中，整个组织战略落地的行动还远没有开始。

已有的经验和模式固然是有价值的，但必须为了实现战略目标而进行应用，这需要考虑各种不确定因素的影响，而非简单地罗列出来。

华为：拥抱不确定性获得成长

多数企业在2020年新冠肺炎疫情期间遭遇了危机，在渡过最艰难的几个月后，企业终于又可以恢复生产、拜访客户、招募人才了。但在疫情后是"恢复"还是要"赢"呢？很少有人思考这个问题。

绝大多数领导者仍然采用疫情危机前非常"确定"的运作方式和固化的管理模式，将"不确定性"当作洪水猛兽，用"黑天鹅事件"来解释自己所遇到的危机，但危机完全是由疫情带来的吗？还是因为那些早已存在而只是隐藏起来的问题呢？

的确存在着外部环境变化导致的"黑天鹅"，但更多的是在日常管理中因对很多工作的忽略而产生的"灰犀牛"[一]，这是古根海姆学者奖获得者米歇尔·渥克在《灰犀牛：如何应对大概率危机》中提出的概念，主要指明显的、高概率的却又屡屡被人忽视、最终有可能酿成大危机的事件。人们把大量时间和精力用在那些会对心理和情感造成冲击但发生概率极低的事情上，因此没能注意到那些发生概率极高、应该提早预防的事情。例如，忽略新产品的开发、对新技术引进的迟钝、客户维系方式的固化、现金流不足、轻视员工发展计划等，都是因为企业领导者陷入现有经营状态的确定化陷阱中，忽略了未来变化的影响，从而埋下危机。

华为公司则始终通过拥抱不确定性而获得成长，不断给自己设定更多挑战课题。当大部分人沉醉于业务蓬勃发展的"确定"状态时，任正非提出了不确定性问题：若爆发金融危机，华为该怎么应对？

在内部会议上，任正非指出："在我个人看来，所谓的金融危机还没有完全爆发，我们社会的改革速度能不能快过危机呢？现在不能肯定。如果说改革速度没有快过危机，当危机爆发的时候，社会这么大的波动，华为怎么办？财务曾算过账，华为公司的现金够吃三个月，那第91天时，华为公司如何来渡过危机呢？"

华为公司因此确定了以下三个关键管理要求：

第一，各个基础单位一定要有效益；

第二，优秀干部的选拔一定要依据战略贡献；

第三，不要在一些非战略机会点上计较。

如果缺乏对不确定性问题的思考，就不会对早已习惯甚至满意的现实运作进行反思，更不可能提出这些管理要求。拥抱不确定性，就是在积极地应对未来可能出现的危机。

[一] 渥克.灰犀牛：如何应对大概率危机 [M].王丽云，译.北京：中信出版集团，2017.

这种思维模式应该被导入战略落地工作中，没有哪个目标是设定后就一定能实现的，也不是人人头上有目标、有考核，就能够实现预期的结果。领导者们必须看到目标从设定到实现的过程中，充满着不确定性，无论是竞争态势，还是资源，抑或是人员状态，一切都可能发生变化。战略落地就是不断思考不确定性问题、提出对策、去解决和执行的过程，它需要激发出企业中各层级人员对目标的兴趣和创造性，跳出固有思维，接纳各种阻力并利用内外部的各种有利因素，最终实现目标。

正如当年任正非写在《华为的冬天》开头的那段话。

公司所有员工是否考虑过，如果有一天，公司销售额下滑、利润下滑甚至破产，我们怎么办？我们公司的太平时间太长了，在和平时期升的官太多了，这也许就是我们的灾难。泰坦尼克号也是在一片欢呼声中出的海。而且我相信，这一天一定会到来。面对这样的未来，我们怎样来处理，我们是不是思考过。我们好多员工盲目自豪，盲目乐观，如果想过的人太少，也许就快来临了。居安思危，不是危言耸听。

只有拥抱不确定性，才不会理所当然地认为原有的认知和经验就足够支撑未来目标，才有可能发现隐藏起来的"灰犀牛"，才会跳出原来的范式去产生创新活动。尤其是那些处在较为"安逸"甚至"膨胀式发展"状态下的企业组织，只有意识到不确定性的存在并采取相应举措，才有可能在未来持续成功。

第二篇

构建策略性的目标管理体系

许多企业领导者把目标当作极为刚性的事物,他们认为只要设定了组织的总体目标及与之匹配的子目标,就等于实现了目标管理,同时认为组织中所有人都必须且一定会紧紧围绕着目标来执行。因此他们会花费大量精力来制定各层级子目标,并落实到绩效指标上,还要求下属提交相应的计划,这看起来似乎很有道理。

在目标管理的实施状态和结果上,优秀企业与平庸企业有着天壤之别。

优秀企业里,人们会主动思考如何实现目标,并通过工具和模型来进行目标实现可能性的分析,甚至上下级之间会有围绕目标的争辩,通过尝试各种可能性策略,最终确定最具有适用性的方案,并在实施过程中进行持续的观察和调整。对目标进行可能性思考的价值在于,在同等范围的资源限制下,可供选择的策略选项越多,最终的决策效果就可能越好。即使看起来只有一个策略选项,有经验的管理者也会在头脑中盘算是否还有另一种选择,过早停止选择是获得最优策略的敌人。㊀

㊀ 阿代尔.正确决策[M].燕清联合,译.海口:海南出版社,2008.

平庸企业中的成员则是以被动的方式来接受目标，加上缺乏方法和指导，即使在行动，脑海里也并没有"一定要实现目标"的意识，他们甚至并不认为自己可以做到，只是按部就班地做好眼前事，等上级安排或遇到问题再说。

这种差异的本质是领导者如何看待目标管理体系：是僵化的管理套路，还是帮助团队一起成事的方法。

本篇通过战略落地思维模式、可视化策略分析工具、目标分解模型、管理举措等来指导企业进行战略目标的策略构建实战，这是战略落地的关键性基础。

值得注意的是，在获取策略的过程中，领导者务必要接受的一个观念是"接受与团队的争论"。正如莎士比亚所讲："真正的伟人不经过伟大的辩论就不去行动。""伟大的辩论"是指对不同行动方案所进行的高质量讨论[一]，这是企业战略落地时获取有效策略的最佳方式之一。

[一] 阿代尔.正确决策[M].燕清联合，译.海口：海南出版社，2008.

第 3 章

激活策略性思考

办公间里总是充斥着"计划不如变化快"的抱怨,在目标的压力下,员工学会了做表面文章来响应上级的要求,他们疲于制作各种表格文档,却没有留下心力来思考该如何实现那些新的目标。

即使对于那些从未遇到过的目标、不具备经验的新领域,员工也不愿意启动大脑深度思考,仍然使用早已习惯的方式方法来行动,他们没有意识到如果不激发思考,就会对围绕目标的计划感到厌倦。

在没有被激发思考的状态下,目标就会停留在纸面上、口头上,员工也会面临"不想做,却非做不可"的压力。

为什么目标成了摆设

"我计划这么做,但保证不了结果!"——这是员工对战略落地最有杀伤力的一句话,但已经成为企业中普遍存在的现象!

在缺乏战略落地管理体系的企业组织里：

- 很少有人在做计划时思考这是不是实现目标的保障；
- 很少有人思考如何保障计划的执行；
- 很少有人对既有做法进行反思，是否可以改善和创新。

一位总裁曾苦笑着对我说："其实他们交来的计划就是把时间改一下，内容跟以前没什么两样！"

我遇到过一位营销总监，他对公司每年下达的营销目标，都能做出大篇幅的、详细的计划列表，包括主题促销、渠道商激励、产品发布会、线上线下联动、软文策划等，应有尽有，但是最终结果总是无法完成目标！

老板也没办法，公司里没有人比营销总监显得更专业，毕竟那么多事情都做了，目标未完成只能归结于市场竞争太激烈。

在一次战略目标质询会上，营销总监讲完大堆营销策略及资源诉求后，我很不近人情地问了一句："这些方法都很好，请问你这么做能实现目标吗？"

他居然很坦然地回答："不能，我只能推进这些工作，结果谁也保证不了，具体还要看情况。"

我继续追问："既然不能，那这些计划是否有缺漏或者目标不明确的工作？难道实现总体目标的方法只有这些吗？更重要的是，过去一直在这样操作，一直离目标有距离，继续去做就能实现新的目标吗？"

他不再回答了，老板也陷入了思考。

接下来，我们逐个地剖析计划中存在的问题，大家才意识到这样的工作计划并不是对目标进行深度思考后的产物，只是罗列自己的经验，并没有实际意义!

例如做一次地推活动,完成的标准居然是需要多少人手和经费、物料,而不是期间产生的新增用户数量;做促销人员的产品培训,完成的标准居然是一个季度一次培训,而不是产品培训的合格率。

罗列了一大堆工作安排,但是否够全面和有效呢?这种没有经过思考的计划不叫策略,只能叫经验的"炫耀"和简单堆砌,或者可以称之为"摆设"。

策略思维:你是伐木工人,还是将军

迪克西特与奈尔伯夫合著的《策略思维》一书中写道:

"人们在社会当中应该怎样举止行事?

…………

我们不妨设想一个伐木工人的决策和一个将军的决策有什么区别。

当伐木工人考虑怎样砍伐树木的时候,他不必担心木头可能跳起来进行反击。他的工作环境是中立的,没有对抗。不过,当一名将军打算消灭地方军队的时候,他的每一步计划都会引来抵抗,他必须设法克服这种抵抗。

…………

在你做决定的时候,必须将冲突考虑在内,同时注意发挥合作的效力,类似的互动决定就具有策略性。"[一]

[一] 迪克西特,奈尔伯夫. 策略思维:商界、政界及日常生活中的策略竞争 [M]. 王尔山,译. 北京:中国人民大学出版社,2013.

这段话描述得很形象，很多团队成员在工作中总是在"砍木头"，而没有像"将军"那样去思考。

在辅导某企业的战略目标解码工作后，副总经理找到我，提出了他一直以来的疑问："为什么下属交来的工作计划很详细，我们也看不出什么问题，但总感觉他们没有去实现的信心？"

这个问题非常好，要知道企业并不缺目标，更不缺计划，但多数人仅仅把目标分解和计划制订当作响应上级管理要求的任务，并没有在"实现目标"的心理驱动下去主动思考，形成策略。表面看来，下属的计划很详尽，体现出"足够"的专业知识，但绝大多数领导者其实是没有精力去研究具体步骤的可行性的，他们只会聚焦在自己关注的要素上，例如重要时间节点、最终成果要求、关键阶段设置等，只要这些要点在计划中标注清楚，领导者就会默认该计划可行。

在这种情况下，无论是领导还是下属，都是把目标当作木头来进行单方面的砍伐，而战略目标落地需要将军的思维，要把可控和不可控的因素都考虑得尽可能全面，以应对内外部的各种情况，这需要启动策略性思考。

人的大脑中存在着对行动阻力极大的惰性，这是让人们不愿意去对更多可能影响战略落地的因素进行考量的原因，惰性让我们习惯以固有的方式方法来指导行动，不再进行深度思考。很多人有这样的感觉：我真的想把事情做好，但我的确不知道该怎么做。其实稍微用点力，就能挖掘出更好的东西来，这需要进行一些训练，唤醒对目标的深度思考能力。

第一项关键：杜绝"捷径"思想

经常有人问我这样的问题：

- 有什么方法可以提升员工的积极性？
- 有什么方法能够迅速提升员工的项目能力和业务能力？
- 有什么管控手段可以让员工自发工作？

领导者总是试图找到解决问题的"捷径"来获得"一劳永逸"，总是试图直接获得专家给的答案，却不愿意花一点精力和时间去分析问题本身。

"古来名将得士卒之心，盖有在于钱财之外者，后世将弁专恃粮重饷优为牢笼兵心之具，其本为已浅矣，是以金多则奋勇蚁附，利尽则冷落兽散。"曾国藩说的这段话值得每一位领导者去思考，在设定战略目标后，认为只要有了绩效制度，团队成员就会自发行动，领导者就可以转头去做那些自己认为"更重要"的事，这就是捷径思想。如何在"钱财之外"做功课真正"得士卒之心"，是领导者带领团队实现战略落地的关键工作。

第二项关键：不要陷入"足够多"的陷阱

绝大多数职场人士早已拥有正常开展工作所需的基本技能，但如果认为自己知道得足够多、足够清楚了，这种"足够多"的认知陷阱就会弱化策略思维能力，屏蔽改进和创新，屏蔽更多可能性，屏蔽对既有知识与实际情况结合的思考等。

我曾在一家知名工程设计企业导入全面项目化管理模式，缘于其董事长在国资委举办的高管班上听课后，回到自己公司推行项目化体系来进行战略目标落地。记得第一次进行体系导入时，总经理及几位副总经理过来与我交流，通过介绍得知 4 位高管中有 3 位取得了世界知名大学的管理学博士学位，主修的是工程项目管理。他们言语中透露出自己对项目管理的熟知，其实我知道他们的意思是自己早就会了，也足够了解，只是应董事长要求才过来听课的。不过几位领导还是认真参与了学习，有意思的是，课后他们很激动，反复说得最多的一句话就是："我们自以为是项目管理高手，做了这么多年管理，每天都在做项目，却不会用项目的方式来做管理。"

的确，工程项目管理与如何开展从高层贯穿到基层的全面项目化是不同的，后者的核心在于如何"化"，本书第三篇"战略落地项目化管控实战"将进行详细讲述。

领导者与团队成员需要跳出自认为掌握得"足够多"的束缚，去重新思考如何达成目标，一方面对战略目标保持敬畏感，另一方面激活策略细胞，不是"想当然去做就可以"，而是"怎样才能最大程度去实现"。

第三项关键：考虑"多方因素作用"

"工作，即便只是社交生活，也可以看作一个永无止息的决策过程。……你的身边全是和你一样主动的决策制定者，他们的选择与你的选择相互作用。这种互动关系将对你的思维和行动产生重要的影响。"[一]

作为领导者，你永远不可能在一个完全真空的世界里做决定。要把事做成，并非只站在自己的角度努力就可以。领导者要推动战略目标的落地，就像一个人推着箱子往前走，能否到达目的地要考虑很多因素，例如路面情况有什么变化，会不会有人迎头撞过来，有没有人偷偷地在你看不见的角度施加侧面甚至相反的力，还有哪些人可以顺路帮你推一把……每一个不确定因素都可能产生影响，如果你只是埋头向前用力就很可能无法

[一] 迪克西特，奈尔伯夫. 策略思维：商界、政界及日常生活中的策略竞争 [M]. 王尔山，译. 北京：中国人民大学出版社，2013.

到达目的地。

在工作推进中，遇到争执或矛盾时，有的人高举"对事不对人"的旗帜，其实是缺乏策略性思维的表现，因为这意味着你要做的事，或者做事的方式并没有得到相关人员的理解和认可。要知道，在组织中人与人之间互动作用的影响是很大的，真想要做成事，就要把视角放大，从自我到他我。

必然有一些人或者单位、机构等，受到工作推进过程或者最终结果的影响，这样的人、单位或机构称为干系人。他们受到的影响可能是消极的，也可能是积极的，因此他们就会根据对所受影响的预判，对你施加正面或者负面的影响。在推行战略目标落地的过程中，对干系人的分析可以帮助领导者和团队成员进行策略性思考，例如，如何获得助力？能否绕过阻碍因素？如不能绕过能否消除？消除阻碍需要什么资源？我如何获得这些资源？

当伐木工人还是将军？这取决于你是否愿意开启大脑中的策略思维。

领导者的观念升级

"赢，并不是抢在别人前面，而是抢在自己前面。"

——罗杰·斯陶巴（Roger Staubach）

对于罗杰·斯陶巴的这句话，我的理解是，企业领导人如果自己不做出改变，尤其是对固有观念进行升级改造，甚至是摒弃，是不可能带领团队实现战略落地的。

在建立新战略或业绩增长目标时，企业领导者往往习惯于在勾勒出一幅波澜壮阔的图画后，在还未明晰策略的情况下，就寄托于团队去帮他实现。

"将战略落地"是我的核心企业培训课程，似乎这个名字体现了很多企业高层关于战略痛点的解决方案需求。他们在课前交流时总是有着一致的抱怨："明明提出了新的战略方向，但团队太欠缺执行力，也不主动思考变化，感觉就是带不动，所以新的战略推进太慢。"

没有哪个团队不存在问题，作为领导者必须要明白，你不应该寄望于团队自发地去到达一个你自己都到不了的地方，而应该亲自承担责任，提出策略，甚至改变自己。

现实情况的确不乐观，在数以万计的企业变革或新战略实施的统计数据中，成功的案例寥寥无几，领导者拘泥于固有观念是造成这一现象的主要原因。只有意识到自己观念中的"固有"状态，领导者才会产生挖掘新策略的需求，并带领团队走入对目标进行策略性思考的通道。

郭思达（Roberto Goizueta）在刚刚接掌可口可乐公司时就面对窘境。在那时，可口可乐公司以约35%的市场份额占据了美国软饮料市场的主导地位，而软饮料市场是人们公认的一个成熟市场。这样的市场环境要求可口可乐公司不惜牺牲利润也要去争取0.1%的市场份额，或在百事可乐公司的市场攻势中捍卫自身每0.1%的市场份额。当时证券分析师和财经撰稿人纷纷唱衰其前景。○

郭思达却与其他高管们分享了一个简单却又发人深省的见解。

他用很随意的语气问道：全世界的44亿人（当时的人口数），每日人

○ 查兰，蒂奇. 良性增长：盈利性增长的底层逻辑 [M]. 邹怡，译. 北京：机械工业出版社，2019.

均饮品的消费量是多少？

其他人回答：64 盎司㊀。

他又继续问道：其中，人们对可口可乐的每日平均消费量又有多少？

其他人回答：不到 2 盎司。

最后他问：那可口可乐在人们的胃中能占有多少份额呢？

郭思达的问题实际上是在改变企业经营的固有观念，受到启发后的团队成员突然发现，可乐的"敌人"是咖啡、是牛奶、是茶、是水！他们需要关注的问题并不是可口可乐在美国可乐市场所占的份额，也不是在世界软饮料市场所占的份额，而是在人们每一天所消耗的全部饮品中所占的份额。

可口可乐过去投入大量精力用于制定对假想敌百事可乐的竞争策略，就是受到固有观念的影响，无论执行多少项策略，都无法完成企业增长的战略目标，而且陷入业绩不断缩小的防御战中。

可口可乐从开始重新定义市场时便拥有了更为广阔的市场边界，员工们不再将可口可乐视为困在小池塘中的一条大鱼，而是畅游在大池塘中的一条小鱼。只有更广阔的前景、全新的挑战与巨大的机遇所带来的兴奋感才能激励团队成员，他们才会对战略目标进行主动思考，产生源源不断的优良策略。

只有能够不断意识到固有观念需要改变的领导者，才能将战略目标看作需要进行审视和深度思考的事物，从而不断激发新的策略，并不断尝试各种可能性。

㊀ 1 盎司 = 28.350 克。

第 4 章

重新定义目标管理

有个特别有意思的现象,那就是在企业里几乎没有一位管理者会承认自己不懂目标、不懂目标管理。在绝大多数人的眼里,目标太容易理解了,就是设定好的数字或者一个状态,是由上级设好给下属的指标,而目标管理则被简化为"发出目标"和"验收目标"两个动作。

目标管理真的这么简单吗?为何企业战略目标落地那么难?每个企业都有目标,那为什么优秀的企业远远不到 20%?

企业经营面临的核心问题往往不在于市场竞争,或者技术更新、资金流动性等,而在于如何让员工明确发展目标,如何把领导者的目标转化为被管理者的目标,并产生统一的意志和行为,共同努力去实现企业发展目标。

目标为什么需要管理

虽然目标设定得很清晰，但人们仍然很容易遗忘甚至不知不觉在行动中将目标变得面目全非。

有这样一个故事，在一个四周都是悬崖的草原上，草长得特别茂盛，所以野生羊群规模越来越大。每年春天都会出现一个非常奇怪的现象：总是有羊群奔跑到悬崖边缘，争先恐后地跳下去。动物学家去研究后并没有发现羊群有什么异常，甚至情感学家也去研究羊群是否受到了精神刺激，依然无果。最后是一位管理学家发现了原因：是羊群改变了目标。

情况是这样的，在羊群行进过程中，前面的羊总能够吃到草，而后面的羊只能吃到前面的羊吃剩的和踩踏过的草，后面的羊逐渐意识到问题，就趁前面的羊在吃草的时候跑到它们前面去。这样一来，羊为了吃到最鲜美的草，都不愿意落在后面，开始不断地往前奔跑。刚开始的时候，前面的羊还知道停下来吃吃草，但后来所有的羊都奔跑起来，没有时间停下来吃草，直到跑到草原边缘，前面的羊看到悬崖想停下来，但后面的羊认为还没跑到前面，还得继续往前跑，于是羊群就这样被后面的羊顶下了悬崖。

这个故事说明了目标很容易被改变，羊的目标从吃肥美的草，变成了比谁跑得快。此类的错误在企业中也很常见，例如公司战略目标是为了变得更好，后来却成为每个人头上沉沉的负担；部门间的争执是为了解决问题，后来却变成了人与人的对立……

因此，目标不是设定出来那么简单，它需要被管理，而优秀的领导者总是有着对目标管理的独到见解。

我印象比较深的关于战略目标落地的说法，来自一位民营企业的总裁，他认为追求战略目标的落地就好比在进行一项运动：投标枪。

"我作为总裁，就是负责投标枪的，我会在许多标枪里面选择一个进行投掷，也许是精心挑选的最合适的一个，也许只是随手选出来的。请相信我，我一定会用尽全力把标枪投出去，越远越好，虽然我的能力有限，不一定是投得最远的，说不定还投不好，但你们要相信我不至于太笨而投到脚下，我一定会投到一个让大家奔跑才能到达的地方。

一旦投出去了，团队成员就要在我规定的时间内去捡这支标枪，有的人是走路过去的，有的人是骑车过去的，你们的资源不一样，但都必须要努力到达标枪处再把标枪交给我。我也要在投出标枪后朝它的落地点赶过去，但我是总裁，不会跟你们一样跑，可能会坐着车过去，舒服一些，快一些。路上我会给你们喊喊话、施施压，还会递水和点心给你们，让你们不至于没有力气跑下去。

等有人把标枪捡起来给我之后，我们可以等一下其他人，但那些落后很长距离的人，可能在吹哨截止后就被淘汰了。接下来，我会站在这个新的地点接着投标枪，然后继续跑下去。带团队实现战略目标就是这样一个投标枪的过程。"

这段话给了我非常大的触动，它描述得非常生动且具有现实意义。目标需要被管理，包括领导者亲自"投标枪"、设定时间、在过程中进行鞭策和激励、对结果进行审核与评估。即使战略目标一开始设定得不是那么完美，也不会影响目标的实现，正如这位总裁所讲可能只是随手选了个标枪来投，因为无法要求每一位企业领导者都是天才，战略目标的制定也未必都科学合理，但只要能够一次次与团队顺利开展"投标枪"游戏，即使一开始投掷得近一点也没关系，通过一次次投掷、一次次在规定时间内赶到、再一次次投掷出去，企业就能一步步走远，持续发展下去。对于绝大多数企业而言，战略目标本身的优秀程度，远远不如将目标落地的意义更大。

彼得·德鲁克在1954年出版的《管理的实践》一书中，首先提出了"目标管理和自我控制的主张"，他认为"企业的目的和任务必须转化为目标。企业如果无总目标及与总目标相一致的分目标，来指导职工的生产和管理活动，则企业规模越大，人员越多，发生内耗和浪费的可能性越大"。⊖

这里面有三个要点：

第一，总分目标的一致性；

第二，目标如何指导企业的生产和管理活动；

第三，目标管理并不是增加麻烦，而是为了减少内耗和浪费。

在长期辅导企业战略落地的工作中，我将目标管理进行了重新定义：这是一个将企业整体目标转化为个体分目标的过程，即先确定什么是目标，然后通过激励机制的作用，把企业组织或管理者的目标转化成被管理者的目标，以目标为导向开展工作的一种过程管理。

多数企业导入目标管理后，对目标进行量化和层层分解，却没有体现出德鲁克所讲的"自我控制的主张"。团队成员在"被动控制"的氛围中工作，因此，有目标，却没有真正的目标管理。领导者要打破固有观念，将员工管理方式从控制型转向承诺型，让每个人找到自己的目标并形成承诺，推动自我管理。

让员工处在被动控制状态下的领导者，总是把管理的着眼点放在过去绩效期里的表现。在员工眼里，他们是高高在上的评判者，所以，员工

⊖ 德鲁克.管理的实践[M].齐若兰，译.北京：机械工业出版社，2006.

会处在被动的、带有负面作用的、自我保护式的状态中，对目标不会有主动迎接的态度。

让团队走上自我承诺道路的领导者，则将管理重点放在如何帮团队成员规划未来的业绩上，不论当前绩效期的结果如何，都会让员工感觉到目标的设定是为了他们的发展，考核的目的是寻找提升空间。领导者通过对员工的指导、问题反馈、鼓励其学习和发展来让其获得绩效提升，员工也因此在工作过程中呈现出主动积极的状态。

目标管理不是为了控制人，而是为了得到员工的承诺，推动其进行自我管理，继而产生战略落地的执行力量。

战略目标传递的层次模型

我在给企业讲述战略从整体到个体的过程时，使用图 4-1 的企业事件层次模型来帮助企业更加系统地去掌握战略目标该如何传递，这需要理解目标从高层到中层再到基层的纵向关系，以及同级之间的横向关系。

首先，将整个企业划分为五个层次（无论是大型集团公司还是中小型公司皆可），分别是：系统层、计划层、项目层、任务层、活动层。工作目标的重要性从下往上逐渐加强，资源从上往下进行匹配，而工作复杂度则从上至下不断降低。

系统层：企业整体就是一个系统，负责整体系统的层级称为系统层，例如董事长、总经理，他们为整个组织系统的运行和发展负责。在这样的定义下，集团公司的董事长、总经理和事业部、子公司的负责人，在他们管理的组织里都可以称为系统经理，只是所处系统的大小、强弱、复杂度不同而已。

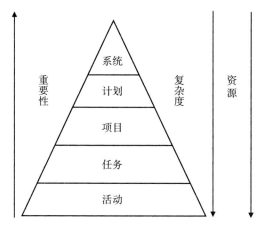

图 4-1　企业事件层次模型

计划层：在企业中负责系统的某个方面（例如人力、销售、研发、生产等）的高管、部门总监等人员，他们为某个职能的目标负责，称之为计划经理。

项目层：用项目来定义某项职能内的关键事宜（当然项目的参与者和具体开展流程会包含多个部门，而不仅仅在项目发起人的部门），这个层次的人员统称为项目经理。

任务层：多数员工还不能承担整个项目的管理，但他们参与到项目中细分的关键任务，例如新产品开发项目中的市场调研问卷制定任务，称之为任务经理。

活动层：还有一些谈不上是具体任务，但起到支撑性作用的小型工作，一般由基层人员或新人来承担，称之为活动经理。

可以看到，从负责的工作范畴来划分层级，其实就是从一个系统的"体"到"面"再到"线"，最后到"点"的过程，战略落地就是要把所有人分配到"点""线""面"上，最终一起实现"体"的目标的过程，这样的划分相对于职级而言，更容易理解每个人在组织中发挥的作用。

如图4-2所示，如果我们把企业比作一个长方体，当然也有可能是其他有四个面、五个面到数十个、上百个面的多面体。可以看到，这个长方体的发展方向，例如变得更大、更结实，或者变小，体现了企业的战略选择。"体"由什么构成呢？当然是由"面"构成，图4-2中的长方体有六个面，意味着企业由六个方面的职能构成，当然每个企业有所不同，有的简单，有的复杂。

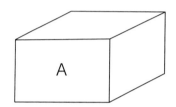

图4-2　企业就是一个"体"，无论简单或复杂

"体"的每个面都有与之紧密相邻的面，这代表它们在日常的工作中有直接的关联。数个面构成一个整体，如果某个面不断地扩大，而其他相邻的面无法随之相应扩大，就会造成面的拉伸，甚至断裂，"体"也就不存在了。企业领导者当然希望代表业务的面能越大越好，但是如果理解了面与面的关系，就会发现不能仅仅是代表业务的那块"面"越大越好，战略发展并不是仅仅有业务就够了，还需要人力资源、产品研发、技术支持等方面能够壮大。很多企业的发展出现问题，并不是缺乏业务或者被竞争对手击垮，而是忽略了与业务相邻的"面"，从而影响了整个系统的发展。

理解了"体"和"面"的逻辑，就会对企业战略落地有新的认知，即不应只强调业务，而是要系统发展。"体"就是系统经理要考虑的问题，"面"就是计划经理要考虑的问题，"体"必须系统考虑"面"的组合。

"面"由什么构成呢？是由无数的"线"构成。有的线会在某个面的内部，这是部门内的项目，而有的线会进入别的面，这就是跨部门项目。企业战略落地必然涉及多个面，各个面再由其中的项目来支撑，但怎么贯穿到组织中的每个人呢？那就需要对"点"关注。无数的点构成了"线"，其中关键的点就是"任务"，还有一些需要在管理中加以注意的点就是"活动"。

如表4-1所示，战略落地就是这样从系统到点的过程，从上至下不断降低维度。战略层面是多维的"体"，通过逐层分解落实到具体的任务和活动，每个层级都要有自己对战略目标的理解和承担，工作成果从下往上汇总，最终达成战略目标。

表 4-1　从系统到活动

	系　统	计　划	项　目	任　务	活　动
从几何角度理解	立方体	面	线	点集	点
从维度角度理解	三维	二维	一维	一维	一维
图解			——	……	.
注释	它的形成依赖于各个二维的平面，也就是系统形成依赖于各个计划	它的形成依赖于四条边，也就是计划的形成依赖于各个项目	线与线之间相互独立，具有相对的独立性，也就是项目与项目之间基本上独立	直线上的点是有逻辑顺序的点，它们相互依赖，也就是任务之间有相互依赖性，存在逻辑关系。实际上，任务为点的集合	活动是真正的单独点

企业事件层次模型所揭示的目标管理层次，首先是基于系统整体，其次是每个层次之间有良好的衔接，最为关键的是，每个人都清楚自己在哪里为组织战略贡献力量，自己的工作是在支撑哪一级的目标，点是为了

线，线是为了面，面是为了体，只有将点线面有机地组合在一起，才能构建战略落地的良好组织环境。

好的目标在写出来时就有计划的轮廓

在理解组织这个"体"所包含的点线面逻辑关系的基础上，领导者才会将战略目标的落地作为一个管理系统来思考，重视目标传递的效率。

许多管理者忽略了目标描述的作用，仅仅把目标当作制定"时间、地点、人物、事件"的游戏。我小时候经常和伙伴们玩这个游戏，几个人分别设置一项元素，拼在一起往往就是让人捧腹大笑的句子。在企业目标的传递上，简单元素拼凑的游戏显然是不可行的，人们需要对这些元素进行推敲，需要懂得背后的意义，需要将目标的描述变得更准确、更易于理解和在团队中传递、更易于激发下属的思考和进一步有效分解。

越是重要的目标，就越是要与下属一起将其清晰地描述出来，甚至在谈论目标的时候就已经在思考如何执行的思路和计划。

传统的目标制定和传递往往就是一句话，例如新产品销售额占比提升、国际市场份额增加到 8%、技术在行业内具备领先性、新渠道销售占比达到 60% 等。这些目标本身并没有错，甚至做到了量化标准，但企业战略落地最主要的问题之一就是：传统的领导者处在"上位思维"之中，认为没有必要向下属"解释"，否则好像是在"央求"他们，目标既然写得这么明确，是每个人都看得懂的数字，那么去执行就行了。这样的观点导致对于领导者认为重要的目标，下属并没有理解到位。

在辅导众多企业的过程中，我导入了 POS 目标描述法（project objective statement），接受辅导的各级管理者在练习这个方法的过程中，不断挑战自己内心的惯性（把要做什么交代下去就好了，何必说那么多，让下属自己去想，去执行就行了），站在与下属构建共识的角度来描述目标，这也是不断优化目标的过程。相比传统目标制定时"干脆利落"的一句话而言，POS目标描述法最大的价值在于从多个维度来审视目标，让上下级都能够具备同等的信息量来理解目标。

POS目标描述法给出了良好的框架用于思考和传递目标，它包含五项基本的内容：

- 将要做什么？
- 为什么要做？
- 什么时候完成？
- 如何评价目标完成的程度？
- 在哪里进行？

这五个问题看起来非常简单，很多领导者对此不屑一顾，他们习惯于把目标和行动分隔开，制定目标的时候只想"我要什么"，其他的行动都交给下属去执行，但他们不知道的是，目标在传递给下属的那一刻产生了断层，下属在被动状态下接受了目标，把希望和激情都留给了上级。

真正用心去练习目标描述法的人会感受到其有非常大的价值，从提出目标的那一刻就同步思考如何实现的行动，在回答这些问题的过程中就会把目标充实起来，这是战略落地系统中非常重要的一环。

例如，"新产品销售额占比提升"这一目标对公司很重要，是领导者非常迫切地希望团队为之努力的，但当把这个目标传递下去的时候，无论是销售、研发还是其他职能部门管理者，都会感受到压力。人的潜意识里更愿意做那些早已经熟悉的事情，对新的要求会产生惶恐、担忧、排斥的心理，除非他们真的理解其对于自己的必要性和意义。接下来，我们用目标描述法对这个目标进行重新定义。

将要做什么

提升新产品在整个公司销售额中的占比。

对这个问题的回答是目标最基础的内容，但如果把目标描述局限于"将做什么"，就会产生实际的问题：即使所有人都能明白要做什么，也未必能引起重视和与之一致的行为，尤其是当团队成员认为将要做的工作会增加工作量、会让他们因具备的知识和经验不足而感到压力时，他们不认为这是自己一定要做的事情，除非上级在后续工作中不断强调、不断施压，他们才会当作要紧事去做，但未必会开始主动思考。

为什么要做

对这个问题的回答是目标描述法中最有价值的地方，传统领导者在传递战略目标时会强调目标对公司的重要性，却忽略了让相关成员能感受到与自己有关。这个问题乍一看很好回答，但要产生上下级的共识并不那么容易，战略目标就是要在"还没感受到痛的时候"去设计避免在"将来感觉到痛"的方法。管理层级就像金字塔，站得越高看得越远，与高层相比，中基层则会看得近一些。

提升新产品的销售额占比自然是让公司的业务结构更加健康，老产品走向生命周期的末端，自然需要新的产品来支撑，如果新产品份额不足，一旦老产品的市场地位加速下滑，企业就会陷入危机。但这样的问题毕竟不会立刻发生，因此团队成员难以在正常的状态下意识到危机。

如果缺乏将组织发展与员工的个人发展结合起来的机制，例如职位空间、培训福利、薪酬空间等，就很难将"新产品销售额占比提升"与员工的个人意愿结合起来，否则即使说这个目标会让大家的奖金增加，也会被认为是"画大饼"。因此"为什么要做它"这个问题也是提醒领导者去发现机制漏洞的好机会，你想要实现的目标，凭什么是员工们也认为重要的？只有设计好保障的机制，战略落地的行为才会被驱动。

在我辅导的一家企业里，中高层人员的季度绩效与公司利润水平是直接挂钩的，其受到季度利润影响的权重大概为30%。

总经理在会议上这样说："A产品的利润率不断下降，预计在今年第三季度毛利率会降到14%，我让人力部门核算了一下，部门经理层级人员的季度奖金平均会减少3500元。现在我们有不错的新产品，但前端市场人员还不够重视，对产品缺乏学习，还是在推广最熟悉的老产品，营销部门也没有针对新产品做出好的策划案，甚至人力部门招聘研发人员的技术要求还是以老产品所需技术为核心，难道增加研发人员去做将要淘汰的产品吗？要知道新产品B目前的毛利率是45%，如果商务部门引起重视完成供应链优化，还可以增加3～5个百分点的贡献，一旦新产品B的销售份额达到总销售额的30%，公司的整体利润会提高一大截，A产品迟早要退出的。大家一定要引起重视，躺在过去的业绩上当然是舒服的，但迟早会痛。我们的渠道、客户都是无缝衔接的，把新产品推广好，在座的各位以及所有的员工们完全可以实现至少10%的奖金提升，大家好好看看奖金制度。下面请各部门谈谈怎么推广新产品B，尽快实现规模效应。"

总经理的这番讲话，让每个人的利益与组织整体目标有了紧密关联，员工们觉得与自己有关。会议上，大家都非常主动积极地反思了自己的工作没有跟上业务调整的原因，提出了多项策略和跨部门联动项目，还约定一周后进行具体项目计划探讨。

案例中的总经理推行新产品战略目标的方式，就是认真思考"为什么要做它"的结果，不仅站在自己的角度，还站在团队的角度，给了大家一起朝新目标努力的理由。优秀的领导者在推行战略落地时，擅长给团队成员"理由"，让他们理解并愿意执行，这才是"为什么要做它"。

什么时候完成

这似乎是一个更简单的问题，但我在众多企业中发现这样一个很有意思的现象：几乎所有高层主抓的重点目标，计划中的完成时间都是XXXX年12月31日。很少有人留意这个问题，一方面公司的确要求这些目标要在一年内完成，另一方面人们也极少去主动思考能否提前实现。所以我经常打趣企业的中层管理者："这么多工作的完成时间都在12月31日，难道都要在新年的1月1日给老板审核吗？"中层管理者自己都笑了，回答说这是最长时间，其实反映出来的是缺乏对这些目标进行深度的思考和极度负责的状态。

在一家企业里，年初各项战略目标分解的工作都写得很清楚，包括负责人、交付成果、完成日期（当然几乎是清一色的12月31日）等，但总裁很苦恼地跟我说："落实到人了，也量化了，到年底一看完成率非常低。"

在导入战略落地项目后，我带领他们开始以负责的态度重新审视工作。一般来说，战略性工作都是经过较长时间才会有成果的，但这并不意味着到了年底才查看是否完成、是否合格，到时候一旦出现延迟或其他问题，惩罚相应人员只是小事，影响战略目标的实现才是大事，组织的时间被浪费是非常可惜的。

"什么时候完成"并不仅仅是一个简单的时点设置问题，还需要考虑实施的节奏，耗时越长的目标越需要实施节奏的控制，这包括对资源和风险等进行考量。

例如"本年度实现新产品销售额占比达到30%"就不能简单写"到12月31日完成"，而要根据市场和产品情况设置务实且合理的节奏，例如中期目标是在3个月内实现18%的占比，这会更具有现实意义，在此基础上进行阶段性的复盘和下一阶段目标优化，就不会出现"12月31日结束"的现象了。毕竟工作不是设定了最后日期就能完成，而是要一步一步踏实地去推进。

如何评价目标完成的程度

如果一个目标的完成状态不能被准确评价，那实际结果一定和领导者所想相差甚远。不要以为在制定目标的时候，标注了量化的标准就等于可以评价目标的完成程度。

一家企业的年度目标里有这么一项："客户满意度大幅提升，达到95%"，这看起来是能够量化评价的，但随口问他们是否做客户满意度调研时，承担这个指标的市场部经理犹豫了一下说："有了解一下客户的意见。"

我继续问："从哪些方面来测算客户满意度呢？还是说只是简单地了解？"

市场部经理答道："只是简单地了解了一下，如果几个核心大客户没有投诉的话，基本就能完成这个目标，去年发生了10次投诉，所以满意度得分是90分。"

这个回答充分说明，虽然企业知道要重视客户满意度指标，但并没有真正去进行评估，甚至采用了错误的方法，难道发生两次投诉就是 98 分吗？

如果一个目标缺乏评价方法，也无法有效获得其完成程度的信息，那就只能称之为"公司倡导的方向"，无法制定具体的行动措施。这是停留在纸面和口头上的，即使设定了相关行动，也不知道是否能够实现目标。所以，在设定目标时考量如何评价，是采取正确行动的开始。

在哪里进行

有些目标在不同的地点会有不同的效果，例如选择新产品的区域试点，要充分考虑什么地方更合适的问题。

一家 OTC 药企要进军老年人补钙类市场，产品研发很顺利，接下来就是选择试点市场，评估市场反应后再进行优化和全国性推广。最初的目标是用三个月的时间在上海完成产品测试，并形成测试报告。几乎没有人觉得这个工作安排有问题，但进入补钙类市场是公司的重要战略目标之一，总经理思考再三还是决定就试点问题再次开会审议。

我参加了这个会议，并引导大家按照 POS 目标描述法进行检查。当前面几个问题都顺利地达成了共识，只剩下最后一个问题"在哪里进行"时，大家都松了口气，觉得这没什么好想的。

于是，我对此提出了两个问题：第一，要在上海做试点是基于什么样的想法？优势和风险分别是什么？第二，还有没有更好的试点市场可以选择？

在我的引导下，总经理与参会人员意识到在上海做试点并非一个好的选择，当初选定上海是由于公司希望扩大在上海的市场份额，因为上海是中国最重要的市场之一，包括但不限于医药行业。但补钙类产品的市场竞争非常激烈，该公司是新进入者，如果选择上海这个完全竞争市场做试点，一方面容易引起竞争对手的注意，另一方面如果测试效果不好，很容易扩散负面影响。

最后，该药企把江苏扬州作为试点市场，一来老年人的比例较高，能充分获得市场反馈；二来影响范围有限，能减少竞争对手的干扰，专注于按照流程开展试点工作。

领导者们往往会着重关注目标是做什么，却容易忽略目标设置的合理性，当头脑中闪现出 POS 目标描述法的五个问题时，就是在寻找更优选择。好的目标在写出来的那一刻就有了计划的轮廓，这会让人愿意去行动，且有信心去行动。

有趣的测试：如何让目标可行

只有经过反复的推敲，才会让目标愈发可行，才能激发人们不断地去思考如何行动，而不是采取片段式的思维方式：现在只设目标，等确定后我们再想怎么行动吧。

卓越的领导者在提出目标和执行计划上几乎同步，带领团队站在"落地"的角度来思考目标，最终得出的行动计划会更有可行性，团队行动的一致性也会更高。

在长期的管理实践中，我发现现在的许多人存在一个严重的问题：对于知识和工具，总是感觉一看就掌握了，却从来不去深入使用，导致学了不少却并没有应用。正如人们虽然知道要重视目标，却把目标的制定和落地过于简单化了，头脑中没有构建推敲目标的要素，所以会出现这样的情况：目标写出来了，但没人在行动中看它一眼，其实是没把目标当回事。

我在企业进行培训时做过一个非常有趣的课堂测试。

问："老鼠在什么情况下最容易被猫抓住？"

学员："偷吃的时候。"（几乎一致的有趣回答）

问："为什么偷吃的时候会容易被猫抓住？"

有反应很快的学员回答："因为老鼠太专注于吃东西，再加上猫爪上有肉垫，走路没有声音，所以老鼠不知道猫正在靠近，就容易被抓，如果隔得很远就知道猫要来了，老鼠就容易逃脱。"

问："这个回答非常棒，那接下来制定一个目标，让猫在离老鼠至少15米远的时候，就会被偷吃的老鼠发现，然后老鼠顺利逃脱。请问有什么方法呢？"（目标提出来了，同时就启动关于行动计划的思考）

学员们参与得很积极，有人回答："分工协作，关键通道上安排放哨的老鼠，提醒其他老鼠。"

其实这个回答非常好，但还是没有达到测试的目的，于是我继续问："的确，这个答案能很大程度地解决问题，但后来老鼠团队总发现有成员无故消失，放哨是个高危岗位啊，最后没人愿意去了，就算'招聘'新老鼠加入，流失率也非常高，还有没有其他办法能更稳定呢？"

在我的引导下，大家立刻产生了另外一个方案："给猫挂铃铛，一走路就知道了。"说完大家都笑了起来，因为意识到了一个问题：哪个老鼠敢去给猫挂铃铛呢？

这个测试暴露的问题是人们对目标容易不加考虑脱口而出，其实是缺乏 SMART 原则（聪明原则）对目标的校验。

聪明原则包含五个要素，简要列出如下。

- 明确性（specific）：目标是否明确应该做到哪一步以及何时完成；
- 可度量性（measurable）：能在多大程度上测量目标的完成情况；
- 可完成性（achievable）：在规定时间内的目标是否合理，是否能够实现；
- 相关性（relevant）：目标是否与组织经营计划有着紧密的联系，是否与其他目标有着关联性（横向纵向目标关联），从而实现组织的整体目标；
- 有时间期限（time-limited）：有明确的从开始到完成的具体时间期限。

"给猫挂铃铛"就是"让猫在15米外就被老鼠知晓"这个总体目标的子目标，看起来很明确，可以度量，甚至可以清楚地约定完成时间，但这个时候大家已经把聪明原则忘在脑后了，尤其是"可完成性"。

我非常欣赏一位学员的答案，他说道："老师，我还是认为给猫挂铃铛是最好的方案，但没有老鼠敢去给猫挂铃铛，那还需要配备一包安眠药，趁猫不注意的时候放在它食物里，等它睡沉了再去挂上铃铛。"

且不说这个答案是否最好，但最值得赞赏的地方在于这是深度思考的结果。目标显得不可完成，就是在提醒存在风险，说明要完成目标还缺乏资源和方法，从而起到提前预警的作用，同时拓宽思路，目标落地的概率也就大了。

听到这个答案后，别的学员喊道："那我不需要安眠药，给我一包老鼠药，把猫毒死就可以了！"

听起来这个答案似乎更直接有效，但真的如此吗？

我说："你的目标是什么？是让猫一来老鼠就知道，还是弄死猫？你已经更改工作目标了！而且把这只猫弄死，还会有新猫出现，就像组织干系人调整，由此带来的风险更大。也许以前这只猫是有规律可循的，定时出动，每个月抓一两只老鼠就可以交差，但新猫可能不管三七二十一，想把老鼠赶尽杀绝。"

工作中常遇到这样的情况，目标很轻易被提出来，却忽略了风险，或者遇到风险就退缩而不去想创新的方法，甚至把目标彻底改了。

重新定义目标与目标管理并不是一件简单的事，这是企业战略落地的重要工作。如果没有考虑目标的层次系统，没有 POS 目标描述法和 SMART 原则来帮助进行谨慎而系统的思考，目标就只能称为愿望，而愿望总是很少会成为现实。

目标管理是一套循环系统

即使在不同规模的企业里，目标管理运行的基本流程框架也是大致相同的，但在对目标管理进行重新定义后，就会有不同的管理行为。

目标管理的基本流程如图 4-3 所示。

在企业研究中发现，多数企业容易忽略 E 这个环节，在完成 D 环节的考核执行结果后就结束了当期的目标管理，然后接着设定下一个阶段的目标。这并不是真正基于团队"共同目标"的管理，仅仅是要实现领导者的"管控"目的。员工们会这样想："目标是你们定的，然后考核我们，做不到还要被罚。"即使真的是因为没做好而被惩罚，他们心里也存在不满。

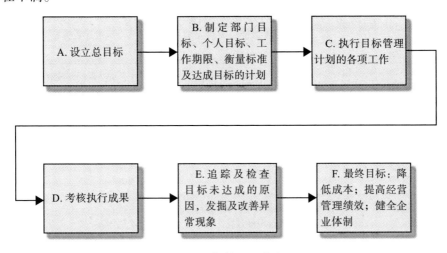

图 4-3　目标管理基本流程

只有做好了 E 这个环节，上级与下属共同分析目标未达成的原因，并找到可改善之处，形成下一步计划，才能让团队成员感觉到目标管理不仅是为了实现公司的经营目标，更重要的是为了实现他们自己的提升。

企业领导者应该结合自身的理念与管理方法，设计实用的目标管理循环系统，从上至下分解目标、分配资源，从下至上汇总成果，让战略落地成为企业"骨子里流淌的东西"，成为每个人的关键事项。

表 4-2 是制造业的 H 公司设定的目标管理循环系统，共分为 R1 到 R4 四个阶段并贯穿全年，让公司所有人都围绕总体目标进行工作。公司每个相应层级的人员在参与战略落地过程中，都有明确的关键内容和模板进行指导。该系统实施十余年成果斐然，正如其创始人所说："公司的运营就是做一件事，让战略落地，这需要成为固定动作且人人参与。"

表 4-2　H 公司目标管理循环系统

循环阶段	关键内容	所用工具
R1（ready）准备阶段：总体目标制定	制定公司级年度目标，并提出关键举措，关键点时间表、责任人	公司年度计划模板
R2(responsibility)定责阶段：目标分解与岗位职责关联系统	分解目标，形成 KPI，在各业务岗位层层签订目标责任书	子公司/部门年度计划模板 个人年度计划模板与 PBC 考核表
R3（review）检视阶段：业绩跟踪系统	周期性检查与评估，发现问题与偏差，找出原因，寻求补救措施以保障总体目标	业绩跟踪报表体系（月报、季报、半年报、年报） 周期性会议与重大措施改进计划表
R4（result）评估阶段：考核系统	根据全年目标与计划达成情况进行考核评估	考核表 奖惩体系

图 4-4 是 M 公司这个世界级 IT 企业所制定的目标管理循环系统，分为三个阶段，其特色在于对 PBC（IBM 开发的业绩承诺书）的应用以及对管理活动的定义。

第一季度：自上而下层层下达
业绩承诺书（PBC）
1. 承诺取胜：对上级目标的贡献
2. 承诺完成：本职位的年度绩效目标
3. 承诺合作：对团队或组织的贡献

第一到第四季度：管理活动
1. 检查
2. 辅导
3. 培训
4. 建议

第四季度：绩效评估
1. 评估客观表现（主管考评成绩直接影响所辖部门员工考评等级比例）
2. 评估个人绩效表现
3. 调整工资待遇，评议个人未来发展方向

图 4-4　M 公司目标管理循环图

在第一季度制定各层级目标后，整个年度都是管理活动，并且分为四个方面：检查、辅导、培训、建议。可以看到，其中并没有管控、监督这些传统的管理职能，因为 M 公司认为战略落地最重要的是帮助员工去实现他们自己的承诺，而这些承诺来自战略目标的分解。

目标管理基本流程的每个环节之间的传递就是战略落地的重点，包括目标分解、执行计划、质询与评估等。尤其要提醒的是，目标管理在实施中要关注五个要点。

第一，注意三个"没有"的影响：

- 没有书面目标 = 没有目标管理。
- 没有当面布置 = 目标的实施成果将大打折扣。
- 没有过程的沟通 = 欠缺充分沟通与彼此的协调。

第二，做不到的工作不要列入目标，列入的目标一定要能做到。

第三，目标设置要量化评价标准，实施措施一定要具体，最好有周计划和月计划。

第四，定期对目标实施的情况进行检查。

第五，目标达成的根本因素在于是否有决心与毅力。

这些要点都是需要领导者进行学习和强化实践的，重新定义目标管理的过程，也是领导者自我修炼的过程。

第 5 章

战略目标必须要上下同欲

当战略目标的实施过程产生迟滞时,多数领导者的第一个反应就是"要提高团队的执行力水平",在他们看来,要求团队去实现的目标,没有理由不去做好,但他们忽略了最重要的因素,那就是人性:人总是对自己愿意做的事情充满动力,没有人愿意被安排。

企业与政府、军队等组织有所不同,它是一种弱约束性组织,员工在社会上还可以有很多的选择。因此,即使目标设定得再好、目标管理过程再完善,也会因为"被动做事"和"愿意做事"的区别而严重影响战略落地效果。

企业是一个系统,成功的系统应该能够实现个体目标和总体目标的一致。但系统的目标不是一开始就符合个体成员的意愿,在很多情况下,系统中各个组成部分(例如部门)的目标是不一致的,并会或多或少地对系统整体行为产生影响,一旦发生这样的情况,最终呈现出来的结果很有

可能事与愿违。㊀

　　实现组织中的上下同欲是战略落地的重要前提，领导者要开始转变思想，更多地考虑这样的问题：团队成员对战略目标可以有什么样的期望？战略目标的实现过程以及实现结果，对成员的影响如何？领导者必须要考量这些重要问题，而不能仅仅沉醉在发号施令的"领导快感"之中。

变革受阻的二代接班人

　　一家上市医药公司的新任总经理已经连续两个多月处在情绪低沉状态，他是董事长的独子，刚从国外留学回来，董事长年岁已高，公司需要他来接班。按理说在家族企业里面，这样的接班人是很有权威的，但他推行的三项新战略举措在会议上被数位高管质疑，原本支持他的董事长也只能表态再缓缓。

　　总经理开始觉得很不解，然后是愤怒，最后陷入失望中，甚至在参加高管训练项目中这样问我："是不是没必要接班啊？何必这么累呢？反正公司现金流很好，他们不愿意改变，就继续做原来的，我拿着钱去做新项目去，为什么要受这些气。"

　　我问新的战略举措是什么，他的回答很有道理。

　　"公司虽然上市了，但多年以来只靠一两个拳头产品在经营，营收一直增长乏力；另外，中高层人员平均年龄高达49岁，都是跟着公司干了二十多年的人，他们离退休还早，业务发展慢又导致职位晋升机会少，年轻人上不来，新的人才也进不来，流失率倒是逐年增加；最要命的是各种成本不断增加，引进全自动化生产线以后，我们的单位成本反而增加了，

㊀ 梅多斯. 系统之美：决策者的系统思考 [M]. 邱昭良，译. 杭州：浙江人民出版社，2012.

营销费用也是不断增加，根本不知道花到哪里去了。"

他的情绪非常激动，看得出其内心很想通过接好班来证明自己，他继续说道：

"所以我就提出了'开源节流、人才储备'的策略，具体是三项战略举措：第一，必须推出新产品，现在的研发队伍都在做老产品升级，太浪费了。第二，必须做储备干部培养项目，以往新人进到公司一看，部门经理级别的没有一个是工作年限7年以下的，感觉晋升没希望，一年内就走了一大半。第三，一定要抓成本控制，既要开源也要节流，要知道费用到底花去了哪里，无论是行政、生产还是营销，重新抓预算抓成本。"

我对这家公司有所了解，它的确存在这些问题，而且也是老董事长一直希望解决的，但由于中高层人员都是多年一起打拼过来的人，提出要求看没有动静就停滞下来，董事长已经表态不再管公司的具体事宜，想着儿子接班上任后能有所改变，没想到初战告负。如果是一个人两个人反对还好，但几乎所有的高管都提出了质疑，例如：新产品研发投入会不会过高？现有市场占有率万一急剧下滑怎么办？干部储备要达到什么水平，费用会不会过高？市场竞争越来越大，再不增加投入业务会更萎缩，而且在开拓市场方面畏首畏尾的怎么做得好业务？……

高管们提出的一大堆问题，立刻将新任总经理的变革热情给浇灭了。

我继续和总经理交谈下去，并引导他开始转换目标管理思维，从"我想怎么样"转换到战略如何落地，也就是"我们怎么一起来看待问题？怎样才能让他们的理解与我一致？"

我问了他一个问题："如果这些中高层看到新任的领导者不是扛着一面旗子，而是扛着一把大刀，气势汹汹地朝他们走过去，感觉你要毫不客气地动手了，请问，如果你是他们，会选择反抗，还是躲避，还是迎着走过来呢？"

他愣了一下，回答道："当然是反抗或者躲避了。"他的情绪开始稳定下来，反思道："的确，可能我给他们的感觉就是要干掉所有人，但我要做的事情的确是为了公司更好，没有他们的配合肯定不行，也不可能真的干掉所有人。"

接下来的讨论就轻松多了，由于安全感和参与感的缺失，即使其他高管明白他的新举措是对的、是应该做的，但仍用各种质疑来消极应对，这就需要新任总经理自己进行调整，做出一些改变。他必须要让相关高管参与到共同发现问题的过程中来，并且让他们意识到这些举措会让管理更有成效，否则他们会觉得你解决问题就是要去解决他们自己，注意力就不在于举措本身了。

而在其他企业里，情况恰恰相反，领导者在公布战略目标后，能非常顺利地将任务分解下去，也通过绩效设置得到了下属的承诺，最终得到的效果却大相径庭。这种问题更加隐蔽，往往是领导者的视线会被遮蔽，误以为战略目标已经在有条不紊地进行，即使后来发现偏差，也会造成组织的大量时间与资源的浪费，这更应该引起企业的关注。

为什么业绩刺激手段变得无效

领导者在提出更高的战略要求时，往往会匹配相应的刺激手段，但越来越多的现实情况告诉我们，实现战略落地仅仅靠奖惩已经变得低效。

一位分管业务的副总裁向我咨询他非常头痛的业绩增长问题。

"胡老师，按理说做销售的人肯定是想通过业绩提成制度来获得更高的收入，对吧？我们公司之前的业务增长曲线非常平缓，今年领导层下决心要改变，要将销售队伍打造成华为那样的狼性队伍，于是大幅提高了奖惩幅度，提成比例从3个百分点增加到了5个百分点，而且突破既定目标后还有增量奖励，当然为了公平，完不成目标也有相应的惩罚，例如扣除绩效或者降薪降职等。

非常尴尬的是，现在有70%的人都没有完成任务，我们都困惑了，员工们连钱都不想挣了吗？为啥又整天抱怨收入不够高？怎么就刺激不了他们呢？"

我问："看来，将提成比例增加是你们认为可以用来刺激员工的手段，请问业务人员的目标是怎么设置的呢？"

副总裁答道："提成比例提高了，目标当然也得提高，以前老板的要求太温和了，业务部门平均一个人完成的业务量还不到50万元，今年我们要逼一逼他们，个人最低的目标都是100万元。重奖之下必有勇夫嘛，不过现在还是老样子，所以不知道怎么办。"

我说："这是一个非常值得探讨的问题，领导者往往觉得通过某个单项的刺激，就可以高枕无忧地把自己想要的目标交给员工去实现。你必须要搞清楚业务人员是因为缺乏刺激而无法实现目标，还是别的原因？我们应该去了解员工是怎么想的。"

接下来，我们开展了几轮与员工的深入对话，员工们倒是很坦诚，其中一位这样说道：

"一开始听到增加业绩提成比例大家还兴奋了一下，但转头一想，这就是给我们画饼，根本就不可能得到，是领导找了个借口提高目标来扣我们的奖金。这几年里公司不增加研发费用和营销费用，缺乏有力的新产品，老产品很久没有升级，品牌又不强，就靠我们跑客户，关系再好都难拿下大单，老客户能有一些订单就不错了。现在目标直接调高一倍，完不成还要扣绩效，如果不是对公司有感情，早就干不下去了。"

看来，大幅提高提成比例都不能刺激业务增长的原因很明显：一方在出台"激励"，另一方则在反抗"压力"。如果领导者采用这些自以为有效的刺激手段，就能让员工们充满激情地去实现挑战性目标，那管理就太简单了，若真如此，那为什么不把目标再设高一些，只要激励足够吸引人就可以了？事情显然不会如此简单。

采用这种实现目标落地的方式，实质上是领导者在"偷懒"，他们没想过如何帮助团队理解目标，给予其实现目标过程中的支撑。如果领导者把自己定位于政策的制定者，团队就会有自己"被利用"的感觉，市场如战场，当他们冲锋陷阵时，发现自己的装备仍然很陈旧，也没有任何战术策略指导，仅有出征之时领导的豪言壮语，他们就会怀疑目标的可实现性，怀疑目标实现后的承诺性。

这是当下许多企业领导者陷入的致命认知陷阱之一，他们认为员工们只看重金钱，只要有"千金买马骨"的效应，则"重赏之下必有勇夫"。诚然，员工都想要更高的收入，但他们一定会在短暂的兴奋之后考虑可实现性，当他们发现领导者并没有参与进来，只是等待着收获结果时，就会有强烈的"被利用"的感觉。

在VUCA时代，竞争愈发剧烈，各种竞争手段层出不穷，如果一直停留在过去的认知、经验和方法手段的基础上，即使加倍努力恐怕也无法赢得好的结果。员工们也深知这一点，当他们接受挑战性目标时，首先考量的是完成可能性，如果没有组织力量的支持，再大的激励对其都是水中捞月。领导者必须要花费精力帮助员工找到实现目标的信心依据，而不是仅仅告诉他们"如果完成……，你们可以得到……"。

我在研究企业团队动力提升的课题中发现，薪酬、奖金、职位升迁等看起来最为直接的激励手段，恰恰只能产生"短期效应"，这些手段对员工产生的激励效果是"来得快，也去得快"。

一方面，如果员工认为目标不可实现，自然没有激励效应；另一方面，即使真的实现了目标，获得了相应激励，但从人的本性来讲，得到之后动力就会逐步消退。正如一位职员有机会把月薪从 5000 元提升到 10 000 元，他是很有动力的，因为这 5000 元差额对他是有刺激作用的，而一旦实现 10 000 元月薪后，这种刺激作用不会超过两个星期，因为他会觉得这就是自己正常的所得了，除非有更大的涨薪机会出现。

领导者必须意识到，如果没有系统的管理模式，只靠"短期效应"的手段，即使不断加大力度，原本有效的政策很可能就不再有激励性了，而组织不可能无限制地涨薪和提升职位，感受不到刺激作用的成员就会再次陷入动力停滞状态。

期望值管理：让员工拥有动力的公式

"二代接班人"和"无法刺激的业绩增长"这两个例子，让领导者意识到战略目标落地并不是一件简单的事。

传统领导者认为对于自己所下达的工作目标，下属都应该去执行并实现。"应该"二字成了这些领导者的执念，当看到许多不应该出现的情况时，他们就会抱怨，并四处寻找方法将员工管控得更加"听话"，使他们能够更加"重视"自己要求的目标。

领导者如果站在管控的角度就会忽略员工对于战略目标的期望，从而将战略落地划分为三个"简单粗暴"的动作：发出目标、下属执行、评估结果。发生的任何问题都会归因于下属的执行力水平，他们将自己的职责仅仅圈定在设定目标和评估结果这两项上。

《执行》的作者之一拉里·博西迪描述了这样的场景："在通用电气工作了 34 年之后，我被任命为联信公司的 CEO。由于已经熟悉了通用电气这样一个言出必践的环境，因而理所当然地认为每个人都能够将自己的计划转化为实际的行动，但事实证明我想错了。到达联信公司后，我发现人们的计划和行动之间实际存在很大的差距，这让我大吃一惊。公司里面有很多聪明、勤奋的员工，他们的工作效率却非常低下。"⊖

出现这种情况的原因，很大程度在于领导者的行事导向存在问题，他们把事项分配给下属去做，然后自己"转身离开"，他们认为自己应该把精力投入到那些"更大的、更重要的"事情上去。其实这种想法彻底错了，真正关注战略落地的领导者一定是积极的参与者。

桥水基金的创始人瑞·达利欧非常注重团队成员的参与，他在《原则》中写道："独断专行的管理者没有自己的班底，也就是说他的下属没有自己的观点。如果你发出太多的指令，人们可能会有怨言，对你的命令阳奉阴违。你对聪明人施加的最大的影响，来自持续地就真实情况和最佳决策去求取共识，这样你们追求的才是同一个目标。"㊁

领导者的参与并不是去跟下属做同样的工作，也不是时刻去关注下属在做什么，更不是去盯着下属是否严格按照自己交代的方式来行动，而

⊖ 博西迪，查兰，伯克. 执行：如何完成任务的学问 [M]. 刘祥亚，等译. 北京：机械工业出版社，2016.

㊁ 达利欧. 原则 [M]. 刘波，綦相，译. 北京：中信出版集团，2018.

是采取行动让下属真正理解战略意图，并参与探讨思路、整合资源等能够帮助下属做成事的工作。

领导者在战略落地开始之时，一定要关注"人们到底在意什么"。

在一场行业聚会上，一位高管忍不住抱怨道："现在的员工都怎么回事，绩效奖金没少一分钱，还时不时搞个团队建设活动，但他们还是没什么动力，戳一下就动一下，公司定的战略目标根本带不动。"

另一位高管建议说："你要加强和他们的情感联系，碰到员工的时候微笑点个头，如果能叫出他们的名字，会对他们有激励的。"

之前那位高管说："这方法早就用过了，现在我觉得哪怕每天拍着他们的肩膀说加油，也没有用了。就算每天工资都在涨，现在的年轻人也不会提起精神。公司要快速发展，需要所有人都动起来，形成高效的节奏，但现在只有我们高管在紧张，越往基层走节奏越慢。"

很多高管都读了 MBA 课程，都已经用过各种激励手段，但都无效或者正在变得无效，他们对激励下属去实现战略目标这件事开始束手无策起来。是员工们变"坏"了吗？还是管理者没有找到解决问题的钥匙呢？

绝大多数人，包括高管自己，都以为人在组织中工作最在意的是发展空间、薪酬待遇等，事实上却没有觉察到人的内心到底会受到什么事物的激发。

我在许多企业里做过这样一个测试：

"请在一张卡片上写下对自己最有动力的三件事情。"

排在前三项的答案是：涨工资、升职、休假。领导者会发现，除了自己，不会有人把实现战略目标当作自己最渴望的事情，他们更在意自己在组织中能得到什么，这很真实。人们虽然不假思索地写下了这些答案，但又清楚地认识到，工资和职位不可能每个月都在增长，休假也不可能一直持续。所以人们只是希望拥有这些状态，但这些状态并不能真正激发他们从现状出发，更不能让他们持续充满动力。

对于企业而言，如何能在员工们自己的答案和要实现的战略目标之间建立起关联呢？

期望值管理理论给出了相应的逻辑指导，这是由著名心理学家和行为科学家维克托·弗鲁姆（Victor H. Vroom）在1964年出版的《工作与激励》一书中提出来的激励理论。

$$M = E \times V$$

弗鲁姆认为，人们采取某项行动的动力取决于其对行动结果的价值评价和预期达成该结果的可能性，也就是激励（motivation）效果取决于其对应的期望值（expectancy）和行动结果的价值评价（效价，valence）的乘积。

其中：

M 表示激发力量，是指激发一个人的积极性及内部潜力的强度。

E 是期望值，是人们自己判断组织目标的实现以及个人需要得到满足的可能性大小。

V 表示效价，是指组织目标达到后对于个人需要满足的程度。

E 和 V，决定了员工的积极性，无论企业领导者采取何种手段，要发挥其效用，都必须建立在期望公式的逻辑上。因此，组织中各级员工对于战略目标的实现是否有动力，是否会产生激励，关键在于三个方面：

第一，战略目标实现的可能性；

第二，战略目标和个人的关联性，实现后会对个人有哪些益处；

第三，战略目标实现后，会兑现个人应得的益处吗？

这其实也是员工对于组织战略目标真正关心的三个问题，尤其是非业务部门的人员。由于多数企业太过于强调业绩数字，非业务部门的人员往往把自己定义为"二线部门"，潜意识里觉得只要做好眼前的工作即可，认为营收性和突破性的工作都是业务线条的事，因此难以感觉到战略目标的实现与自己工作的紧密关系。

只有解决了这三个问题，让每个人都觉得战略目标与己有关，才会产生组织上下同欲的效应。

有一家民营企业，销售团队非常优秀，但似乎人均业绩已经达到了瓶颈无法提升。总经理召集核心干部来共同探讨，是需要增加更多的人手，还是需要提升能力，或者采取其他的措施。

会议上，一位区域销售经理站起来大胆地说："我们的人均业绩再提升一倍也没问题，因为客户都已经基本覆盖了，只是单个客户的产值不够高，这主要来自三个方面的原因：一是虽然我们与客户关系好，但产品系列不够丰富，客户有需求自然就去找竞争对手购买；二是我们的销售队伍年初扩编过一次，目前30%的人员是新进入公司的，工作时间在半年以内，这些人员的积极性很高，但没有经过任何训练就到了一线，对产品知识的了解程度和营销技巧可以说是小白水平，而成熟的销售人员没时间培训他们，最多带他们多跑几次客户，指导不够系统，成长太慢；三是对客户响应的问题，我们公司的反馈时间太长，有时候一个星期都没有进展反馈，这非常伤害客户关系，今年流失的几个客户就提到了这一点。如果这些方面都有支撑，我们有信心突破业绩瓶颈。"

总经理意识到，除了销售部门，其他的生产、研发、人力、财务、物流等部门并没有真正以客户为导向，而是惯性地根据自己的职能要求做专业工作，被安排任务后才有行动，他们没有主动关注在职能范围内可以对公司目标有何贡献，甚至对公司业绩波动给个人利益带来的影响并不敏感。

接下来总经理跟各个职能部门负责人进行了座谈，并做出一项关键性改变：在非业务职能部门人员的季度和年度绩效中设定与公司销售情况挂钩的增减系数，这样一来，所有人都知道公司业绩好坏与自己息息相关。例如人力部门经理的季度考核，以前是这样的：

绩效奖金＝奖金基数 × 评估等级对应系数（分为ABCDE五个等级，对应不同系数）

基本上职能部门的评估系数都处在比较平稳的状态，不会太好，也不会太差，正常情况下都能评为B等级。经过调整以后，原来的评估方式不变，但是加了一个公司运营健康系数（总经理很聪明地将实际销售情况与目标的匹配性作为健康系数），分为ABCDE五档健康程度。

A健康状态：公司当季销售额达到目标的120%以上；

B健康状态：公司当季销售额在目标的100%～120%之间；

C健康状态：公司当季销售额在目标的80%～100%之间；

D健康状态：公司当季销售额在目标的70%～80%之间；

E健康状态：如果低于原定目标的70%，则通过公司决策确定系数。

根据不同的健康状态，对评估等级设定相应的系数增减幅，如表5-1所示。

表 5-1　不同评估等级对应不同健康状态下的评估系数浮动

	评估 A（优秀）	评估 B（良好）	评估 C（正常）	评估 D（落后）
A 健康状态	原系数 +0.3	原系数 +0.2	原系数 +0.1	不变
B 健康状态	原系数 +0.2	原系数 +0.1	原系数 +0.05	不变
C 健康状态	原系数 −0.1	原系数 −0.1	原系数 −0.1	原系数 −0.2
D 健康状态	原系数 −0.2	原系数 −0.2	原系数 −0.2	原系数 −0.3
E 健康状态	原则上无 A	公司决策确定	公司决策确定	公司决策确定

可以看到，绩效评估的等级对应系数受到公司经营健康状态的影响，这样改变以后，连人力部门经理都会去主动了解业绩情况，并主动思考在自身职能范围内如何提供支持。

当然，并不是所有的企业都适合通过这样的方式来调整绩效，例如业绩在高速增长期的企业就不一定适用，每个企业有自己的情况，各种方法都有它的优劣之处，但不论用什么样的方法，都是为了一个目的：要让所有人觉得整体目标与己有关。

可以通过图 5-1 来理解员工的需求与组织目标之间的关系。这是一种

图 5-1　个人与组织关联循环

循环推进关系，当团队成员体验到通过努力能够获得满足个人合理需要的结果时，就会产生组织目标与个体目标的关联效应，继而推进他更加努力，提高工作中的自发性。

激发团队主动性的"2+1"要诀

战略落地并不是单纯的工作分配，而是参与到战略落地关键环节的人员能够以主动迎接的状态来对待目标，这需要领导者围绕"2个相信、1个需要"来进行工作。

第一个相信：让团队成员"相信"目标可以实现

人们会站在自己的认知角度来评估组织提出的战略目标，如果估计实现目标的概率越高，他们参与的意愿就会越强，激发的动力就越大，积极性也就越高。

多数战略目标看起来都很宏大，很美好，但往往团队成员的内心并没有觉得这是一定可以实现的，更少有人对目标坚信不疑，出现这个问题的原因在于认知的差距。

站在领导者的角度来看，企业必须实现战略目标，虽然有一定的挑战性，但通过团队的努力和创新是可以实现的。但站在下属的角度来看，这些都是压力，挑战和创新就意味着新的"难题"，加上传统领导者习惯高高在上地进行目标下达，下属在工作中往往缺乏支持，什么问题都得靠自己解决，职场上的孤独、无助、压力围绕着他们，虽然按照要求在做事却缺乏"相信"的力量。

尤其是正处于经营危机中的组织，要让团队产生对目标"相信"的力量就更需要领导者亲自参与进来，做出提升团队心理状态的沟通和行动措施。

我曾与六位股东共同经营一家公司，由我负责管理集团，他们负责管理各地分公司。在西部一个城市的办事处共有六位员工（销售和技术支持），该办事处由于各种原因归属远在福建分公司的 H 总来监管，成立 4 年以来一直亏损。

公司提出了新市场拓展战略，为了将这个办事处扭亏并做成区域拓展的样板示范点（这个区域是唯一一个没有股东在当地常驻管理的），我决心把办事处归到总部来直接管理。

第一次到办事处时，我通知六位员工到办公室开会，整个屋子里都铺满了灰尘，看来他们许久没有到公司办公了（H 总每个月最多去 2 天，而且是在酒店跟员工见面开个会、吃个饭交代一下就离开了）。当年办事处的销售目标是 500 万元，但去年仅仅实现了不到 30 万元，士气相当低迷。

为了让他们重新恢复状态，我们做了一场非常直接的谈话。

我：今年的目标，有信心完成吗？

员工：（沉默、摇头）恐怕完不成。

我：那能完成多少？300 万元可以吗？

员工：（犹豫）应该可以。

我：真的可以吗？去年才不到 30 万元，今年真的可以做到 300 万元？

员工：（埋着头）做不到。

我：能做到多少？根据实际情况。

员工：（几位员工合计了一下）50 万元应该可以。

我：那还做办事处干什么呢？明知道要亏损，而且你们也没给我看到增长空间。

员工：（沉默）……

我：请回答我两个问题，第一，是否还想在这里干？第二，想提升收入吗？如果不想，那我们今天就去吃个散伙饭，好聚好散；如果想好好干，想有发展，那我们接下来讨论一下，我来告诉你们怎么才有可能。

员工：当然想，可是我们能力有限，虽然与很多大客户都建立了联系，但没法推动产生订单，公司也没什么支持，就只跑几个老客户搞点小订单了。

我：所以现在必须要做出改变，之前H总管你们，对于分公司来讲增加区域是好事，亏损可以包在分公司里。但我站在总部的角度，如果继续亏损，就可以不要这个办事处，所以现在我们必须从如何做好的角度来寻找方法。

员工：可是我们好几次向分公司要技术支援都没有响应。

我：现在已经不是分公司在管你们了，是总部。我会安排专门的技术小组和商务小组与你们对接，有任何技术问题都可以24小时连线，有需要还可以让他们出差来现场，商务组对你们进行报价和投标等工作的支持，加快对客户的响应速度和提升质量。

员工：如果能这样的话，我们肯定不止做50万元啊，起码200万元。

我：但是我有个要求，今年要加强对客户的引导，每两个月要举行至少一场客户技术交流会，我会安排相关行业专家和总部专家来现场讲解，你们每次需要邀请不低于50家客户的相关负责人，而且每次交流会都要有20%以上的新客户。

员工：（拍着胸脯）没问题，早就想有这样的机会了，在这里我们没有品牌效应，别人都认为我们是小公司，如果能每两个月一次就太好了，我们巴不得每月一次呢。

此时氛围开始热烈起来，员工们的眼里似乎闪着光，他们其实并不想偷懒，更不想成为亏损的责任者，他们需要帮助，而这本来就是上级应该做的事。

我继续问，现在你们有信心做到多少，员工们也许是为了让我高兴，也许是被点燃了信心，回答我说要做600万元。这一年里，所有的人都变得积极起来，最终实现了470万元销售额，虽然没有达成原本的500万元目标（分公司总是这样毫无根据地填报目标），但这是前一年的15倍之多。

领导者必须要开始改变观念，应该给员工实现目标的信心，而不是仅仅给予目标！

第二个相信：让员工相信目标实现后，承诺能兑现

这是非常关键的一点，是企业和员工之间必须要保护的信任力。但是违背承诺的情况经常出现，即使在较大规模的制度化企业里也很常见，员工变得不再相信久远的承诺，只看短期利益。

在一家自动化设备销售公司里，销售提成制度规定正常利润水平的订单给销售人员提成2%。一位资深销售花了大半年的时间跟进并与某大客户签单，一次性售出1600多万元设备，并且也实现了年内回款。

因为制度透明，整个部门的同事都算得出这位销售可以获得多少奖金，另外公司制度里还有目标突破奖之类的附加奖励，因此这位销售充满了期待，认为公司会重奖自己。

临到季度末结算奖金时，他被总经理叫去沟通，谈了很长时间，原来总经理的意思是这种大单如果没有公司支撑是不可能完成的，有采购人员、商务人员等的配合，就连总经理自己还陪他见过两次客户，所以提成没法按照正常制度计算，得打个 5 折。

销售自然是很不情愿，心里想：为什么在项目启动之初，你们不这么说？当领导的为了拿下大项目一起见客户高层不是应该的吗？而且因为全力跟进这个项目，过去几个月里自己业绩不达标还被罚绩效，所有人都不看好这个项目，现在项目完成了却来找理由扣奖金？

最终结果自然是反抗无效，销售拿到了一半的奖金，公司举行了一个内部颁奖大会，号召大家要向他学习，可站在领奖台上的他却是一脸郁闷。第二个月这位销售就辞职了，客户关系被他带去了另外一家公司，第二年又产生了将近两千万的业绩。

员工都希望取得成绩后能够得到奖励，尤其是与组织共同约定好的奖励，他们会有预期，如果不能兑现就会对组织失望，不再信任。让员工相信目标实现后的兑现度，是一个企业的品格，这需要领导人具备正直的品格。

德鲁克指出："品质是骗不了人的，与他共事的人，尤其是下属，几个星期内就会清楚地看到他是否正直。他们也许会原谅一个人有很多方面的不足：无能、无知、缺乏安全感或者缺乏礼貌，但他们不会原谅一个人的不正直。"㊀

更为关键的是，一旦员工被无法兑现的承诺伤害，整个团队都会陷入低效的工作状态，能干的人开始寻找新的工作机会，平庸的人则无所

㊀ 德鲁克.管理：使命、责任、实践[M].齐若兰，译.北京：机械工业出版社，2019.

谓，他们本来就没有瞩目的业绩，反而表现得很大度、听话，不正直的领导者们认为平庸的员工更加顺应自己的心意，最终组织里留下的大部分是平庸之人，形成劣币驱逐良币效应。

一个需要：员工都喜欢被"需要"的感觉

任何个人加入企业组织，无论职位高低，都希望自己能发挥作用，找到在组织中的存在感，也就是被组织需要的感觉。

领导者总是容易关注那些"关键人物"或者与业务直接关联的岗位，例如核心管理层、销售精英、研发骨干等，却忽略那些看起来"远离结果"的岗位。

优秀的组织能发现每个人的价值，只有缺一不可，才能塑造有机融合的团队。战略目标的实现就像经营一张"蜘蛛网"，并不仅仅由大的节点构成，还需要很多细枝末节来共同构建，甚至很多信息是从边缘的、细微的地方传递而来。

我在研究企业的时候，判断一个企业的合心程度及员工状态，不是看"关键人物"的表现，也不是看销售团队的数字增长趋势，而是观察那些基层岗位的人员，是否"看得起"自己的工作，甚至为自己在组织中充当"小角色"而感到骄傲。

在上海虹桥2号航站楼等待出租车的时候，我发现管理旅客排队的地勤人员与其他机场有所不同，他们的言语中透露着自信，非常积极地指挥着车辆的停靠及旅客的排队。

地勤人员："您去哪儿？"

旅客："我去徐家汇。"

地勤人员："上5号位蓝色的出租车。"说完便继续高声指挥着车辆："往前开，停7号位。"

相信任何一个在现场的人都会感受到地勤人员不仅仅是负责，还很享受这种工作的感觉，这取决于他们相信自己的工作付出是组织所需要的。

稻盛和夫先生曾提出"能量转移"的概念，他认为，领导者自己对事业的思考，自己有关达成目标的想法，都要满腔热情地向部下诉说，倾注心血，谆谆相告，直到职场的每一位成员都激情燃烧。[○]

"能量转移"就是告诉团队成员：目标的实现要依靠他们每一个人的理解和参与，每一个人都被组织强烈地需要。

虽然"被需要"仅仅是一种感觉，但智慧的领导者都能意识到，当一个身处基层的人都能认为自己的工作对组织整体有明显的影响，这会让团队充满积极性，人们会主动迎接目标，而不是被动接受。

当人们认可自己的岗位价值，并在组织中感受到自己是被需要的，组织把自己看作不可或缺的资源，他们就会开始关心组织，并产生两大心理效应。

- 重视自己的工作，并不断琢磨如何做得更好；
- 关心组织整体的发展，认为其和自己息息相关。

领导者切忌认为战略目标是所有人理所应当去努力的，这种想法会让领导者忽略现实，只站在自己的角度去强力推行，下级却在默默抵挡。只有站在期望值管理的角度，才会找到开启上下同欲的钥匙，在此基础上，再来进行战略目标的策略性分解，才是有效的。

○ 稻盛和夫.领导者的资质[M].曹岫云，译.北京：机械工业出版社，2014.

第 6 章

一页纸目标规划：从战略目标到策略执行

在一家食品集团里，高层管理者通过制定三年滚动发展计划来支撑战略目标，每年年初由企管部牵头进行当年的目标分解，但中层管理人员都没有感觉到是在有序进行战略推进，各部门都埋头做自己的事。有一位部门经理抱怨说："我只能根据经验来安排自己部门的事，公司战略分解到部门后，整体是什么策略，到底跟过去有什么不同，逻辑是什么？我还是不清楚，只知道每年分配下来的目标数值在增加。"

部门经理有如此感受，基层员工就更不知道战略目标的存在了，也不会想到自己每日的工作对公司整体有何贡献。企业成员缺乏简明扼要的工具来看到公司要做什么，打算怎么做，和自己有什么关系，自己如何梳理从目标到执行的策略和工作。

如何用最简单有效的方式让所有人参与其中，清晰地看到公司的战略方向，受到鼓舞并从中找到与己有关的策略，理解自己所担负的目标，从而高效地行动，这是我一直引导企业领导者去解决的问题。

如果能用一页纸的简洁方式来呈现公司战略目标、支撑战略目标的各维度子目标、具体实现策略等，那么团队中每个人都可以一目了然，然后根据这一页纸来对准战略目标，找到自己的位置和关联性。

一页纸目标规划的结构与逻辑

幸运的是，世界上有很多优秀管理研究者的总结归纳为企业实践提供了诸多良好的方法工具，在这其中我认为 OGSM 是最富有结构化呈现力、最具有从目标分解到执行的逻辑性、最适合企业全员使用的战略落地工具。

在实际企业运营管理中，我将 OGSM 与全面项目化管理融合为"OGSM-P"（战略目标分解＋项目化执行）的一页纸工具，它是对 OGSM 的优化和补充，给目标与策略加上了执行的翅膀。在众多我辅导的央企、国企、民企的战略落地项目中，"OGSM-P"取得了广泛的认同和高绩效成果，也改变了许多企业领导者的思维，提升了团队成员的能力。他们用同样的工具进行讨论，上下思路保持一致，对支撑战略目标的策略体系进行思考和创新，并能在执行过程中动态跟进和追溯责任，最终实现战略目标，这是我写书的主要动力之一，希望让更多的企业和职业人士获益。

OGSM 的核心基础是彼得·德鲁克的"目标管理（management by objectives，MBO）"，也就是企业必须将组织的目标转化为员工个人的目标，并且形成可以执行的任务。早在 19 世纪 50 年代，日本丰田汽车（TOYOTA）制造商所设计及执行的工作计划表，就是 OGSM 最早的雏形。OGSM 包括 objective（战略目标）、goals（逻辑目标）、strategies（行动策略）、measurement（量化标准）四个部分，它是一种基于目标的计划与执行管理工具，也是激发和制订策略计划的强大结构化工具，帮助企业各层级人员将所负责的业务聚焦到战略目标上，便于时刻审视。

用一页纸做 OGSM 的精神就是力求简单、一目了然，用随手可取的方式让彼此沟通，不需要依靠复杂的计算机系统，因为简单所以人人可用。OGSM 后来被快速消费品产业的龙头企业宝洁集团采用，成为其内部执行的重要工作表格。通过一页的精简信息，可以快速修正策略，响应市场。宝洁集团有 300 多个品牌，14 万名员工，在清晰的企业愿景下，各品牌业务部在每周、每月、每季的沟通和会议中，独立运行，期望能借此快速回应消费者要求，应对市场变化。

除了日本丰田汽车、美商宝洁之外，OGSM 也是美国可口可乐、德国大众汽车、法国欧莱雅、法国希思黎、荷兰喜力等跨国企业的策略行动计划表。[一]从目标到策略的 OGSM 目标架构，如表 6-1 所示，其由四个部分构成，非常简洁明了。

表 6-1　OGSM：从目标到策略

O（战略目标）	G（逻辑目标）	S（行动策略）	M（量化标准）

企业不仅仅需要策略，还需要能有效贯穿各个层级的行动力。例如"加快新产品开发能力建设"，这个策略是高层提出的，他们自己很清楚，但当中层、基层看到这个策略时，不一定能产生一致的理解，包括如何产生有效的行动、哪些行动才是在合理范围内等。所以，当每一层级的管理

[一] 张敏敏. OGSM 打造高敏捷团队管理 [M]. 台北：商业周刊，2020.

者在提出目标和相应策略时，要与下属一起进行支撑策略的关键行动设计，他们需要清楚地看到自己的行动是否符合上级的策略，而不是仅仅记住战略目标是什么。

我在管理工作实践中多加了一个模块 P，也就是 projects（项目设定），把企业战略目标分解为子目标、策略和有效行动，如表 6-2 所示。中层管理人员根据上级的 OGSM-P 来制定自己的 OGSM-P，上下级共同审视，就能做到从逻辑到执行的上下一致，远比把目标原封不动地传递下去要有效得多。

表 6-2　OGSM-P

O（战略目标）	G（逻辑目标）	S（行动策略）	M（量化标准）	P（项目设定）

OGSM-P 基于战略目标的策略与行动框架，有三个方面的特点：严格的结构化呈现、紧密的逻辑关系、上下级的有效衔接。了解每一部分的填制要求和技巧后，就会深刻地感受到 OGSM-P 的这三个特点，这是可以全员使用的"共同语言"。

战略目标

在辅导企业的过程中，我发现一个共性的问题：人们虽然根据模板详细地做出目标分解和行动计划，却像是在响应上级交代的任务，毫无动力和激情，缺乏对工作的"想法"。问题的根源在于他们并没有受到公司整体目标的鼓舞，没有找到自己愿意为之努力和创新的目标。

其他关于 OGSM 的书籍中将"O"定义为"目标",但在企业实践中,人们往往难以将其与"G"进行区分,因为看起来都叫作目标。因此,我将公司级的"O"定义为"战略目标",对其作出这样的定义:"战略目标是公司要在一定期限内实现的目标(可以是 1 ~ 3 年,最好不要超过 5 年),并且这些目标是让下属感受到益处并愿意参与的整体目标。"

OGSM 表格中,"战略目标"这一列里最好只填一个目标,不要在这里提出若干目标,应该高度提炼出领导者在一定时期内最想要实现的"终极状态"。值得注意的是,管理者往往难以提炼出一个战略目标,这说明受到过去太多指标的影响,反而对总体要实现的状态缺乏思考,这一步骤需要多投入时间进行思考和提炼。

战略目标的设定有两个基本要求:一是时间跨度不要太长,企业如果每年制定 OGSM-P 表格,最好以一个年度为周期;二是让下属能从目标中感受到益处从而愿意参与,这就要求非常高,需要领导者做"功课",把自己想要实现的目标转化为下属看到之后认为是他自己愿意做的事情。

逻辑目标

如果说战略目标可以用定性的方式来描述,那么"逻辑目标"就是如何去实现战略目标的维度设定,它们必须要进行量化处理,并且完成的周期更短,更容易得到评估。

对企业的战略落地而言,这一模块至关重要,它是实现战略目标的思路体现,也是指导行动策略和项目的核心依据,更是对管理者能力的考验。

很多企业在设定目标的时候缺乏逻辑性的设计,往往使用数字拆解的简单构成法,例如把按季度分配的销售额目标当作逻辑目标,这种做法并不具备实施的指导意义，导致支撑超级目标的逻辑性不强。这里需要用到一些模型和方法，恰恰也是最考验管理者的地方：你必须提出系统实现战略目标的维度，并且很清晰地知道它们要做到什么程度。这些维度就是如何实现目标的管理模型，将其分类和量化即得到逻辑目标。

逻辑目标的设定一般有两种方式：一种是按照时间顺序来分配，例如第一阶段、第二阶段、第三阶段，看起来这种方式较为简单，但每个阶段都需要确定要从哪些维度来设定目标。另一种是从非线性的构成维度出发，例如平衡计分卡的四个维度——财务、客户、流程、学习与成长。这种方式就要求系统一定要完整，最好有模型工具来支撑，避免出现漏洞。

我更倡导从目标构成的维度来进行逻辑目标的设定，因为时间维度容易让人陷入惯性思考，人们很难在战略目标提出的时候就能清楚地知道未来一年或三年里要先做什么、再做什么，而从"如何实现"的维度出发则更为有效，它更容易开阔思维，更容易审视对战略目标支撑的完整性，本章"逻辑目标的设定"会有详细介绍。

行动策略与量化标准

目标很容易被提出来，但并不容易得以实现，原因主要有两方面：一方面是目标描述往往模棱两可，缺乏量化，理解上容易产生歧义；另一方面就在于缺乏对目标实现度的考量：目标实现的关键是能否提出合理的策略来支撑。

很多企业对目标进行的量化并没有问题，例如销售额达到多少、新产品开发达到什么程度，但问题在于缺乏与之匹配的有效策略，或者把策略设定得泛化和务虚，无法落地执行。

一家企业的目标是这样的：

年度目标：在 2020 年实现销售额增长 15%；

相应策略：加大宣传、增加渠道、提升销售人员士气。

看起来目标没问题，策略也有道理，但整个团队并没有产生与增量目标有关的创新行动，无论是市场宣传还是渠道管理都跟过去一样在例行工作，为提升销售人员士气则做了两次团队拓展活动，这些并没有助力最终目标的实现。

总经理很纳闷，这些策略没错啊，相关工作都在做，可就是无法实现目标。

其实，这里犯了两个错误，第一个错误是对目标并没有进行系统周全的策略分析，哪些过去用过的策略还可以沿用？还需要增加哪些策略？这些策略为什么有效？在缺乏思考和衡量的情况下，直接按照经验列举的三项策略，不一定全面和有效。第二个错误则是策略太泛化，缺乏对策略执行的结果衡量标准，每个人对策略的理解都会不同。例如什么叫作加大宣传？什么叫作增加渠道？什么是提升销售人员士气？这些策略做到什么程度才能实现目标？这是企业提出策略时最容易犯的错误，把本来通过量化聚焦的目标又一次放大了，团队成员仅仅知道一个方向，行动的效果自然就不会好到哪里去。

例如"提升销售人员士气"这条策略，有的人会理解为改善员工的言谈举止表现，有的人会理解为要搞几次团建活动，还有的人会理解为月均拜访新客户数量增加……策略的执行效果一定要明确，这需要从经验、模型方法的综合分析中得出，并反复审视为什么提出这样的策略，这些策略做到什么程度才是有效的。

因此，OGSM 表格中"量化标准"这一列是对策略进行量化评估，这一点明确后才会产生恰当的行动，否则每个人对策略产生不同的理解，就会导致战略落地的过程中出现诸多偏差。

项目设定

通过策略及其衡量标准的设定，OGSM 表格就完成了从战略目标到实施策略的构建，但策略并不是能够分配到具体人员的具体事宜，如果企业战略落地止步于此，就会陷入"执行漏洞"：所有人都知道打算做什么，却没人为之负责。

策略往往涉及多个部门、多个层级的人员，它并不等于某项具体工作，而是可能需要多件工作共同完成。如果不能把人员明确地安排到具体的事项上，就会出现策略偏差或者工作变得模糊不清的状况。

一家连锁经营公司制定的一项策略是"提升客户满意度"，并且明确提出策略执行的衡量标准是"客户满意度提升到 95%"，并交由终端管理部门去执行。但问题是其他部门不会把这个策略当作自己职能范围内的事情，摆出一副被动的姿态，等出现需要配合的地方再来协调。实际上，并非靠终端管理部门就能提升客户满意度，还需要诸多部门的参与，例如由人力部门进行员工能力培训、由客服部门提升在线问题处理能力等。更有意思的是，终端管理部门并没有设置满意度测评这项工作。

即使有了策略衡量标准也不意味着可以准确且明确地执行，还需要在 OGSM 上加一个模块 P，也就是根据策略 S 和其衡量标准 M 来制定项目。一个策略可能由多个项目来支撑，如多个部门分别牵头立项，最终将结果汇聚在一起完成策略的预期目标，最终支撑"逻辑目标"和"战略目标"的实现。

领导者在审视战略落地情况时，尤其对于中层管理者只能通过其是否有实际的行为来判断其是否真的围绕战略目标在行动，而不能只看其表面的言辞或写出来的策略。在战略落地的过程中，更为重要的是过程跟进，在 OGSM 中添加"项目设定"模块则是要在战略目标启动时就兼顾执行，并且可以通过项目与策略、子目标的对应关系，以及项目的执行状态来进行战略目标的追溯。本书第三篇"战略落地项目化管控实战"中会提供战略追溯的项目化模式。

OGSM-P 的内在逻辑

OGSM-P 的五个组成部分可以分为两个大的模块，一个是目标模块，包括"战略目标"和"逻辑目标"两部分；另一个是执行模块，包括"行动策略""量化标准"及"项目设定"三部分，模块内各个部分及模块之间都有着紧密的逻辑关系，这也是用好 OGSM-P 的关键。

逻辑一："战略目标"和"逻辑目标"能够解决"做什么"的问题

对"战略目标"和"逻辑目标"两个部分可以进行充分的想象和假设，"逻辑目标"是对"战略目标"的支撑，两者构建了企业想要做什么的方向和基本框架。在进行这两个部分的设置时，重点考虑"战略目标"对于团队共同利益的激发效应，以及"逻辑目标"对"战略目标"支撑的合理性和有效性。在制定"有效策略"及"量化评估"这两部分后，会对"战略目标"和"逻辑目标"进行再次的优化，也就是根据可执行策略来重新审视目标的可行性。

很多企业都能提出激动人心的"战略目标"，但未必能构建出与之匹配的"逻辑目标",单有前者就成了口号,只有两者结合,才会是完整的"要做什么",并且从"逻辑目标"可以看出实现"战略目标"的思路。例如,"战略目标"定为"提升公司利润率",不同的企业就会有不同的思路呈现,有的领导设计的"逻辑目标"就只是一些财务指标,例如成本控制、产品利润率等,而有的领导则会设置关于人才发展、流程优化方面的"逻辑目标"。

简单把"战略目标"按时间阶段分解为"逻辑目标"的方式是错误的,否则只需要用一个括号来包含阶段目标的描述就好了,何必占用"逻辑目标"这一列表格的"思考空间"呢?例如将销售额目标分解到各个季度,这是数字分解而不是逻辑分解,并不能从这种数字分解的目标中看出如何实现"战略目标"。

如何设定"逻辑目标",体现了领导者系统思考的能力,是战略落地工作在目标设定阶段最为重要的一环,也是战略目标有效执行的前提。

逻辑二:"行动策略+量化标准+项目设定"能够解决"怎么做"的问题

"行动策略"并不是支撑"战略目标",而是支撑"逻辑目标"的。一个"逻辑目标"可能由一个或多个策略来支撑,但不要出现一个策略支撑多个"逻辑目标"的情况,如果出现了就说明"逻辑目标"还不够明确或者策略过于宽泛,具体方法可以用MECE原则(相互独立、完全穷尽)来进行检查。

通过对"行动策略""量化标准"及"项目设定"这三个部分的制定,可以反过来审视"逻辑目标"是否合理,这是一个由上至下、再由下至上的过程,是战略目标得以有效落地的关键。

OGSM-P 为企业提供了系统的、简洁的、从战略到行动的图谱，它是一套结构化工具，其严格的逻辑要求让各层级人员紧密围绕目标进行思考。对"逻辑目标"和"行动策略"的审视至关重要，前者决定了"战略目标"的达成路径和实现维度，后者决定了项目设定的依据，从而为整个组织构建起"目标—策略—行动"的框架。

表 6-3 和表 6-4 所示的两个案例反映了 OGSM 制定过程中可能会出现的问题。

案例一：缺乏逻辑和思考的 OGSM

表 6-3 某企业市场 OGSM 规划（第二阶段）

执行时间：3 年

阶段目标 Goal	执行策略 Strategy	评估标准 Measurement
1. 建立准确、清晰的品质联想 2. 品类联想、利益（功能）联想指数上升 3. 品牌指数提升 4. 市场占有率提升 5. 成为消费者家中常备感冒药品牌	1. 提高产品品质，建立优质产品联想 2. 产品升级 3. 家庭场景式广告传播品牌概念	1. 品类联想率达到 80% 2. 利益（功能）联想率达到 60% 3. 品质联想率达到 50% 4. G5 组消费者在 2005 年基础上下降 30% 5. G7 组消费者在 2005 年基础上上升 50% 6. 进入消费者家中常备感冒药首选集合

注：表中省略了 Objective 的描述。

问题 1："逻辑目标"不够量化，变成了策略和可能的方向

例如把"市场占有率提升"当作一个子目标，却并没有设定要实现的具体数值，那么到策略提出阶段目标就会更加发散，甚至想不到合适的策略，更无法设定衡量标准，这样逻辑就不严谨，只是为了填表格，没有激发思考，更无法判定是否能对战略目标形成有效的支撑，整个 OGSM 就失去了意义。

问题2：策略缺乏评估标准

策略里面提出了"产品升级"，却没有对其设定相应的评估标准，在执行中就会产生疏漏，分配给下一级团队执行时也会产生偏差。

问题3：无法判定策略是否足够支撑"逻辑目标"

案例中，"逻辑目标"和"行动策略"都以"务虚"的方式描述，无法判断所列出来的策略是否能实现目标，尤其是从表6-3中目标的数量大于策略的数量，可以明显地看出缺乏思考。

例如有个目标是"成为消费者家中常备感冒药品牌"，但实现它的策略仅仅是"家庭场景式广告传播品牌概念"，仅仅通过广告就能改变消费者行为吗？如果领导者只追求形式而不严格按照OGSM的要求对照检查逻辑性和完整性，加之表格中的文字很容易掩盖问题，一旦照此实施，资源投入进去也无法实现目标。

案例二：过于简化的"逻辑目标"

一家上市的知名陶瓷公司总经理在我授课后亲自撰写了"OGSM-P"（省略"项目设定"部分），一共有三个阶段，表6-4所示的是第一个阶段，看起来很清晰，策略有模型支撑，衡量标准也非常精确，但问题在于"战略目标"和"逻辑目标"，这也是企业中最常见的问题：用数字的硬性分配来替代逻辑思考。

这种情况下，"逻辑目标"的意义就丧失了，该"OGSM-P"并没有体现从哪些维度去实现战略目标，在提出策略时就会缺乏合理性支撑，始终将思维固化在数据上，摆脱不了分配指标思维，就无法产生真正的策略思维。要知道，如果战略目标是用财务数据来代表，例如销售额、利润等，一份好的 OGSM 是不会在"逻辑目标"这一部分看到这些数据的，因为"逻辑目标"的意义在于寻找充分的角度去保障战略目标的实现，而非描述其数字指标的构成。

表 6-4　某企业总经理拟定的 OGSM（第一阶段）

Objective	Goals	Strategy	Measurement
总体目标	分阶段目标	各阶段策略	策略衡量标准
2012 年年度销售额达到 15 亿元	第一阶段：2008 年至 2009 年销售额达到 9 亿元	A1 值策略： 1. 扩展品牌知名度 2. 加强客户体验，改变消费者态度 A2 值策略： 3. 建立以我方为优势的渠道管控体系 4. 打造优质经销商队伍 A3 值策略： 5. 加强研发能力，不断以新产品开发、现有产品系列升级满足市场需求 6. 建立充足的生产能力体系 7. 搭建以零缺陷管理的生产体系保障产品质量 8. 建立先进的物流体系	1. 目标消费群品牌知名度达 85% 2. 每个省会城市建立体验中心，G6 组减少 10% 3. 渠道窜货率为 0% 4. 经销商单品周转率提升 30% 5. 经销商准入制度建立，100% 通过 6. 经销商培训体系建立 7. 每年新产品成功上市至少 5 种 8. 核心产品 100% 由自有生产线完成，其余由 OEM 完成 9. 精益生产体系正式运营 10. ERP 系统正式运行，且实现准时生产制，送货延时为零

一个很简单的道理，如果企业要盈利，你不能通过下达指标"要在 X 月盈利"来实现盈利的目标，而应该思考做哪些事能够实现盈利，考量的重点是这些"事"是否完善、合理，并对企业的持续发展有益。

如果"逻辑目标"无法形成对"战略目标"的逻辑支撑，策略部分就会变成一堆"按部就班"的内容罗列，自然也无法保障后续的"项目设定"的合理性。要知道，一个企业的领导者要做的不只是推动数字本身，还应为组织持续发展、不断实现目标提供驱动的着力点。

OGSM-P 工具让目标、策略和项目清晰可见，并且领导者和团队成员均可以通过逻辑来审视它，最终打磨出有效支撑战略目标的框架，并通过对应的"项目设定"，实现从策略到执行的无缝衔接。

OGSM-P 的制定过程并非如表格看起来那样简单，需要从领导者的观念变革开始，到构建经营管理模型，再到项目的设定。接下来，就是开始探索如何让组织成员能对战略目标清晰理解并形成共识。

建立"超级战略目标"

让团队和你站在一起的，并不是那些具体的目标，更不是具体项目，也许你会说是工作机会和薪酬，但答案也是否定的，它们只能让团队成员在组织里继续存在，并不能让团队成员感觉到自己是和你站在一起的。

作为领导者必须要明白，战略落地需要让团队和你站在一起，具体是指他们理解你的目标，并将其当作自己应该要去做并且做好的事情，在这个过程他们是主动参与的状态。这并不是理想化的设计，而是任何一个优秀的组织在发展过程中必须要面对的课题：到底用什么方法让企业变成"我们"的，而不仅是领导者的。

一个好的战略目标会对团队成员产生极强的吸引力，让他们愿意为之努力。针对这一点，企业首先会设置愿景，但最遗憾的情况是，绝大多数企业的愿景只是领导者自己的梦想或者仅仅是为了有一个响亮的口号而设定的，很多领导者自己都没有采取过为愿景努力的行为，又如何带动团队成员呢？

看看那些在各自领域获得了极大成功的企业，就会发现他们始终在追逐自己当初设定的愿景，并且通过愿景吸引和积聚了团队，他们是一群站在一起的人。

微软：让每个家庭的电脑由于使用微软的软件而功能卓越。

INTEL：成为世界新计算机工业最优秀的模块供应商。

麦当劳：领导全球快餐业。领导全球的含义是为达到客户满意设定作业标准，通过我们的便利、价值和经营战略增加市场占有率和利润率。

Otis 电梯：我们的使命是向全世界的用户提供具有比任何同类企业可靠性更高的短距离内向上、向下和过道的载人、载物方式。

再看看华为公司法里的各项原则。

关于质量的第八条：我们的目标是以优异的产品、可靠的质量、优越的终生效能费用比和及时的服务、满足顾客日益增长的需要。质量是我们的自尊心。

关于人力资本的第九条：我们强调人力资本不断增值的目标优先于财务资本增值的目标。

这些优秀企业里的核心骨干，肯定需要薪酬、职位的提升，但真正驱动他们去创造和推动企业发展的原因，就是他们从内心深处认同这些愿景、原则。

"超级战略目标"就是要产生这样的效应。

领导者是否能建立"超级战略目标"呢？这取决于经营的思维导向和格局。

在一家房地产公司的区域总经理训练营上，我让他们写下新一年度的战略目标，几乎所有人飞快地填上了销售额、利润，因为这些就是集团总部给区域总经理的核心指标，占据他们考核内容的60%以上，在他们眼里用这些财务目标作为总目标是天经地义的。

但OGSM-P并不是KPI，而是如何成事的框架，其与KPI并不矛盾，并且是实现KPI的"最佳方式"。既然这些财务指标已经定到了KPI里，那就先把它们放到一边，然后好好想想，如何让团队成员愿意积极参与工作呢？

有一位总经理不解地问道："胡老师，如果不以销售额、利润这些指标为目标，那我们还能用什么呢？"

这个疑问代表了当下许多高管的困惑，他们习惯了被"数字指标"绑架，然后将其逐层逐级分发下去，却失去了对"经营"的思考。我提出两个问题请他进行思考。

问题1：作为总经理，你有没有想过，经过一年的发展后组织和团队是什么样子？

问题2：你写出的目标，是员工们认为他们该为之奋斗的吗？

KPI定好了销售目标和利润目标，肯定要努力去实现，但现在我们能否把它们转化一下，换成能让员工产生共鸣和兴趣的东西？每年员工看到增长的数字，是什么感受？他们真的会觉得这是自己要去奋斗的目标吗？

这位总经理沉默片刻，回答道："老师，对于第一个问题，我还真的没想过，就整天安排工作，用数字施压，只要完成KPI就好，这是个需要反省的问题。第二个问题我觉得对于我自己来说都已经麻木了，反正每年指标都在涨，虽然完成后绩效奖金能多一些，但实际上没有动力，只有压力。连我都这样想，员工应该更是如此。"

如果一位领导者没有思考过在自己的带领下整个组织会变成什么样子才是理想的，那就不会有去"实现"的想法，而只有"应付"和"不得不做"的感觉。当"战略目标"仅仅是财务指标时，员工们不会觉得这是自己的目标，虽然绩效上肯定有关联，但他们的策略思维被指标压力压制，只会用自己过去最熟悉的工作方式、最常用的方法来重复实施，这显然是无法满足不断增长的目标的。

那该如何制定出"超级战略目标"，让团队成员都愿意为之努力呢？需要做到四个方面。

（1）要把领导者的利益目的（组织盈利）置后。

（2）让团队成员能感受到目标能给自己带来直接利益。

（3）让团队成员有强烈的意愿参与进来，努力去实现目标。

（4）财务指标一定是实现目标后的附属成果。

在这四个方面的要求下，这位分公司总经理开始转换角度，他需要把自己想要实现的绩效指标转化为让团队成员一看就产生动力的东西。最终他想出了一个"超级战略目标"，并且为自己的想法而兴奋起来，立刻与我详细讨论如何使其在团队沟通中更有效。

讨论后，他坐了晚班机回到公司，并且发布了一个会议通知，这个通知非常简单明了——"请所有主管以上干部明天早上9点到大会议室开会，议题为：如何在2019年度实现分公司员工平均薪酬提升15%。"

第二天的会议没有一个人缺席或迟到，这在他们公司非常罕见，并且所有人都早早来到会议室开始热烈地讨论。甚至有位经理开玩笑说："老板发错信息了吧？居然破天荒提升薪酬，而且怎么可能达到15%，如果薪酬真的大幅提升，再加上绩效系数的杠杆，就可以拉开很大差距，那我们的管理手段就有力量了。"

另一位经理说："我也觉得不可能，我们以前只会下指标，一年比一年高，从来没有对收入定过指标，是不是弄错了？"

在大家的讨论中，这位总经理走进会议室，按照与我沟通定下的方式，很诚恳地说了如下一段话：

"各位同事，本次回到总部进行培训的同时，我深度思考了管理的问题。过去我们每年都定指标，而且逐年增长，大家都是顶住压力拼命干，但我们这个团队的目标就是每年实现那些数字吗？我认为我们这个团队存在的意义，应该是获得公司和个人的同步发展。所以今年我想定的目标是让所有员工能感受到努力工作带来的好处，让自己的所得和公司发展紧密结合。今天开会，就是想向大家求助，我们该怎么做，才能让我有理由向集团申请这增加的 15% 薪酬？"

话音刚落，参会干部都激动起来，人力资源部经理首先站起来说："老板，如果真的是这样就太好了，那我会亲自盯住在座的各位以及项目经理人员、骨干人员一个都不准离职。"

销售部门经理也站起来说："我想，如果有这个目标，所有的员工都会很积极，今年的回款任务必须要完成，甚至要超越！"

几乎所有人都阐述了自己要带领团队去做到的事情。接下来，大家热烈讨论如何在说服总部给予更高薪酬的角度来制定各职能工作要求，包括项目开发、销售、客户服务、人力资源、财务管理等。最后，神奇的事情出现了：在讨论出来的结果里，销售额、利润等最终财务指标比集团下达的 KPI 高了 30%，更为关键的是，这是大家自己提出来的。

把"销售额实现 XX 亿元"转变为"分公司人均薪酬提升 15%"，是一个伟大的转变，这意味着总经理开始面对现实，开始站在团队的角度思考，开始寻找借助团队力量来实现组织目标的途径，从而产生了"超级战略目标"，自然在"逻辑目标"这个部分顺利地设定了原本很难推行的要求。

当然，"超级战略目标"也不是一成不变的，不可能每年都是薪酬增长 15%，这就要求领导者每年都要设计帮助实现整体目标的"主题"，整体目标是公司要的、领导者要的，但"超级战略目标"才是能影响和带动整个团队的目标，让所有人都真正地动起来。

那些体会不到愿景、使命感的价值，也没有心思与团队站在一起，只是想下指标提要求的领导者，往往觉得战略目标是空的、虚的，也正因为此，他们和团队也就无法设定出系统且真正有效的"逻辑目标"。

逻辑目标的设定

"逻辑目标"并不是目标两个字所包含的简单含义，而是对战略目标的诠释，它需要做到两个方面的要求：

一是全面系统地支撑战略目标，不能仅仅从一个维度出发；

二是必须要量化，符合目标描述的标准，让战略目标变得更聚焦和更有可执行性。

用一句话来定义"逻辑目标"：它是指为了实现战略目标，在一定时期内（1～3 年皆可）必须要做到的子目标，这些子目标来自企业系统的各个维度。

在一家中型服务业公司里，总经理将战略目标定义为"成为同行业中员工最有归属感的企业"，这归结于他在接受战略落地培训后转变了思想，并且他坚信如果员工有强烈的归属感，业绩增长目标自然能实现，这远比以前的"业绩增长 20%"更加容易激发团队的动力。更为神奇的是，在这样的改变下，关于"逻辑目标"的想法源源不断地产生出来，并且能清晰地感受到可以推进和把握的力量。该公司的"战略目标"和"逻辑目标"如表6-5所示。

表6-5 从"战略目标"到"逻辑目标"

战略目标	逻辑目标
在2020年，成为同行业中员工最有归属感的企业	1. 人员状态：入职一年以上人员稳定度高于90%；骨干人员稳定度高于95%
	2. 公司发展：公司市场占有率提升15%
	3. 共同参与：员工合理化建议采纳率高于90%
	4. 个人发展：全面实施双通道制度，且人均薪酬提升10%
	5. 人员效益：平均每万元人工成本的产出提升20%
	6. 文化氛围：员工活力度提升到90分（根据公司活力度模型进行评估）

可以看出，业绩指标成为"逻辑目标"的一部分，这张表可以拿给所有员工看，每个人都可以清楚地知道公司经营管理的六大方面，包括人员状态、公司发展、共同参与、个人发展、人员效益、文化氛围，这传递出公司的价值导向和重点经营目标，让团队感受到自己加入的是一个关注员工的公司，并且这些"逻辑目标"是为了增强归属感。

我经常传递给企业领导者的一个观点是：你不能通过关注结果来获得结果，只有当你去寻找可以实现结果的角度（维度），并落地去执行时，才有可能获得期待的结果。

需要进一步注意的是，虽然表6-5中展现了"超级战略目标"，也构建了量化的"逻辑目标"，但事实上领导者并不能完全清楚目标是否足够系统化，有没有缺漏，这就是缺乏模型指导带来的麻烦。要做好"逻辑目标"这一部分，可以采取企业管理领域通用的模型方法来帮助分解和设定目标，也可以由企业自行创建模型，但这需要长时间的实践和优化。常用的设定"逻辑目标"的模型方法有三种：平衡计分卡、关键成功要素分析法、基准化分析法。

利用平衡计分卡设定"逻辑目标"

平衡计分卡（BSC）一般被企业用来作为设置绩效考核指标库的指导工具，但企业更应该关注其内在的方法逻辑，并运用到战略落地的设计中来。

平衡计分卡的起源就是战略的落地问题，在罗伯特·卡普兰和大卫·诺顿研究平衡计分卡之前，亚德诺半导体公司最早于1987年进行了平衡计分卡的实践尝试。

亚德诺是一家半导体公司，主要生产模拟、数字及数模混合信号处理装置，其产品广泛应用于通信、计算机、工业自动化领域。亚德诺每5年进行一次战略方案调整，在制订新的战略方案的同时检查原方案的执行情况。但是，"制订战略方案"被当作一项"任务"完成后，形成的文件便被束之高阁，并不能在公司的日常经营工作中得以执行。

1987年，亚德诺重新开始调整公司战略方案。与以前不同的是，这次的战略方案制订，公司决策层意识到不仅要注重战略目标的制定，还要关注战略的实施。他们希望通过与公司员工的面对面交流与沟通，使员工充分理解并认同公司战略。同时公司高层还希望将战略严密落实到日常管理中来推动战略的执行。

此次亚德诺的战略文件在形式上发生了重大的变化，他们摒弃了以往那种长达几十甚至几百页的战略文件，将全部的战略文档资料精简到几页纸的长度。在制定战略的过程中，亚德诺首先确定了公司的重要利益相关者为股东、员工、客户、供应商和社区，然后在公司的使命、价值观与愿景下，根据上述利益相关者的"利益"分别设定了战略目标并明晰了3个战略重点。

为了确保战略目标特别是3个战略重点目标的实现，亚德诺推行了名为"质量提高"的子项目。在进行该项目的同时，亚德诺公司继续将推动战略目标实现的关键成功要素转化为年度经营绩效计划，由此衍生出了世界上第一张平衡计分卡的雏形。亚德诺公司的第一张"平衡计分卡"在实施全面质量管理的过程中产生，公司为了推行"作业成本法"特地邀请了一部分管理学者参与，哈佛商学院的教授卡普兰就是其中的一位，他本人是这样描述他发现亚德诺公司计分卡的过程的："在参观和整理案例的过程中，我将一个公司高层用来评价公司整体绩效的计分卡加以文本化。这个计分卡除了传统的财务指标外，还包括客户服务指标（主要涉及供货时间、是否及时交货）、内部生产流程（产量、质量和成本）和新产品发展（革新）。"

在帮助亚德诺公司推行作业成本法的过程中，卡普兰发现了平衡计分卡，并认识到它的重要价值。

1992年初，卡普兰和诺顿将平衡计分卡的研究结果在《哈佛商业评论》上进行了总结，这是他们公开发表的第一篇关于平衡计分卡的论文。论文的名称为《平衡计分卡——驱动绩效指标》，卡普兰和诺顿在论文中详细地阐述了1990年参加最初研究项目，采用平衡计分卡进行公司绩效考核所获得的益处，自此平衡计分卡开始得到企业界的关注。

在企业平衡计分卡实践中，卡普兰和诺顿发现平衡计分卡能够传递公司的战略。他们认为平衡计分卡不仅仅是公司绩效考核的工具，更为重

要的是它还是一个公司战略管理的工具。[一]

实际上,平衡计分卡方法打破了传统的只注重财务指标的业绩管理方法,带给了企业设定"逻辑目标"的科学模型,它提供了对战略目标支撑的系统性和逻辑性保障,企业在平衡计分卡的四个维度里去设定具体的量化目标即可,如图6-1所示。

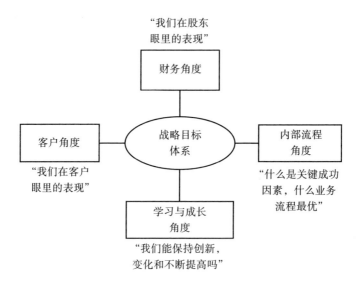

图6-1 平衡计分卡构建战略目标的维度

从财务角度设定"逻辑目标"

财务性指标是一般企业常用于绩效考核的传统指标,它可以显示出企业的战略及其实施和执行是否正在为最终经营结果(如利润)的改善做贡献。但需要注意的是,不是所有的长期策略都能很快产生短期的财务盈利。

[一] 卡普兰,诺顿. 平衡计分卡:化战略为行动 [M]. 刘俊勇,孙薇,译. 广州:广东经济出版社,2004.

从客户角度设定"逻辑目标"

平衡计分卡要求企业将远景和战略诠释为具体的、与客户相关的目标和要点。企业应以目标客户和目标市场为导向；企业应当关注产品是否满足核心客户需求，而不是企图满足所有客户的偏好。具体而言，客户最关心的不外于五个方面：时间、质量、性能、服务和成本，企业必须在这五个方面树立清晰量化的目标。

从内部流程角度设定"逻辑目标"

建立平衡计分卡的顺序，通常是在先制定财务和客户方面的目标与指标后，才制定企业内部流程方面的目标与指标，按照这个顺序，企业能够抓住重点，专心衡量那些与股东和客户息息相关的流程。

设定内部流程指标应以对客户满意度和实现财务目标影响最大的业务流程为核心，内部流程指标既包括短期的、对现有业务的改善，又涉及长远的、对产品和服务的革新，通常包括企业改良、创新过程，经营过程和售后服务过程。

从学习与成长角度设定"逻辑目标"

学习与成长的目标为其他三个方面的目标提供了基础架构，是驱动上述三个方面获得卓越成果的动力。

削减提升企业学习和成长能力的投资虽然能在短期内增加财务收入，但由此造成的不利影响将在未来给企业带来沉重打击。学习与成长指标通常涉及员工的能力、信息系统的能力、激励的能力、授权与协作的能力。

平衡计分卡的四个维度几乎可以称作企业设定"逻辑目标"的"万能

公式"。回看表 6-5 中的案例，虽然"战略目标"设置得很好，但无法确定对应的"逻辑目标"是否完整有效。借助平衡计分卡这一方法，表 6-5 中的案例就会变得更加系统，也会提升目标实现的概率。示范部分"逻辑目标"如表 6-6 所示。

表 6-6 平衡计分卡指导下的逻辑目标设定

战略目标	逻辑目标
在 2020 年，成为同行业中员工最有归属感的企业	一、财务方面 1. 公司市场占有率提升 15%，营收提升 30% 2. 人均利润提升 10% 3. 核心产品成本下降 5% 4. 人均薪酬提升 10%，骨干人员平均薪酬提升 20% 以上
	二、客户方面 1. 投诉率在行业内处于最低水平 2. 客户问题处理在 24 小时内的完成率达到 100% 3. 客户对核心产品性价比的好评率提升到 90%
	三、内部流程方面 1. 实施员工职业发展计划，入职一年以上人员稳定度高于 90%；骨干人员稳定度高于 95% 2. 强化合理化建议活动，员工合理化建议采纳率高于 90% 3. 提升市场洞察力，根据市场需求推出至少 2 款新产品 4. 提高客户管理水平，全面导入实施 CRM 系统
	四、学习与成长方面 1. 持续提升员工技能水平，技能培训 100% 覆盖岗位所需 2. 根据上一年度员工满意度调查设置优化项目，持续提升员工满意度，实现关键指标 100% 满意 3. 提升企业文化和工作氛围，提升员工体检健康指数（大病预警 100%、健康合格率达到 90%）

借助平衡计分卡这样广泛应用且在诸多企业实现成功的模型，就能将领导者的精力聚焦在每个模块的子目标设定上，而不用担心系统性缺失。可以看出，表 6-6 相较表 6-5 丰富了许多，构建了让企业成为"最有归属感的企业"的实施维度、渠道、子目标。

另外一家 IT 企业也同样在平衡计分卡的思想指导下进行了"战略目标"和"逻辑目标"的构建，通过表 6-7 可以看到平衡计分卡对"战略目标"的系统量化支撑。

表 6-7　平衡计分卡指导下的某 IT 公司平衡计分卡设定

战略目标	逻辑目标
通过新产品、新客户获得企业的成功	一、财务方面：实现与新产品、新客户有关的收入增长、收入结构改善 1. 新产品销售额在总体销售额中的比例不低于 30% 2. 现有产品销售额在新客户中的销售额占总体销售额比例不低于 15% 3. 新产品在新客户中的销售额超过 3000 万元
	二、客户方面：赢得客户对公司产品的认可 1. 新客户数量（实现交易）达到 300 家 2. 客户对产品性价比指数评价高于主要竞争对手
	三、内部流程方面：提高新产品研发、加工、系统集成的速度和质量，提升客户开发的效率 1. 新产品开发周期控制在两个月以内 2. 建立客户需求分析体系并构建支撑新产品开发的需求库 3. 通过新客户开发流程，增加新客户储备超过 600 家
	四、学习与成长方面：打造人才队伍和完善人才培养 1. 核心骨干员工流失率低于 2% 2. 人才总体成长指数提升 5 分（根据公司的人才成长指数模型进行测评） 3. 组织整体学习氛围指数提升 10 分（根据公司的学习氛围指数模型进行测评）

该 IT 企业对"逻辑目标"的设定紧密围绕战略目标，在每个支撑维度有一个目标状态设定，再分别去设定子目标，富有逻辑性和高度的可行性。

利用关键成功要素分析法设定"逻辑目标"

如果你不想使用平衡计分卡来进行战略目标的分解，还有很多可选择的方法来构建子目标系统，其中关键成功要素分析法（KSF）就是比较常用的方式，非常适合中小企业，尤其是还在不断变化和上升发展的企业。

"斜木桶"思维更容易让企业成功

木桶理论告诉我们，一个由数块长短不一的木板构成的木桶，其装水容量取决于最短的板，将其应用到企业管理上则是要关注那些会成为束缚企业发展瓶颈的短板。然而许多企业领导者都进入了一个误区：在寻求战略发展时，将目光和精力过于聚焦在公司的短板上，忙于弥补各种不足。

无论多么优秀的企业都存在问题，都有短板，对于绝大多数企业而言，并不是所有的问题都需要立刻解决，企业领导者需要对解决问题的时机进行智慧的选择。

在企业的战略发展上，如果只看到短板而忽略增长因素，甚至用"头痛医头、脚痛医脚"的方式来处理问题，不一定能顺利解决问题，还可能会影响企业的发展节奏，产生更多的问题。惯性和固化的力量很强大，突然的"革命"不一定适合每个企业，不注重时机和节奏反而引发经营危机。所以我更建议企业领导者们运用"斜木桶"思维来设定逻辑目标。

如果我们把木桶从竖直状态变为倾斜状态，就会发现木桶水容量的大小不再取决于最短的板，而可能是最长的几块板，这需要做到两件事：

第一，把最长的那几块木板匹配到木桶倾斜的方向上。

第二，尽量将短木板转移到倾斜方向的相反一侧，使其短期不再影响木桶的水容量。

这就是说，战略方向要和组织的既有优势相匹配，任何一个组织之所以存在和发展，一定有它的可取之处，这需要领导者去挖掘和归纳，并将其发挥到极致。战略目标的实现首先一定要用上既有的优势，而不是一味聚焦在弱势短板上。

KSF 就是将发现优势、规避弱势作为重要的子目标构建策略，但这并不意味着不去解决短板，而是要寻找最好的时机。如图 6-2 所示，在一定的倾斜角度下，当木桶倾斜方向与长板（优势）位置匹配时，水容量并不受短板的影响。随着木桶的不断倾斜，水容量还可以不断增加，长板优势得以极大的发挥，如同企业把优势力量发挥出来，可以获得快速成长。

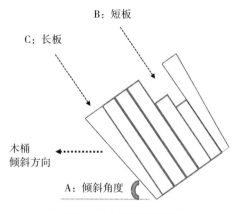

图 6-2　斜木桶理论示意图

但如果一直不去解决短板，就只能不断地减小倾斜角度，而且长板需要越来越长，投入的资源也会越来越多，一旦长板无法再增加，木桶的水容量就停止增长了，此时倾斜角度太小，木桶就容易倒下。

因此，需要提醒企业领导者的是，在长板支撑发展的时候，也要注意短板的提升，这样倾斜角度就可以向反方向回复，以获得更大的空间。事实上，企业发展就应该是这样一个倾斜、回复的往复过程，倾斜方向就是战略目标，长板就是关键成功要素，而倾斜角度被我称为"战略机会空间"，通过调节这个空间的大小不断发挥长板优势和改善短板，在往复调节中，企业不断增长。

关键成功要素

"关键成功要素"是对战略成功起决定性作用的某个战略要素的定性描述（见图 6-3）。

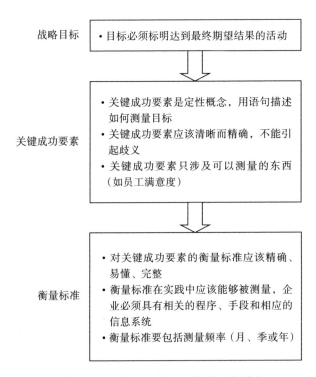

图 6-3　利用 KSF 来实现战略目标分解

每个企业都可以提炼出自己的关键成功要素，并通过不断设定或提高它们的衡量标准来实现战略目标，这是一种相对简单的"逻辑目标"设定方式，但前提是要找到那些对战略发展有贡献的成功因素。比如，麦当劳就是典型的使用关键成功要素来不断获得成功的企业案例。如图 6-4 所示。

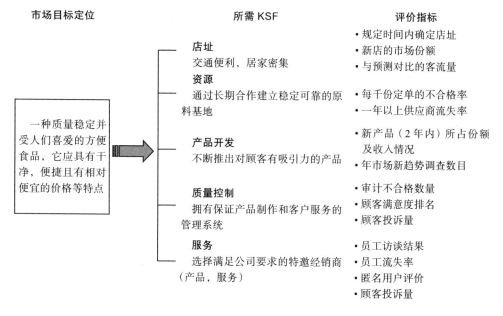

图 6-4　对麦当劳的关键成功要素分析

在长期的经营实践中，通过对关键成功要素进行归纳、总结、补充和进化，企业就可以构建成自己的战略发展模型，并从中找到战略发展的"抓手"。同时，以关键成功要素为基础不断地审视模型的有效性以及是否存在新的关键成功要素，并以战略目标的要求不断优化衡量标准。

利用基准化分析法设定"逻辑目标"

在缺乏战略目标分解模型的企业里，靠经验和关键成功要素分析法进行"逻辑目标"设定的同时，还可以借助基准化分析法来进行补充。

基准化分析法是将本企业的各项活动水平与从事该项活动的外部最

佳者的水平进行比较，从而提出行动目标和计划，以弥补自身的不足，甚至最终能够超越最佳者的水平。它是将外部企业的优势水平作为自身企业的内部发展目标并将外界的最佳做法移植到本企业的经营环节中去的一种方法。

菲利普·科特勒说："一个普通的公司和世界级的公司相比，在质量、速度和成本绩效上的差距高达10倍之多。"

例如在通信运营市场里，所有的运营商都力求份额的扩大、利润的增长，但他们设定"逻辑目标"的角度各不相同，最终导致团队效能的差异。甲运营商和乙运营商都有争取宽带市场份额的战略目标，但甲运营商在构建这个总目标时，相比乙运营商多了一个逻辑目标：年度市场新增份额占比达到30%。这就意味着即使总的份额目标达到了，如果市场新增需求的占比没有达到30%，也不算成功。甲运营商的市场团队相对乙运营商而言就会更加重视新增业务市场，长期发展下去就会更具有竞争力。

企业之间的差距很大程度表现在构建战略目标的角度不同，甲运营商不仅要求绝对份额目标，还要求"新增市场份额占比"的做法就可以成为其他企业的对标对象。要知道，学习并借鉴其他企业的优秀做法会大幅减少自行摸索的成本。

汲取行业内外在某个经营活动上的最佳者的经验，对于设定子目标而言是非常高效的方法。基准化分析法最早来自施乐公司，他们在诸多方面确定了最佳参照企业，并根据对方的水平来设定自身的阶段性目标（见表6-8）。

当企业确定了最佳学习对象后，就可以通过实地考察或者二手资料分析，学习其最佳做法，并根据自己和最佳学习对象之间的差距来设置目标，如图6-5所示。

表 6-8　施乐公司基准化分析的对象

公司名称	对标流程
美国运通	应收账款管理流程
美国电报电话公司	产品研究开发流程
陶氏化学	供应商认证管理流程
佛罗里达电力照明公司	品质管理方案
福特汽车—康明斯发动机	工厂布置管理
惠普	工程作业流程
里昂·比恩	物料管理：配送作业流程
万豪国际集团	客户需求研究技术
宝洁	营销策略开发流程
德州仪器	策略执行管控

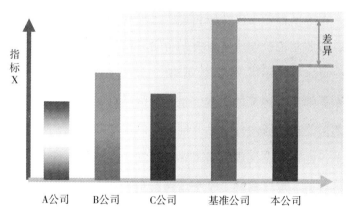

图 6-5　基准化分析示意图

至于拉近与基准公司之间的差距是分阶段去实现还是在一个绩效期内去实现，就是目标高低的设置问题。例如某个企业参照基准公司的"新产品开发周期"这项指标，基准公司是 3 个月实现新产品上市，而这个企业需要 8 个月，虽然行业可能不一样，但仍然值得去学习为什么基准公司的新产品上市流程更高效。于是该企业根据实际情况设置本企业新产品开发目标周期为 5 个月，最终虽然没有达到基准公司的 3 个月水平，但在原基础上有了大幅提升。

无论是在行业中领先的企业，还是遇到困难或者刚起步的企业，都可以通过基准化分析法，清楚地看到企业各方面在市场上的水平，并启发和设定新的目标。

以基准化分析法来设定或优化目标，需要注意以下五个步骤。

第一，紧密围绕战略目标确定需要提升的方向（不仅仅是短板，还有一些已经具备优势，但需要更大程度发挥的方面）。

第二，选择可以在这些方面学习的对象（案头资料分析或者实地考察）。

第三，提炼基准公司做法中可以为己所用之处。

第四，参照基准公司水平，并结合自身情况设定适度的目标。

第五，设定行动举措（"有效策略"）及行动计划。

每个企业都会有迷茫的时候，虽然有战略目标，但在"逻辑目标"这个层面上如果能在行业内外对标其他企业的水平和做法，就会有利于觉察自身的水平，也会拓宽实现战略目标的角度。实践中，许多企业在确定目标并良好执行后，最终超越了基准公司的水平。

策略的设定要点

在设定"逻辑目标"之后，就要解决如何去实现的问题，这需要专业和经验的支持，同样的目标由不同的企业、不同的人来负责，实施策略会有所不同。

每一个"逻辑目标"需要一个或多个策略来支撑,每一个策略都必须有一个或多个量化的衡量标准,不能衡量的策略不能放进 OGSM-P,而每个策略的背后又会设定一个或者多个项目作为行动支撑。

把"行动策略"和"量化标准"两部分分开设定

这是一个结合人性的设计,绝大多数人在产生想法的时候,很难同时匹配想法和它的衡量标准,尤其是当团队目标的实现需要获取足够多的策略想法时,如果把两者放在一起,就会让人产生畏难情绪,阻碍更多想法的产生。

在 OGSM-P 里面,只要是围绕"逻辑目标"提出的策略都可以先罗列出来,在上下级共同头脑风暴并列出实现目标所需要的策略后,再逐项对策略进行深度分析,制定出量化的衡量标准,也就是要明确做到什么程度,策略才算成功,才能有效支撑"逻辑目标"。

"行动策略"和"量化标准"设定中常见的错误

"行动策略"是企业在实施战略落地工作中从目标到行动最关键的衔接,一旦策略出问题,项目就跟着出问题,所以对这个方面要反复审视和打磨,领导者需要以开放的姿态听取多方面的意见,团队成员也需要将实际情况进行反馈,让策略有实效。

一般而言,企业常犯的错误有以下三种。

错误一:策略不完整

在没有成熟经营策略模型(如平衡计分卡)的企业里,对于设定的目标就只能采用头脑风暴式的讨论来获得策略，最可能出现的问题就是策略不够完整，导致一些策略执行了却无法保障成果。

一家企业设定了"核心产品成本下降5%"这一目标，领导者觉得自己不应该做制定策略这种细节的事情，认为下属应该很清楚需要做什么，去执行就好。之后下属提交上来的策略只有一条："提升对供应商的议价能力，减少6%的原料成本。"上级一看，超过了目标要求的5%，就不假思索地认为可以了，并且跟下属说："不管你怎么做，只要最后达到5%的成本下降比例就可以。"还美其名曰"充分授权"。

一年下来，成本仅仅下降了2%，究其原因则是供应商很强势，公司没有足够的议价能力。看起来原因属于外部不可控因素，所有人也都为实现目标努力了，谁都没责任，于是又开始新一年的目标设定，仍然有"核心产品成本下降5%"这个目标。

该企业的问题就在于没有充分地思考可能达成目标的策略，除了提升供应商议价能力之外，难道没有别的策略了？成本是如何产生的？从工作效率、一次性合格产品率提升、优化生产流程、优化产品工艺、提升营销投入产出等方面入手一定可以找到很多影响核心产品成本的因素，从而制定策略，这样才会尽可能保障目标的实现。

错误二：策略跑偏

由于专业度和经验的缺失，加上领导者的疏忽，还会出现策略跑偏的情况，也就是策略和目标根本就不是一回事，这并非笑话，而是企业中常见的现象。

在一家物流公司里，客户满意度指标一直是公司最重视的指标之一，公司每年都在这上面投入大量的人力物力，但收效甚微。直到我去辅导战略落地项目，看到了该公司设置的客户满意度对应的策略，才知道原因在于策略跑偏。表6-9为该物流公司的策略设定情况。

表6-9 某公司的策略设置示例

逻辑目标	行动策略	量化标准
2020年客户满意度达到95分	1. 加强客户满意度调研频次 2. 把满意度指标放入每个区域管理者的季度考核与年度考核范围，引起重视	1. 每季度完成一次 2. 满意度指标占区域管理者指标的分值不低于5分

可以看到，表6-9中的策略即使都做到了，也不能提高客户满意度，因为客户满意度这一目标有意义的地方是要做出与客户感受相关的事情，而不仅仅是内部的评估和考核。

企业领导者应该自问一句话：客户真的在意客户满意度指标吗？

当然不在意，客户满意度指标只是企业内部的一个管理指标，和客户有什么关系呢，客户只在意你为他做了什么！

策略跑偏的危害是巨大的，企业虽费时费力却无法实现目标。要想避免策略跑偏就需要领导者带领团队对策略本身的衡量标准进行反复斟酌。如果领导者只在意"逻辑目标"，而任由下属去设定策略，那么下属们对工作认知的局限、对工作的思维障碍就会使得他们只选择那些惯性的行为，再加上缺乏成事的工作氛围，最终导致策略偏差。

错误三：量化标准出现问题

即使策略的提出是完整和正确的，也不能忽略对其衡量标准的思考和审视，这个环节出错会导致整个 OGSM-P 的失败，因为这会决定项目的设定。

一家日化企业为推出的一款重要产品而专门制定了三年的 OGSM-P，其中第一阶段的子目标是"迅速占领市场，获得中高端面巾纸市场 5% 以上的份额"，对应的策略有一条是"通过线上媒介宣传来获得广泛的消费者认知"，这条策略本身没错，对应的量化标准是"1.在目标消费群体中的知名度达到 80%；2.目标消费群体对广告的记忆度达到 90%"。

这两个量化标准看起来的确是线上宣传效果的量化标准，而且这家公司会进行相应的广告效果监测，非常严谨。市场部的项目负责人按照策略及量化标准去执行，很高效地与 4A 广告公司合作推出了一套新产品广告，并且迅速落实了媒介播放计划，在预期的时间里开展了线上宣传，包括电视广告、电台广告等。

奇怪的事情发生了，负责线下的同事高效率地完成了终端铺货，商场的陈列、堆头都获得了最好的位置资源，地推活动也持续进行，但产品上市一个月后销量还没达到预定目标的 10%。

所有的人都困惑原因是什么，这款新的面巾纸质量非常好，公司的品牌形象也深入人心，为什么铺天盖地的宣传后，销量却创造了失败的历史呢？

管理层决定针对这次的上市失败做一次市场调研，结果让人出乎意料，原来是广告出了问题。由于策略的衡量标准是知名度和记忆度，因此广告公司设计了非常出奇的一组广告，有个场景是一位家庭主妇面对婚外诱惑，用了纸巾变得清醒；还有一个场景是一对恋人在海边，浪头把衣服都打烂了，纸巾却没有坏还可以用。虽然很新奇和抓人眼球，但消费者看到这组广告的真实感觉是："夸张、不需要打湿了还能用的纸巾、产生了负面印象"等，加上定位高端，新纸巾的价格比其他常规品牌纸巾要贵得多，就产生了销量远不达预期的问题。

这两项量化标准为什么错了呢？知名度和记忆度的确是衡量广告宣传效果好坏的重要标准，而且这组广告的确产生了很强的记忆效果，但最关键的是忽略了"理解度"，营销的关键是要让消费者产生的认知和商家所要传递的信息一致，如果不能正确理解，知名度和记忆度都没有意义。在这个案例里，企业想传递的是高品质，但消费者理解成了负面和夸张。

量化标准的错误更加隐蔽不易发现，这需要团队成员反复斟酌策略的实际产出，反复评估做到哪些结果才能证明策略是有效的，才能对"逻辑目标"形成足够的支撑，这个思考和评估对后续执行来说是最重要的环节。要知道，策略就是实现目标的手段，必须要产生实际的效用，而不能仅评估手段本身的好与坏。

让行动清晰可见的项目设定

战略落地必然需要可执行的项目来实现，把目标落地到行动上，这就是OGSM-P的"项目设定"部分。

如图6-6所示，在公司制定OGSM-P时，自然会产生公司级的项目，一般称之为战略项目或公司关键项目，它们会跨越职能和层级，所以由公司高层亲自牵头执行或监管会更容易推动和完成。

例如在表6-4中，公司认为"打造优质经销商队伍"和"加强研发能力，不断以新产品开发、现有产品系列升级满足市场需求"两项策略很难交给某个部门就能有效执行，因此对应设定了三个公司级项目。

- 项目1：经销商准入制度建立及实施项目；
- 项目2：新产品开发及成功上市项目；
- 项目3：产品升级及市场份额保障项目。

由于这三个项目对公司经营目标至关重要，所以分别由数位公司高管牵头并协调相应部门共同推进，在每月的经营分析会上对项目进展进行审视和讨论，这样一来，战略目标才真正变成了有效行动。

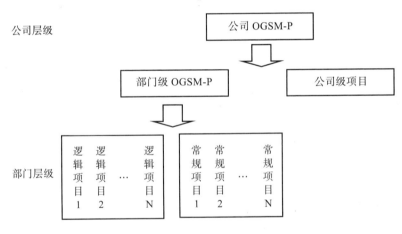

图 6-6　OGSM-P 与项目的关系

我所辅导的一家集团公司根据 OGSM 制定了 25 个集团重点项目（见表 6-10），成为总经理在月度经营分析会上要监管进度的重点事项，这样一来，推行效率比以前只是在各分公司或部门内管理的效率提高了数倍。

除了公司级项目之外，各部门也需要通过理解公司级的 OGSM-P 来制定自己的 OGSM-P，并设定出相应的部门项目，形成部门年度项目计划。这里可以分为两种项目，一种是逻辑型项目，是指为满足公司经营发展需要或受到其他部门需求的激发而在本部门设立的项目，例如为满足公司拓展新区域的需要，人力资源部门要进行人才盘点项目和新区域人才招募项目。另一种是常规型项目，是指部门在职能范围内正常运行所需要设定的，受外界影响很小且常规要做的项目，例如生产部门的设备优化项目、人员安全培训项目等。

表 6-10　XX 集团公司 25 个重点项目列表

序　号	所属模块	公司级重点项目名称
1	管理类（7 个）	关键事项督办项目
2		公司 SOP 建设项目
3		关键制度建设与宣贯项目
4		技术序列人员双通道设计及实施项目
5		储备干部训练营项目
6		重点项目考核与激励项目
7		党建信息化建设项目
8	财务类（1 个）	创新业务的资金解决项目
9	投资类（2 个）	集团混改项目
10		投资流程优化项目
11	运营类（8 个）	设备利用率提升项目
12		用户增量试点项目
13		用户结构优化试点项目
14		XXXX 协同项目
15		互联互通项目
16		XXXX 整体推进实施项目
17		智能管理云平台重构项目
18		现有管理平台优化项目

（续）

序号	所属模块	公司级重点项目名称
19	工程技术类（5个）	在线使用率提升
20		扫码XXXX项目
21		智能通信模块开发
22		设备健康检测平台
23		主导标准建设（国标、行标）项目
24	供应链类（2个）	提升采购效率项目
25		构建和谐供应关系项目

在一家集团公司里，财务总监改变了以往常规的职能式工作计划，通过思考如何支撑公司OGSM-P中的策略，以及结合自己部门的目标规划，产生了一份年度项目列表，如表6-11所示。

表6-11所示的工作内容完成后，公司的战略目标就演变成了可以执行的项目，并落实到具体的人，明确了项目名称、项目目标、项目基本描述、项目成果评价指标及交付结果、负责人、起止时间等，从高层要实现的目标转化为团队成员要做的事情，并且可以通过项目的过程追溯来实现战略的追溯。

表 6-11 财务中心年度项目列表（部分）

部门名称：集团财务中心　　　　　　负责人：XXXXXXX
年度立项：
共计 23 个项目，其中常规类项目 11 个，逻辑类项目 12 个。
项目级别："XXXXX"项目为集团重点项目，其他均为依据公司策略及部门 OGSM 制定的项目。

项目编号	项目名称	项目目标	项目基本描述	项目成果评价指标及交付结果	负责人	项目类型	起止时间
XXXXFA001	会计基础规范化管理	在全集团建立起一套统一的会计基础操作规范和财务核算，管理流程，并产生显著效果	财务岗位结构及财务管理流程摸底、梳理、更新制度，统一核算科目，形成使用手册和工作规范，全集团运行一段时间后开展专项检查；根据业务类型设计规范的付款及费用报销等单证；解决账务核算的及时性问题	编写统一的会计科目使用手册；规范适用的财务单证；制定会计核算流程及管理制度	XX	逻辑类	2020年1月～2020年6月
XXXXFA003	财务风险预警系统	建立财务风险预警系统及预警机制	建立并试行财务指标预警机制	制定财务专项工作方案，系统试运行产并测试	XX	逻辑类	2020年2月～2020年7月
XXXXFA005	日常会计管理	日常会计工作规范	日常费用审核、凭证处理、会计档案管理、纳税申报	出错率低于1%	XXX	常规类	2020年1月～2020年12月
XXXXFA007	财务报告披露	财务报告信息真实、准确、完整	依照证监会的要求，上市公司定期财务报告按时披露	季度、半年度、年度财务报告	XXX	常规类	2020年1月～2020年12月

(续)

项目编号	项目名称	项目目标	项目基本描述	项目成果评价指标及交付结果	负责人	项目类型	起止时间
XXXXFA010	财务分析	了解公司财务经营状况，降低业务经营风险	实行财务分行业分块管理模式，强化月度预算分析，加强与业务部门的工作对接	财务分析报告及业务分析报告	XX	逻辑类	2020年3月～2020年12月
XXXXFA011	全面预算管理	完成公司年度预算编报	年度公司预算编报及半年度预算调整	预算报表通过预算调整规则	XXX	常规类	2020年7月～2021年1月
XXXXFA013	资金监控	建立资金管理制度，实现全集团资金的动态监控	建立并完善资金管理配套制度，逐步实现全集团资金的动态监控	建立管理制度监控平台	XXX	逻辑类	2020年1月～2020年8月
XXXXFA019	财务信息化建设	提高财务工作效率，保证财务信息的准确、完整	完善项目需求调研，完成项目招标、投标以及合作协议签署等程序性工作；项目实施与试运行	完成信息化项目招标；财务管理信息系统试运行	XX	逻辑类	2020年1月～2020年12月
XXXXFA023	财务监督与服务的标准化	系统化、流程化财务服务功能，提高财务团队服务质量	制定财务部门对外服务办事规则，办事人员行为守则	完成制定财务办事规则及操作人员行为守则，并形成SOP	XX	常规类	2020年3月～2020年4月

第三篇

战略落地项目化管控实战

关于战略目标的一大误解是：认为一谈及战略就是非常大的事情，它需要在很长的一段时间后才能审视结果；认为战略只是企业高层的事情，和普通员工没有什么关系，领导负责高瞻远瞩，员工负责埋头苦干。

这恰恰是没有做到战略落地带来的误解，真正的战略落地必然有以下三个特点。

- 战略目标执行过程可管理、可介入调整；
- 战略目标在制定好以后，就和组织的每一位成员息息相关；
- 战略目标不需要等到年度结束甚至数年后才能审视，它必须分解到月、季，才能保障年度的结果。

如何实现战略落地，始终是企业的难题。在多年的企业实践管理以及担任数十家企业管理顾问的生涯中，我发现最大的问题在于：管理者总是把战略目标的制定与执行分开，把战略目标的制定视为高层的工作，而把执行视为中基层的工作。

在企业实践中，我率先把项目化体系导入战略落地（包括在中国普天新能源集团、农产品股份集团、深圳特发集团、乐智教育集团、厦门路桥游艇旅游集团、东呈酒店集团等多家央企、国企、民营企业中导入和实践),并在实践结果中发现这是最好的战略落地管控模式,它可以完美地承接战略并有效管控执行。本篇将对以项目化方式来实现战略落地的实战性做法进行介绍。

第 7 章

以项目化管控的方式实现战略落地的可视化追溯

虽然很多领域都已经使用项目管理体系来开展工作,但我发现许多企业并没有学会如何用项目化的方式来进行管理,甚至把实际项目管理和企业管理分开,因此我率先提出了"项目化管理"的概念,重点在于"化"这个字,把战略目标的落地用项目管理的方式来有效推进和管控。

企业是否按照项目化的方式来进行管理,关键并不在于是否称之为项目,而在于工作管理的发展逻辑,即从最初的事件管理发展到重点事件管理,再到项目管理,直至项目化管理,如图 7-1 所示。

事件管理: 最初人们对各个单独事件进行管理,但这具有随机性,不分事件大小,容易分散精力,因为事件繁多而存在缺漏,整体绩效难以达成。

重点事件管理: 80/20 法则出现后,人们意识到了重点事件的重要性,KPI 就是其应用。但由于只关注独立的重点事件,而忽略它们之间的关联性、冲突性等,导致工作效率低下。

项目管理：许多工作事件之间存在着各种逻辑关联，我们将为了达到同一个目标的一系列工作事件的组合称之为项目，事件之间有着前后、并行的逻辑。这个时候项目管理就诞生了。

项目化管理：以项目的方式开展工作具有系统性的优点，例如明确的目标、完善的工作范围和开展逻辑、有利于资源预算和时间管理、便于沟通与规避风险等，对这些方面的关注可以让工作更加可控，当各种工作都如此应用时，就产生了项目化管理。

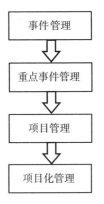

图 7-1　工作管理的发展逻辑

可以看到，项目化是随着工作管理要求的变化逐步演变而来的。我们把工作联系起来，如同把它们放到一条条线上，只要能够有效地将线牵起来，就会把工作做得更有条理，更能够帮助战略落地。

即使企业没有采用 OGSM 的方式，依旧使用 KPI，选择项目化手段来承接目标仍然是最佳选择。企业将目标分解至部门，部门进行年度项目立项，明确项目目标和评价标准等要素后再分配给相应的项目负责人，就将纸面的目标变为了行动。项目化管理方式在战略落地中具有任何管理体系都不可替代的优势。

战略落地的最佳实施方式

传统的观点认为，只要目标层层分解，每个人头上都有指标，再配以相应的奖惩制度就可以让团队的工作结果与战略目标一致。但并不是所有人都会很清楚要采取的行动有哪些，更难以具备推动战略目标实现的创新性想法。

令人难以置信的是，我在对诸多企业的研究中发现，绝大多数基层人员的 KPI 都是上级根据对某一工作岗位的基本理解和管控要求来设立的，与战略目标几乎没有关联，甚至在分解中层目标时，就已经使战略目标发生了偏差、遗漏或在日常工作中被忽略了。

利用 OGSM 或 KPI 进行项目立项，无论是企业高层还是中基层，都可以清晰地知道围绕战略目标要完成哪些项目，哪些是自己负责的项目，哪些是需要参与到别人负责的项目中的。人们的关注点从"要达到的目标"转移到"具体做什么事"上来，实现行动与战略的一致，如同让企业领导者手里牵着一条条线，哪里有问题都能迅速找到。

KPI 很重要，但在系统性和连续性上有所不足

最好的管理模式当然是员工能进行自发的管理和执行，但组织成员在领到其月、季、年等不同周期的 KPI 后，是否都会主动思考如何实现并去执行呢？事实并非如此，KPI 体系在战略落地上有两个硬伤。

硬伤一：结果导向带来的"过程交代困难症"

KPI 的结果导向决定了其并不关注过程行为的管理方式，它只有在一定绩效期完成后才能进行评估，很多管理者并没有意识到这给管理带来的

困难。

企业中经常出现这样的场景：销售部门员工的某项 KPI 设定为"每季度实现新增客户 5 家"，并且该项 KPI 占季度考核的 10%，于是这位员工开始忙碌起来。

虽然是季度指标，但上级一定会在周会、月度会上了解情况，在还没到季度末考核的时候，往往会出现"报喜不报忧"的情况，下属总会说"正在推进""已经有重点意向了""挺顺利的，还需要进一步突破"等。而此时，上级一般就不再追问下去，因为他认为有季度考核在，自己在执行过程中也督促了，结果应该是能实现的。

恰恰就是这种"报喜不报忧"的汇报、上级人员的"不再追问"、所有人认为"应该实现"，导致时间一天天过去，直到季度末，上级拿到统计数据时才发现，并不是所有人都完成了此项指标。虽然会对没有完成指标的人进行绩效扣罚，但结果是子目标"新客户收入占比达到总收入的 20%"并未实现，自然会影响战略目标的进度，因此受到最大损失的不是被扣罚绩效的员工，而是公司。

对于目标完成与否的奖惩只是手段而非目的，企业需要的是最终结果的达成。

更为严重的是，KPI 的结果导向在企业里容易导致团队成员形成一种不良态度："我对 KPI 负责，到时候考核我就好了，其他的不需要交代太多，怎么做我自己负责。"

虽然 KPI 很重要，但它并不能让我们看清楚行动，而战略落地需要的是行动。

硬伤二：KPI 在战略落地时容易形成逻辑断层

仅靠 KPI 来实现战略落地的方式容易形成目标分解断层，绝少有企业能够用 KPI 体系把战略目标和每个中基层员工的 KPI 关联起来，形成一张大的网络图。即使高层到中层的目标分解能够做到和战略目标紧密相关并充分进行了审视和优化，到了部门层面，由于中基层员工的数量庞大，KPI 指标众多，将其汇总起来呈现每个人的每个指标如何与整体战略有关联，也是一项非常艰巨的任务，更何况绝大多数员工的 KPI 都是上级根据自己的理解和要求进行设定的，至于这些"理解和要求"是否和公司战略一致，则差异颇大。

中层容易在设置下属的 KPI 时忽略有关企业战略的长期性目标、创新性目标，仅仅站在自己部门职能的角度来下达要求，而高层把目标交代给中层后就不再关心具体怎么再次分配，所以我们经常发现企业的战略落地情况变成了：高层在谈战略，中层似懂非懂，基层按照惯例做眼前的事。

高层的精力在日常经营中往往被财务指标要求的数字所束缚，筋疲力尽之时就会把战略目标抛之脑后，用一位高层的话来说就是："业绩都没了，还谈什么战略！"正是如此，许多企业从上到下疲于奔命，总在制定战略，实际却没有战略，在忙乱中逐渐走上下坡路。

正如小米科技董事长雷军所说："不要用战术上的勤奋来掩盖战略上的懒惰。"实践中，许多企业领导者依旧采用原来的目标"分猪肉"模式，并且业绩表现还不错，但团队的力量可能只有 60% 用到了战略目标上，还有太多可以改善之处。领导者必须要意识到至关重要的一点：企业还可以做得更好！战略目标还可以完成得更好！

如果你没有"要做得更好"的想法，就只能原地踏步或者被淘汰。

利用项目化管理来实施战略落地更具有整体效应

用项目化管理来实施战略落地,就如同设置了一条条清晰的进度线条,有人负责整个线条,其他人则负责线条上的点,共同保障目标推进效果。

每个项目都清晰地指向围绕战略目标的策略,当分解到任务层面时,就等于在战略性系统目标到个体行为之间牵上了一条线,并且每个人的工作范围与交付成果清晰可见,谁在为战略目标做贡献也一目了然。要知道,如果让员工能感受到自己的工作对企业整体有所帮助,就会对他们产生强大的激励作用。

我辅导的一家央企通过战略目标分解设定了 35 个关键项目,董事长提纲挈领地说了一段话:"我们以前把战略目标分解到所有人头上形成指标,看起来是人人有责了,但我心里一直不踏实,因为我不知道他们是否在做与目标匹配的事。直到现在我看到有 35 个关键项目,心里踏实多了,谁参与了公司战略方向的发展一目了然,谁在项目中负责什么环节、有什么贡献也一目了然,没有比这个更好的方法了。"

仅仅靠 KPI 来实现战略落地会非常依赖于考核指标的系统性和正确性,即使设计得不够好,一旦实施也很少进行调整,并且它会产生三个方面的问题。

问题一:关注个体绩效甚于整体目标

人们并非不关心战略目标和整体状况,而是在绩效导向下,个人利益与指标息息相关,精力和注意力自然放到如何完成自己的指标上来。这也是目标管理最需要解决的一大问题:组织的目标必须分解为一个个小目标,但每个人完成自己的指标后汇总起来未必能实现组织的整体目标。出现该问题的原因不仅在于目标分解，还在于人们为了实现自己的目标，不可避免地在相互之间产生负面作用，例如部门壁垒、资源争夺等。

问题二：所有人都有指标，但到底是谁在为战略做贡献

战略落地并不等于人人头上有指标，而是每个人做的事都对战略有贡献。

在一家 500 人的公司里，每个人平均 6 个指标，合计就是 3000 个指标，这些指标里哪些是对战略发展有贡献的？哪些人承担了战略发展事项？又投入了多少资源在战略贡献上？高管该如何聚焦战略执行？这些问题都难以明确。

问题三：KPI 模式下人们更愿意独善其身

极少有 KPI 是关于协作的，因此人们需要将大部分精力投入到自己要负责的指标上去。在很多团队成员的意识里，不在 KPI 范围内的工作都属于额外的，这非常不利于推动有挑战性的、跨部门跨层级的工作。

通过项目化管理能够有效解决以上三方面问题，并且让高管精力投入得更聚焦，管理资源投入的效率大幅提升。尤其是对于战略落地过程中的一些系统性问题，如果分散到各职能部门由各自去解决往往没有好的效果，系统性问题必须靠系统手段来解决，项目管理的方式提供了系统性的解决模式。

在一家软件公司里，销售团队不断地向产品部门反馈需求，虽然这些需求的填制并不符合产品需求的模板要求，但销售团队经常一个电话或者一封邮件就要求产品部门按照需求进行产品设计，并在一周内给客户方案。

公司一直强调"市场导向、客户导向",所有的后端部门必须快速响应前端需求。从表面上看,公司工作节奏非常快,销售部门不断地反馈需求、向客户提交方案,产品和研发部门不断地做产品设计和开发,提交各种方案。但实际情况是:订单签约率不升反降(每百份方案仅 7.4% 签约),签约项目的被动迭代率大幅增长(由于故障、客户需求变更等导致的意外迭代工作),最终在年度销售额仅增长 12% 的情况下,研发成本却提升了 60%,接近亏损。

公司高层意识到了问题,开会审视各项目标及流程,发现了许多问题,例如某项目的临时需求变更,产品和研发部门加班赶工导致成本增加,前端销售表示这是客户的想法变了,必须响应。另外,产品经理反映很多时候在前端需求填制不准确、不完整的情况下,仅仅靠经验来进行产品设计,导致后期产品与客户实际需求存在偏差。但销售经理认为要快速反应,只要客户有想法,就需要响应,才有利于在竞争中获得订单。

这就是我在担任这家公司年度管理顾问时遇到的第一个核心问题,公司战略目标在细分市场中居于领先地位,相应地设置了市场份额、利润等要求,层层分解目标后,销售、产品、研发部门的每个基层员工头上都有了数项量化的指标,可最大的管理问题出现了:所有人都在努力,所有人都认为自己是对的,但结果并不好。

究其原因,就是将 KPI 作为支撑战略的执行手段带来了问题。每个人都只看到自己的目标,但其实所有人都在一个项目中,都在一个系统性问题里面。

在过去的管理模式里,销售人员只关注客户反馈,不愿意麻烦客户确认需求,没有意识到后台支撑是公司的重要成本,错误地认为只要能快速反应拿到订单，别的就都不重要。而产品部门和研发部门变成了被动的需求接收部门，他们不对需求的真实性、完整性负责，反正销售部门催得紧，做出来合不合适你们看着办，并且已经习惯了每月不断地进行需求调整和返工、迭代等。

如果用项目化的思路来解决问题呢？那么，销售、产品、研发就不再是三个独立的部门，而是一个项目里的团队成员，所有人都要为满足客户需求和实现项目盈利负责。

我们选择了销售人员作为项目经理（选择另外两个部门成员作为项目经理亦可），他必须为整个项目的结果负责，不仅仅是提升响应速度。身份转变后，销售人员不再是听到客户几句不成熟的想法就赶紧要求后端出方案，而是以项目经理的身份来组织产品、研发部门进行沟通，约定每个环节的工作要求，包括重新设定需求表格、要求产品人员与销售人员共同拜访客户以把握和引导需求、销售也要参与研发部门的一些会议等，整个工作过程发生了翻天覆地的变化。

只有用项目的方式管理才能打破专业、部门的壁垒，让所有人意识到，他们所做的工作都是为了同一个目标，他们是在同一条战线上努力的人，而不是一个个独立的点，也只有这样，才能产生合力，减少内耗，最终推动目标的实现。

项目化管理是"实现成果"的模式

在有些企业要推行一套新的管理模式时，为什么几乎所有的团队成员都会有消极或抵制的心态呢？因为人们认为这增加了额外的工作，且对其绩效来说无关紧要，而员工最关注的就是自己的绩效。一位员工是这样说的："工作本来就很忙了，一会儿是这个表格，一会儿是那个报告，整天忙着写这些虚头巴脑的东西就花费了不少时间,影响工作绩效。"对此,企业领导者往往陷入进退两难之中:不管吧,员工工作跟放养一样;管吧,员工又抵触,敷衍了事。员工之所以有这样的心态,是因为在战略落地的管控中,领导者并没有让员工意识到"管控手段"其实是在帮助他们把工作做得更好。

一家大型制造型企业每月在总部召开两次关键会议:一次是月度经营会,主要了解关键问题及KPI的进展;另一次是战略跟进会议,主要是为了抓战略落地。经营会很成熟,大家都有固定的汇报模板,而战略跟进会议是新设立的,也有一套模板,大家抱怨准备汇报材料浪费精力,为了方便就把同样的内容换个模板呈现。

我告诉总经理,战略落地就是经营分析会的重要内容,经营分析会也就是为了战略落地,所以可以将两个会议合二为一,主要分为三个环节:①高层经营要求和指导意见;②当月重点项目进展(必然与战略相关);③提出相关问题并做下一步安排。

这不仅仅减少了大家"套模板"的工作量,更为关键的是,在各个中层管理者汇报重点项目进展的时候,高层能够切实了解实际推进情况(当月要实施的任务目标与实际情况对比),对项目中遇到的问题能及时提供资源或政策性支持,真正地解决中层的实际问题;高层不再是只问指标为什么没实现,而是与员工共同讨论如何把项目做好,大家感受到了好处,参会的认真度和积极性就能得到大幅提升。

具体到执行层面,我认为在各种管理模式中,只有项目化管理是帮助各职能和专业人员完成目标的最佳方法。因为项目化管理是开放的(能应用于各种专业的工作)、系统化的(对如何做成事的系统要求,包括项目目标设定、项目内容计划、干系人分析、风险分析、资源分析、过程控制、项目收尾等模块）工作体系和管理模式，可以真正帮助团队提升工作绩效。项目化管理其实并没有多么独特，只是能更加系统、周全地把事情做漂亮，可以把从思路到行动的整个过程清晰地呈现出来。

首先，通过理解项目管理的五大基本元素，就可以体会到它为什么能发挥这样的双重作用：既帮助团队把具体事项做好，又帮助企业实现战略落地管控。

完成任何一个项目，都需要解决五个问题。

- What，项目要做什么？目标是什么？
- How，项目如何做？具体包含两个方面：做什么内容？如何开展？
- Who，干系人管理：有哪些人参与？谁会受到影响？
- When，时间安排：进度计划与时间调整。
- How much，资源管理：需要投入多少资源？资源的获得性如何？

显然，如果一个项目能够清晰地回答以上五个问题，就可以很容易地判定其思路是否匹配目标、工作推进的逻辑是否正确、哪些人在项目之中发挥作用等。领导者抓项目时就能知道战略目标是如何有效形成行动的，也可以根据项目进程进行调整、纠偏等。

项目化管理的导入，还可以产生以下五个方面的效果：

- 提升各级人员的标准化管理水平，匹配企业规模化发展；
- 大幅提升工作计划性，增强跨部门协作、资源调配的有序性和顺畅性；
- 增加工作目标的成功概率（按时、按量、按质）；
- 通过建立项目化管控机制，实现战略目标的过程推进及责任追溯；
- 为企业未来发展建立知识管理体系（经验与风险标准化）。

从战略到落地执行的追溯系统

一个企业的战略目标如果不能被追溯，就无法落地。追溯的意义是在整个企业的运行过程中，领导者可以及时观察到战略落地执行的情况，包括对目标的完成度进行动态更新和预警、目标出现偏差与滞后等情况时能够追溯到具体的负责人并做出针对性的管控行为等，从而保障整个组织从上到下都是在为实现战略目标而努力。

建立战略目标的可视化追溯系统

几乎所有的企业领导者都渴望建立起一套关于战略目标的可视化追溯系统，但他们把这套系统想得过于庞大和复杂，认为这是要投入大量的资源来构建的管理系统。同时，他们也缺乏追溯方法，只能停留在过去的模式中：总经理向各部门经理了解目标进展情况，各部门经理向下属了解目标进展情况，往往到了事情已经糟糕到一定程度，甚至出现不可逆转的结果时，高层才会知晓真实情况。

被层级管理阻碍的项目

2020年3月，一家能源设备集团在某城市获得了政府的行业补贴，并计划在2020年结束前将这笔补贴入账，这成为集团常务副总裁的关键指标之一。常务副总裁则把这一指标原封不动地作为当地分公司总经理的关键指标之一，而分公司总经理又同样将该指标分配给了分管业务的副总经理。

直到2020年10月，集团在审视年度各项目标时才发现这个指标一直没有进展，于是，集团常务副总开始着急了，约我一同前往当地分公司

（我担任该集团年度管理顾问）进行项目质询。

在分公司的会议室里，所有人正襟危坐，由分公司副总经理进行该项目的情况汇报。他用了40分钟把前因后果讲了一遍，并且认为这个项目没有问题，分公司早就成立了一个小组来推进，只是因为涉及政府部门的工作流程，所以进度上不可控。

集团常务副总裁听完没有结果的汇报后有些烦躁，说道："你们讲的这些我都清楚，但现在已经10月份了，为什么一直没有进展？我可是向集团打了保票今年要完成的，这个项目在我的绩效指标里占了足足10分，你们不把绩效当回事吗？"

所有人都低着头，其实他们的确推动过了，也努力过了，但就是没结果。

集团常务副总裁接着问道："现在问题出现了，必须面对现实。说实话，今年有没有可能完成？如果没有可能，你们认为什么时候完成是有把握的？不要到了年底才突然发现根本完不成。"

分公司副总经理说："请领导批评，说实话今年肯定完成不了，估计明年年中的时候可以完成。因为我们了解到政府相关部门很忙，到现在报告都还在XX委办事人员那里，还没起草，我们催也没用。"

这位副总裁近期参加了集团的项目化管理培训，他记得我在课堂上强调过，很多时候目标达成与否与专业度无关，而是受到负责人的格局、资源权限的影响。人们把项目当作自己的事而"过于负责"，缺乏"求助"的观念，缺乏通过整合资源来帮助自己完成目标的想法，就像"老黄牛"一样埋头做自己的，做不出来还拼命做，最后自己受伤、企业受伤。

这时，副总裁突然意识到这个项目应该是集团层级的项目，虽然由分公司来执行，但他们只会去撬动自己能撬动的资源，在项目推不动的时候由于各种考量（例如担心上级觉得其能力不足）而停滞下来，并且表现出一副"我一定会负责"的态度，但真正推动项目是需要项目负责人及时反馈真实情况的。

集团常务副总裁对分公司副总经理说："看来大家已经在自己的职权和能力范围内尽了最大努力，但不是你们努力了就够了，而是要完成项目目标。这不仅仅是你们的事，既然我背了指标，分公司总经理和副总经理都背了指标，说明这个项目是公司的，是大家的，而不是我把指标甩给你们，让你们去帮我完成！在这个项目里，包括我，甚至董事长，都是某个任务的负责人，你要敢于给我们派任务，你们这个层面解决不了的问题，也许我们很快就能解决，项目也就没有那么难推进了。"

大家感到非常震撼，原以为会被狠狠批评，没想到听到的是这样一段话，副总裁说自己和董事长都只是一个任务负责人，这对于长期在严格的层级管理体系中工作的员工而言，是认知上的一个巨大冲击。但是只有这样，才能上下同心地去完成目标。

接下来的讨论变得截然不同，不再是以质询的方式，而是以充分了解信息、探讨克服项目瓶颈的沟通方式结束了会议。最终确定了关键突破口在于让相关部门重视这个补贴项目，毕竟类似的项目太多了，分公司的力量不足以应对更高层级的决策者，但在这一点上，集团有足够的资源来推动，分公司的项目成员负责及时反馈信息和具体资料的准备等工作即可。

出乎意料的是，在集团高层的介入下，2020年11月就完成了项目目标。在项目总结会上，集团常务副总裁感慨道："我们以前遇到项目问题总是责怪下属不力，但其实这是我们的项目，完不成的时候责怪下属有什么用。高层人员应该转换思维，对于关键项目就是要充分了解信息，敢于突破自己的面子思想，甘于当中基层项目经理的兵。而基层人员也要把项目当回事，为了实现项目目标，要敢于申请资源、要有能力让高层愿意当你的兵。只有这样，所有人都是在一起行动，我们的各项战略目标才能真正实现。"

这个案例充分地说明了项目化管理对于战略落地的价值。

因此，在战略落地这件事情上，"尊重层级管理"反而成为一大障碍。可能有很多人会不理解这个说法，因为几乎所有的管理学知识都在教育我们要学会尊重层级。但越来越多的层级造成了战略落地时"管不透"的现象，因为要顾及层级，在关键项目的执行过程中，高层人员无法直接向项目经理、项目成员了解情况，只能通过他们的上级来了解，就使原本可以迅速决策和提供资源支持的事变得异常复杂了。

高层人员对战略落地的工作要管透，并不意味着要向下越级管理，而是对于关键项目的工作，要与相关管理者、项目负责人甚至任务负责人在信息上达到一致的水平，及时给予指导、支持等，举行项目质询会就是很好的办法。

战略可视化追溯系统的三张关键图

用一句话来概括战略目标的追溯模式："将目标转化为系统的行动，且能动态反映目标进度，遇到问题可追溯。"

这里面有四点要求：

- 系统性：目标分解要完整对接，不可遗漏上级目标或支撑不完整；
- 可行性：以公司级项目和部门级项目的立项来明确行动；
- 动态性：以项目的进展及其与目标的逻辑关系来动态反映目标

进展；

- 精准性：战略目标进展不达预期，可以层层精准追溯，落实责任人。

基于这四点要求，我设计了三张图来说明如何建立战略可视化追溯系统（数家集团公司甚至与我共同开发了 IT 系统来管理战略落地）。

绝大多数企业在应用 KPI 体系，但这并不妨碍 OGSM 的导入，前者负责绩效，后者负责策略和项目设立。图 7-2 是战略落地可视化追溯系统的第一阶段：构建目标层次与项目逻辑关系。

关键图一：从战略目标到项目设立的逻辑

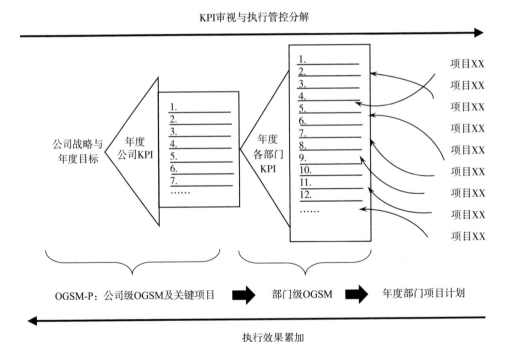

图 7-2　从战略目标到项目设立

在本书第二篇的基础上，企业可以对不同层级的 KPI、公司级项目、部门级项目等进行明确，形成人人有责任的绩效体系及年度项目计划，但在企业的实际操作中，往往问题出在没有构建图 7-2 这样的关联关系上。

在进行目标分解的过程中，有的企业采取从上至下的方式，也有的企业采取让中基层先自设目标，再由下而上的模式，但企业普遍缺乏一项工作，那就是检查子目标对上一级目标的支撑完整度，以及不同目标层级之间的关联度。

要实现关键图一的模式，需要做两项工作。

第一，审视完整度并设定权重。

审视部门级目标对公司级目标的支撑是否有缺漏，并明确每一个公司级目标由哪些部门级目标构成，根据量化指标或经验设定权重。

例如公司目标 A 由三个部门目标 a、b、c 构成，则需要分别设定 a、b、c 对公司目标 A 的贡献度，也就是权重大小。在设定权重之后，目标的第一级追溯基础就建立起来了，例如公司目标 A 由权重为 30% 的目标 a、权重为 50% 的目标 b、权重为 20% 的目标 c 构成，就可以根据目标 a、b、c 的进展乘以各自所占权重获得公司目标 A 的实际进展。

第二，设定部门项目与部门目标、公司项目与公司目标的权重。

根据 OGSM-P 设定的公司级关键项目，将项目与公司目标建立关联。同理，部门级项目也要与部门的目标建立关联。这样就可以清楚地看到每一个项目对哪些子目标（有可能同时一个项目对两个及以上目标产生贡献）有贡献、贡献度是多少，同时需要将关联关系及项目权重进行明确。

例如有一个部门目标需要通过项目 A 和项目 B 的完成才能实现，则建立起了部门目标与项目 A、B 之间的关联。接下来，根据项目成果的数据及经验来设定权重，依据项目的进展度可以加权得出该目标的实际进展,因为项目的推进是需要每月都安排具体任务的,因此就通过项目的月度状态实现了对目标的动态追溯。

当然,在设定权重的过程中会大量依靠经验,这需要反复讨论后确定,因此,权重的设定需要企业不断地积累、完善。

从图 7-2 中可以看到,企业的 KPI 仅仅划分了两层,分别是公司级 KPI 和各部门级 KPI(如果是集团性公司,可以增加事业部级 KPI 或分公司级 KPI),最小层级就是部门层级 KPI,没有把个人级 KPI 放进来,原因有三点:

- 个人级 KPI 作为员工的工作方向指引和绩效评估标准即可,数量太多,难以与部门、公司 KPI 一一对应;
- 个人级 KPI 至少有 70%～80% 要通过项目来实现,否则就说明个人级 KPI 与公司发展关联甚微,仅仅是对其职能和管控要求的常规设定;
- 个人级 KPI 无法动态追溯,无法体现执行思路。

当我们把个人级 KPI 的设置工作先放到一边,将围绕公司目标的项目计划设定好并完成立项后,就会发现,完成项目或执行项目中的任务才应该是员工真正的"KPI"。

通过项目化,还可以解决很多企业设置 KPI 僵化的问题。很多管理者在年初就将团队成员的 KPI 设定好并且不再优化或增减,因此僵化的 KPI 与实际工作出现了很多偏差,甚至有员工抱怨自己投入最大精力的工作居然不在 KPI 里。而项目化管理需要在启动之前进行立项,并设定相应的任务范围,将员工的 KPI 进行有关项目、任务的设定会更加务实、有效。

图 7-2 的结构里考虑了绝大多数企业都在使用 KPI 体系的现实情况，在不推翻早已成熟的习惯与流程的基础上，导入 OGSM-P 模式，通过战略目标和公司年度 KPI 来制定 OGSM-P，并要求部门管理者制定 OGSM-P 或者根据 KPI 设定年度项目列表，也就是在 KPI 体系基础上加上了两个帮助战略落地的翅膀：策略与行动。

案例：S 公司的 KPI 检测及对应项目检查

一家集团公司（简称 S 公司）已经采用严格的 KPI 绩效管理体系多年，公司设置了三个大的管理层级：公司级 KPI（董事长、总裁）、一级 KPI（集团分管副总）、二级 KPI（分公司总经理、总部部门总经理），每年都投入大量精力制定绩效指标，但董事长和总裁都不满意战略目标的实现情况，认为提出的很多目标都没有实现，但实际工作中又缺乏手段来贯穿层级并发现问题。

我受邀担任 S 公司的战略落地与全面项目化管理顾问，与其高管团队共同成立战略管控小组。在刚开始的讨论中，几乎所有的高管都自信满满地认为现有的 KPI 体系做得没有问题，考核很严格，只是缺乏落地管控工具。我坚持对现有目标体系进行梳理，因为一旦目标有断层和疏漏，无论怎么管控项目、学习项目化工作技巧，对于战略目标的实现都是毫无意义的。

相关负责人上交了非常详尽的三个层级的 KPI 表格，看得出公司高层和人力资源部在过去投入了大量精力，而且公司全体干部、员工都早已经习惯了绩效考核，有着良好的管理基础。

当我把三个层级的 KPI 放到一张表里面去对照时，得出的结果让董事长和总裁大吃一惊，原来漏洞如此之多，他们的战略意图在目标一层层分解的过程中被不断弱化，甚至是被删除掉，但在繁杂的指标表格中无人能看出来这个问题。对照表如表 7-1 所示（在若干公司级指标中，选择一个对照各子层级的目标和项目）。

从表 7-1 中可以一眼看出战略目标存在承接空缺、目标贡献权重缺失、所设项目无法支撑目标等问题。例如表中有一项二级 KPI 工作计划是经营要求，有具体的利润目标，可项目名称却设计成了"编写分管区域市场运营分析报告"，如果总部部门认为自己只需要编写经营分析报告，其他事情都由子公司负责，就可以实现利润目标的话，总部组织就会陷入官僚、僵化的状态，无法帮助一线企业实现业绩，更谈不上战略落地。

我们对所有 KPI 进行了审视，并清晰地告诉了高管为什么战略无法落地。如表 7-2 所示，在一级 KPI 中有两个 KPI 分别是"X 区域成功运营"和"XX 区域市场完成商铺销售收入 9000 万元"，这两个一级 KPI 就存在不被总部部门二级 KPI 支撑的问题，甚至权重分配都未设定。

从表 7-2 中可以看到二级 KPI 并没有去真正支撑一级 KPI，明确销售收入 9000 万元，到了二级 KPI 仅是"督促资金回笼"，并没有具体措施，至于成功运营的 KPI 也成了支持而已，可见总部部门并没有真正的"管理抓手"，最终是否完成就只能看分公司自己做的结果，这也是许多企业的子公司对总部职能部门意见颇大的原因之一。

还有一个重要问题在于，两个一级 KPI 到了部门层面居然只有一个二级 KPI 来支撑，这是缺乏对一级 KPI 进行思考的体现，目标分解下去不是变得更具体而是变得更空洞。如表 7-3 所示，"完成两个优势交易商品品种的业务试点"这个一级 KPI 也存在这样的问题。

表 7-1 S 公司三大层级 KPI 对照表

一级 KPI			二级 KPI				对应项目		
	名称	权重	名称	目标	工作计划	落实部门	项目权重	项目编号	项目名称	项目完成标准（交付成果）
公司级 KPI 公司合并范围企业实现利润总额合计 XXXXX 万元，非合并企业实现利润总额合计 XXXX 万元	直管合并范围企业实现利润总额合计 XXXXX 万元，非合并企业实现利润总额合计 XXXXX 万元									
	分管企业实现利润总额合计 XXXXX 万元		分公司业务管控	做好分管区域经营管理	分管企业实现利润总额 XXXXX 万元（10 分）	YT1				
					分管企业完成年度预算指标（10 分）	YT1	20%	2018YTYB004	编写分管区域市场运营分析报告	每月完成分析报告，提出改善措施并协调落实
					分管企业完成年度 KPI（5 分）	YT1				
	分管企业实现利润总额合计 XXXX 万元		KPI 及预算执行监管	支持督促批发市场企业完成已签订的 KPI 及预算目标	建立系统的 KPI/EVA 跟踪监控反馈体系；完成 2018 年预算考核	YT2	100%	2018YTYB005	KPI 及预算执行监管	新市场 KPI 及预算跟踪监控反馈 SOP；下属分公司 2011 年 KPI 考核达标

(续)

公司级 KPI		一级 KPI		二级 KPI				对应项目		
		名称	权重	名称	目标	工作计划	落实部门	项目权重	项目编号	项目名称	项目完成标准（交付成果）
公司合并范围企业实现利润总额合计XXXXX万元，非合计XXXXX万元		分管合并范围企业实现利润总额合计XXXX万元，非合并总额合计XXXX万元		分管企业的经营管理	协助分管领导跟进分管企业的经营管理，跟踪并督促各企业完成预算指标和KPI	协助公司领导并参与分管企业的关键业绩指标的制定和年度经营绩效的考核；协同公司其他部门审核各分管企业的年度预算方案；跟进并督促各供应链管理企业完成预算指标和KPI	GYL	15%	2018GYLGUB001	建立战略管理模板	建立各子企业的基本资料库，形成成熟的经营管理动态报告模板
								60%	2018GYLGUB002	对相关企业的战略实施过程跟进和评估	提交具有针对性和建设性的季度分析报告；完成分管企业年度KPI制定和考核
					审核相关企业业务战略规划；对新设立企业进行调研、跟进、提供专业支持和服务	梳理、审核相关企业业务战略思路，明确治理要求，并对企业管理事项做好调研、分析等专业支持及为领导决策提供支持	GYL	25%	2018GYLGUB003	相关企业的重大事项的审核、支持和服务	推动确定交易大厦公司转型经营方案、探索转型及其他相关企业重大事项跟进（以发生为准）

指标	工作内容	预算管理	责任人	权重	项目编号	交付成果
并企业实现利润总额合计XXXX万元	（1）负责完善公司预算管理工作，预算中收入、费用、利润等指标偏差度在10%以内；其中，集团年度净利润预算指标为XXXXX万元，总部经费用：①财务费用XXXXX万元；②管理费用XXXXX万元（其中，非薪酬付现管理费用XXXXX万元） （2）提高各下属企业的预算准确度，推进各下属企业预算完成并贯彻落实到位	（1）4～6月，改良并确定企业《关键绩效目标管理体系》格式和各项经济指标考核规则及说明 （2）3～12月，实行财务分行业分块管理模式，加强与业务部门的工作对接，强化月度预算分析对经营管理的决策支持作用，进一步提高和改善财务监管的效率和效果 （3）9～12月，完成公司下一年度预算编制工作，确定下一年度企业关键绩效目标管理指标，上报公司管理层审批	JCB	100%	2018FA011	完善公司预算管理体系及KPI编制工作，建立财务分行业分块管理模式	（1）《关键绩效目标管理体系》格式和各项经济指标考核规则及说明 （2）预算分析表格及完成下一年度预算及KPI指标编制

注：由于该集团属于上市公司，表7-1中的项目编号及所涉全额进行了隐藏处理，并非全部一级KPI。

表 7-2 一级、二级 KPI 对应审视举例

一级 KPI		二级 KPI			
名称	权重	名称	目标	重点计划	落实部门
XX 区域成功运营		招商、开业、销售及运营	支持市场部制定招商策略及实施方案,并初步形成运营规模	支持指导南宁、长沙、成都等地的招商、开业,并初步形成运营规模,督促分公司资金回笼	YT3
XX 区域市场完成商铺销售收入 9000 万元					

表 7-3 一级、二级 KPI 对应审视举例

一级 KPI		二级 KPI			
名称	权重	名称	目标	重点计划	落实部门
完成两个优势交易商品品种的业务试点		子公司业务管控	完成公司商品发展规划,新增一个优势交易商品试点	1. 二季度前完成公司市场体系商品发展规划 2. 三季度前促成一个优势品种互联互通平台建立	KFX

从表 7-3 中可以清楚地看到,一级 KPI 里明确完成两个优势品种,到了部门却把 KPI 改成了"一个优势品种"。如果没有进行上下级 KPI 的对照,只有到最后才会发现结果出了偏差,但为时已晚。

如表 7-4 所示,"完成渠道客户资源的分类管理"这个二级 KPI 所受到的项目支撑明显不足。

可以看到,这个部门的 KPI 对应的项目设计有问题,项目的内容不能完全支撑 KPI,例如缺少了推出融资服务功能。项目是"集团客服团队建立",从名称上就可以看出无法匹配 KPI "完成渠道客户资源的分类管理",这是典型地把 KPI 和项目设计当作两回事来处理。KPI 设定好了放在一边,设定项目的时候没有围绕 KPI 进行,这种目标和实际执行的项

目不对应的问题在企业中很常见，正是此项审视工作的缺失所致，也是战略落地的核心问题之一。

表 7-4 二级 KPI 的项目支撑审视举例

二级 KPI		项目支撑		
名称	过程节点	项目名称	项目关键活动	项目经理
完成渠道客户资源的分类管理	1. 在3月份出台《客服中心联动服务功能提升方案》 2. 推出融资服务功能 3. 指导、协调分公司服务提升项目实施	集团客服团队建立	1. 组织一次客服建设交流会 2. 出台集团与市场客服中心联动制度	KFX

在战略落地的工作中，高层领导一定要记住，最终结果是自己想要的，一定要在目标传递的过程中进行一致性检查，包括 KPI 的一致性、项目支撑 KPI 的有效性等，否则发生的偏差难以想象。

关键图二：战略目标进展状态管控系统

在顾问项目启动之初，S 公司的总裁无奈地跟我说："胡老师，我现在亟待解决的是执行问题，集团在年初定下目标，并在每月、每季的大会小会中不断强调，不断督促，到了年底一看好多事情还是漏掉了或者没做完，然后员工们总是会摆出一大堆理由来推脱责任。作为总裁，我总不能什么事都亲自参与或者管得太细吧？但只要是我不抓的事情，最后就一定会出问题，这种情况该怎么办呢？"

其实，总裁提出的问题并非仅仅是下属执行力的问题，更多的是关于如何跟踪进展、落实责任的问题。如果只是开会提醒目标的重要性、督促员工改进，并没有持续跟踪，那么，在繁忙的工作中，连高管人员都会偶尔"遗忘"自己曾经的要求，更何况是接受中层人员目标指令的基层员工呢？等到高管想起来时，就已经耽误目标完成了。

领导者切勿认为只要自己说过、强调了，就能获得期待的结果。对于战略目标以及领导者重视的其他事项，只有能直观、清晰地看到进展状态，凸显出问题点，才能有效进行责任追溯，并引起执行人员的重视。

在不同层级之间 KPI 进行关联、设置项目对 KPI 影响权重的基础上，我们可以开启第二张关键图（见图 7-3）。

我帮助集团总裁设定了四大战略板块，分别是经营绩效、信息系统化管理、财务管理与管控、运营改善，一共包含 11 项战略目标。集团在前三个季度都在进行项目化导入，第四个季度才开始进入战略管控启动，从图 7-3 中可以看出，前三个季度的项目化管理为战略目标的完成度提供了数据支撑。

这看起来是一张非常简单的图，但它对于企业战略层意义非凡。每项战略目标都可以按照季度进行进度预设，实际进展严重滞后的用黑色圆圈表示，略微滞后的用灰色圆圈表示，进度正常的用空白圆圈表示。

S 公司的董事长和总裁每天打开电脑系统就可以看到这张图，各项战略目标上均显示着执行状态指标，对滞后的指标就需要立刻进行战略目标追溯和质询。

企业如果从第一季度开始建立这张图，其产生的价值会更大，时间越早，对战略目标进度的管控能力就越强，所有人都能看到公司战略目标的状态。

关键图三：责任追溯系统

当企业在战略目标执行状态图中发现有滞后状态时，就会激发责任追溯系统，从高层向中层、基层逐层追溯，最终确定影响战略目标执行的原因和责任人。

战略目标执行健康诊断

	健康度	Q4	2018 Q1	Q2	Q3
M1: 经营绩效模块					
品牌运营管理	●	**40%**	13%	20%	30%
市场运营管理	●	70%	19%	25%	45%
客户服务管理	○	95%	20%	45%	70%
市场安全运营管理	○	93%	24%	38%	78%
新市场CAPEX管理	○	94%	31%	51%	88%
M2: 信息系统化管理模块					
HR系统运行管理	●	79%	13%	33%	65%
IT系统运行管理	○	95%	19%	40%	77%
M3: 财务管理与管控模块					
运营一体化系统建立及运营	○	93%	20%	48%	80%
M4: 运营改善模块					
运营运营管理	●	80%	24%	40%	65%
行政运营管理	●	**65%**	11%	21%	47%
工程运营管理	○	89%	11%	31%	71%

● 严重滞后　　◐ 建议关注　　○ 执行顺畅

图 7-3　S 公司战略目标执行状态图

首先，S公司发现了战略目标在第四季度存在滞后情况，则立即检查滞后战略目标的二级KPI状况，如图7-4所示，某滞后战略KPI由4个部门的7项KPI共同支撑，明显看到有3项KPI的进度在当期明显滞后，进度分别为36%、45%、22%，因此应该对这3项部门级KPI进行深入分析。

其次，分析是哪些具体项目出现了状况（存在未启动、滞后、取消等情况），导致部门KPI发生了滞后。从图7-4中可以看到，有两个项目，对KPI3的权重分别为20%和40%，其进度在第四季度才分别达到了30%和20%。

一般情况下，企业会设立战略管控委员会或战略项目质询组，开展对问题项目的质询工作，了解其具体问题，并落实责任人进行限期改善，同时会有专门人员（被称为督办人）对其改善情况进行监督。

通过这三张关键图，我们会发现，每一个战略目标都拥有行动的支撑，并且在实际推进过程中把高层、中层、基层关联在一起，一旦出现问题即可追溯原因，找到可以改善的具体行动。通过可视化且量化的战略落地追溯，大幅提升了战略目标的成功概率，当然这需要投入专门的力量进行监督（一般为战略管控委员会或者虚拟的项目管控组）。

以项目化管理的方式实现战略落地，不仅更新了完成任务的工具和方法，也实现了对战略落地文化的推行。把目标和要求中模糊不清的地方消除，让企业拥有从上至下贯穿的管理线条，每个人都很清楚自己的工作向上是支撑什么、向下又受到什么的支撑，最终使所有人的行动都指向战略目标。

第7章 以项目化管控的方式实现战略落地的可视化追溯

	权重	项目名称	项目进度	质询原因	责任人	督办人
C部门KPI3存在滞后	20%	XXXX	30%	XXXXXX	A	C
	30%	XXXX	80%			
	40%	XXXX	20%	XXXXXX	B	E
	10%	XXXX	70%			

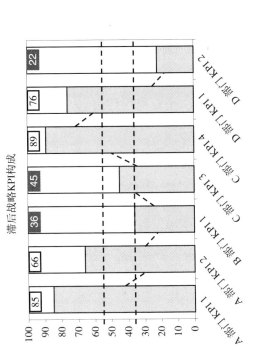

图 7-4　发现战略目标滞后的责任追溯系统

项目化战略落地管控流程

为了让三张关键图在企业实际运作过程中发挥效力,还需要建立项目化战略落地管控流程,在机制上有所保障。

以项目化管理的方式实施战略落地的过程中,高层管理者的重点在于审视三张关键图、设定公司战略项目、协调项目资源等方面,在执行上则需要中层管理人员在角色上有所转变,支持项目经理、项目成员等进行项目实施,并按照流程进行管控。

项目化管控的基本角色

公司战略关键项目的负责人一般为中高层人员,其他项目一般在各职能部门内进行人员安排,主要包括项目经理、任务经理。从战略落地的角度来看,企业从上至下的人员角色可以分为以下四类:

- 系统经理:企业高层管理者,负责授权、指导多个项目的优先权分配;
- 计划经理:企业部门管理者,负责审核项目计划、协调资源、评估项目等;
- 项目经理:项目负责人,负责计划、控制和领导项目;
- 任务经理:执行具体项目任务。

以上四类角色中,项目和任务负责人并不是按照职级来划分,中高层人员可能直接担任项目经理,甚至作为某项任务的负责人来支撑项目的运行。

项目化管理的关键工作

企业实施项目化管理主要有三个方面的关键工作，分别是围绕战略目标的项目立项、过程管控以及后续的项目化应用（见图 7-5）。

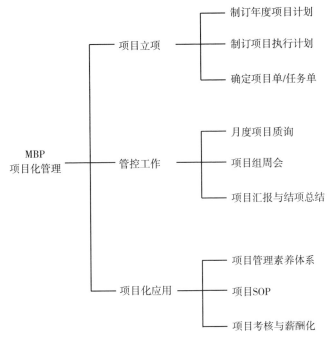

图 7-5　全面项目化管理实施内容框架

项目立项

项目立项分为两个层面，一个是围绕战略目标进行项目设定，形成年度项目列表，在本书第 6 章"让行动清晰可见的项目设定"中有详细介绍；另一个则是制订项目的实际运作计划，包括工作范围管理及执行开展逻辑的设定等，并据此明确项目周期内项目经理每月的工作内容，以及具体任务负责人的工作内容，分别制作项目单、任务单，这是用于过程评估的重要工具。

每个月度内，只要有项目在进行，项目经理就有一份项目单，说明其月度项目管理的工作内容。而项目单里包含的任务则会分发到各任务负责人，生成任务单来表明任务目标、工作范围、交付成果等。

管控工作

只有抓住过程才会有好的结果，这是项目化管控的核心要点。过程管理的方式主要有月度项目质询、项目组周会、项目汇报与总结等。其中，项目组周会属于项目组内的工作管控，由项目经理自行主持。项目质询则由企业项目管控组设置定期会议或在发现项目滞后时启动，并对项目滞后的原因、遇到的问题及下一步行动改善等进行讨论和决策，最佳频次为每月一次。项目汇报与总结是指在过程中可能开展的专项工作汇报以及项目结束后的闭环工作。

项目化应用

此部分工作是项目化管理的延伸内容，包括项目管理素养体系、项目 SOP（标准操作手册）、项目考核与薪酬化等。

在项目执行的过程中，会产生大量对项目管理能力、任务执行素养的要求，企业对关键项目进行的素养体系梳理对未来人才的培养及项目质量提升起到很大的作用，也是为企业战略发展匹配人才的重要方式。

项目 SOP 是针对会重复发生的项目或非常重要且将来可能再次立项的项目进行 SOP 制定，每年不断优化 SOP 中的项目实施经验，是将组织的隐性知识转化为显性知识的方法，对于培养项目成员非常关键。

项目考核与薪酬化是指，导入了全面项目化管理的企业，由于有良好的项目管控基础及项目实施能力，可以以项目为主体来设计考核和薪酬体系。

在以项目化管理的方式实施战略落地的过程中，会产生很多令领导者"惊喜"的成果，因为能够更清晰地看到所有人员是如何通过行动来参与战略落地的，他们的能力水平在项目、任务的执行过程中得以体现，最终还形成组织经验的积累。此外，还可以为真正有效实施绩效考核与薪酬优化提供诸多依据。

基于战略落地的项目化管控流程

要让项目在组织中顺利开展起来，需要设计相应的流程与工具，我在大量的企业辅导实践中总结出一套简单可行的管控流程（见图7-6）。

项目化管控总体流程图

流程中的操作步骤如下。

步骤1：确定年度项目列表。

由计划经理负责制定年度项目列表，经系统经理（高层）审核后确定。

步骤2：项目委派。

由计划经理确定每个项目的负责人（公司级项目则由系统经理来确定项目负责人），并明确项目目标、交付成果、项目基本描述、起止日期等。

步骤3：项目立项计划与启动。

在某个项目启动前至少一周时，由项目负责人进行项目立项，包括任务分解、工作开展路径设计、风险分析、资源计划等，项目所涉及的各任务负责人均需要参与项目启动和计划制订，项目经理提交计划经理审核

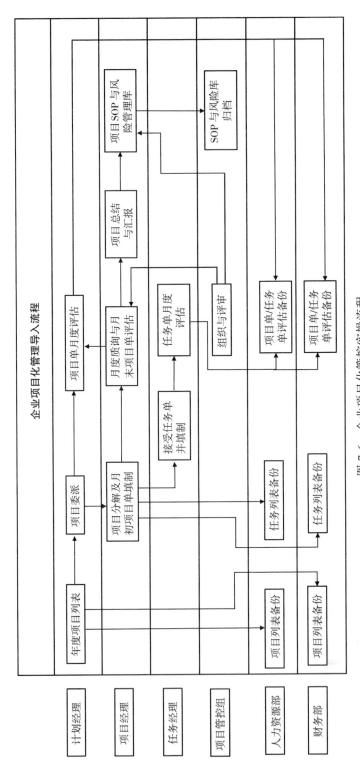

图 7-6 企业项目化管控实操流程

（有些关键项目需要提交系统经理审核）通过后，确定项目任务范围。由项目经理填写当月项目单，并根据当月需要进行的任务向相应负责人下达任务单。

步骤 4：接受任务单并填写。

任务经理接受任务单，根据项目经理对任务的交付要求来设计任务的关键活动。这个环节如果有疑问则需要与项目经理进行沟通，达成一致。

步骤 5：月度项目单与任务单填写。

任务经理在月末按照任务单将实际完成情况提交项目经理，由项目经理对其完成质量进行评分。项目经理则根据任务完成情况及实施的项目管控工作进行项目单填写，再提交计划经理进行评估。

步骤 6：项目单月度评估。

由计划经理对项目经理提交的项目单进行评估（公司级项目需要系统经理进行评估，或授权计划经理做评估），作为当月完成情况的评分，其实际进度也成为战略目标追溯的量化依据。

对项目单的评估不仅要看项目当月所包含任务的完成情况，还要看项目经理在当月做了哪些管理活动。如当月项目中某项任务发生未完成的情况，则项目会被核定为未完成而进入质询工作，由项目管控组发起组织与评审。

步骤 7：项目总结与汇报。

在项目结束后需要进行项目总结，并参加由项目管控组组织的项目汇报会，尤其是公司级项目的汇报会不仅计划经理要参与，系统经理也需要参加，并对项目的实际成果进行最终的评估。

步骤 8：项目 SOP 与风险管理库。

对于未来会重复发生的项目以及关键的项目，项目经理需要牵头制定 SOP（项目标准操作手册），并对关键工作拟定风险管理库，这对于项目成员的能力培养及知识管理是非常宝贵的基础工作。具体范例请参见本书第九章"以项目 SOP 来进行知识管理"。

步骤 9：项目归档工作。

从项目列表开始，到项目单、任务单、月度评估都需要进行归档，同步到人力资源部和财务部，为人员评估及预算、奖惩等提供依据。而 SOP 和风险管理库涉及项目具体操作与实践经验，需要备份到项目管控组，未来再次选拔项目经理时，就能为同类型的项目提供详尽的参考资料。

关键角色工作说明

在项目化战略落地流程中，最为重要的角色就是计划经理和项目经理。

计划经理（部门负责人）主要工作

A. 部门年度立项。

根据公司下达的 KPI 指标及对自身部门建设的要求，确定年度部门工作项目，并明确项目起止时期、负责人及目标。

B. 审批项目增删、结项、变更等。

计划经理是审批部门内项目增删、结项、变更等事项的第一负责人。

C. 对项目经理进行月度项目质量质询。

计划经理对下辖项目经理的工作质量进行月度质询，以质询会议的形式进行。

D. 对项目经理进行月初项目单下发及月底项目单打分评定。

项目经理必须在当月项目所包含任务全部完成的三天内（或截止日期前）填写完项目单并上交计划经理打分。

需要注意的是，如果属于公司级项目，则应当由系统经理完成以上A、B、C三项工作。

项目经理主要工作

A. 月度项目立项。

项目经理须对即将启动的项目进行立项，完成项目的任务分解、工作开展路径设计及任务委派。

B. 审批任务增删、结项、变更等。

项目经理是审批项目内任务增删、结项、变更等事项的第一负责人。

C. 参与月度质询会议，对当月项目完成情况接受质询。

项目经理对当月项目完成情况及问题进行月度汇报，接受质询和评估，如项目发生延迟或出于其他问题未达预期，则必须改进计划。

D. 向任务经理下发月初任务单及对月底任务单进行打分评定。

任务经理必须在完成任务的三天内填写完任务单并上交项目经理打分。

管控工具

在流程中应用到的核心管控工具为项目单、任务单，这两个表格分别用于对项目经理和任务经理进行工作安排、实际反馈和评估。

项目单及其使用方法

项目单是指在项目启动后，在项目跨越的每个月度里反映项目经理的工作范围及管理情况的表单，并由此进行项目当月完成度的量化评估。例如，某企业的一个项目从3月开始启动，预计在7月31日前结束，因此跨度为 5 个月，在这 5 个月里，只要有任务在进行，就说明当月项目在进行，也就需要计划经理下达项目单给项目经理（公司级项目则由系统经理下达项目单）。项目单模板与案例如表 7-5 所示。

表 7-5　月度项目单案例

项目编号 / 名称	SZ18-01/XX 利用率提升项目	
项目经理	XXXX	
项目目标	XXXX 系统利用率达到 15%	
	启动时间：2019 年 7 月 1 日	计划完成时间：2019 年 11 月 30 日
	总预算：15 万元	
考核月份	当月项目任务列表	当月项目总结与建议
7 月份	SC19-01-01：XX 集团 XX 协议签署 SC19-01-02：XX 集团每日单台设备使用量保障项目 SC19-01-03：完善扫码功能、完善配套设施、设备保持完好 SC19-01-04：常规拜访，品牌的感知维系 SC19-01-05：挖掘 XXX 客户 SC19-01-06：挖潜 XX、XX 等分时租赁设备客户；完善销售方案；与其他平台互联互通 SC19-01-7：打造至少一个标杆示范点（利用率达到 30%）	1. XX 服务正常开展；协议签署难度较大，任务应分阶段分步骤下达； 2. 已与 XX 集团五公司开展一次技术交流会，获得用户对我司技术的理解和认可； 3. 已收集扫码使用相关问题，并向总部提出需求，并获得采纳； 4. 已完成 49 个 XXXXXX 的宣传标识粘贴； 5. 分别与 XX 集团、XXXX、XXXX 等客户进行沟通，挖掘到 XXXX 客户有新增投放产能需求； 6. 推动 XXXX 新增投放 10 台设备，日均产能超过 XXXX； 7. XX 集团在我司投放分时租赁设备共达 146 台、分时共享在我司日均使用利用率达到 XXXX； 8. XX 网络公司在我司 XXXX 站投放设备超过 150 台
	分管领导评分： 1 2 3 4 5	
项目经理签字： 日期：		分管领导签字： 日期：

表 7-5 是在实际项目管控过程中，项目经理在项目周期中需要填制的

月度表格，具体使用说明如下。

项目基本信息

项目单中的基本信息包括项目编号、项目名称、项目经理、项目目标。要求必须是在公司年度项目列表中已经审批通过的项目或临时申请立项通过的项目，不可随意增加项目。项目编号的规则根据每个企业的实际情况而定，一般会包含年度、部门简称、项目序号等内容。项目目标要求具有量化标准，标注起止时间以及项目预算。

除非发生项目变更，项目基本信息在项目持续的周期里是不变的，项目单会提醒项目经理不管过程中在做什么任务，都不要忘了整体项目目标是什么。这有助于上级领导在审视项目过程时对照目标，杜绝偏差。

当月任务列表、当月项目总结与建议

一旦项目在组织里完成立项，就已经明确了项目包含的所有任务及其开展时间，如果项目跨度为数月，则应根据不同任务的开展逻辑将它们归属在不同的月份里，在每个月度的月初应该按照计划列出当月任务列表，如表 7-5 中，在 7 月份该项目一共有七个任务要启动。

需要说明的是，如果有上月延续到本月的任务，则应归属在上月项目单中，按启动时间所在月份而定。但如果上月启动的任务到本月结束，则应该在项目当月总结与建议里体现。

当月项目总结与建议是指在月度结束时，由项目经理对照当月任务列表进行总结，描述任务完成情况、存在的问题及可以提醒上级注意的建议，其要能体现出项目经理对项目的管理，并非简单的任务汇总。当月项目总结与建议与当月任务列表对照，形成上级对当月项目单评估的依据。

评分标准

对于项目完成情况的评估，对项目经理的要求远远高于对任务经理的要求。月度中，项目所包含的任何一个任务没有完成，即判定项目没有完成，因此即使项目经理评分低，仍旧会有任务负责人因为任务完成情况好而得到高分，只有所有的任务都完成，项目经理才有可能得高分，因为他必须为项目负责。

打分可以设定5分制、7分制或者10分制，我一般采用5分制，评分标准主要考虑两个要素：一个是时效性，一个是完成度。

- 1分：未按时、未完成任务；
- 2分：未按时、未完全完成任务；
- 3分：未按时（延误一周内）完成任务但任务已经完成；
- 4分：按时完成任务、达到任务目标、客户（内外部客户）评价一般；
- 5分：按时完成任务、达到任务目标、得到客户好评（须有材料）。

任务单及其使用方法

任务单是指项目经理根据项目计划书，在当月任务启动前，下达给任务经理的工作表单。任务单分为两个部分，第一部分为"月初下达任务"，由项目经理进行填写，说明本任务属于什么项目，任务目标是什么，要求完成的起止日期，以及完成任务所需要的关键活动等。

任务单的第二部分是在任务完成的3个工作日内，由任务经理进行填写，包括自评任务完成状态、实际发生的活动是否与任务单要求一致，对任务进行总结和提出可能产生的建议等，然后提交给项目经理进行任务评分。任务单示例如表7-6所示。

表 7-6　月度任务单案例

月初下达任务	
项目编号 / 名称	2019JG004 / 平台重构项目
任务编号 / 名称	进行平台的业务测试（□计划内 □变更 □新增）
项目经理 XXX　　任务经理 XXX	
任务目标	量化目标：2019 年 6 月 25 日前提交用户测试报告 确认：□ 项目经理签字□ 计划经理签字 □ 客户签字
	启动时间：6 月 6 日　　　预期完成时间：6 月 25 日
关键活动	1. 确定用户测试报告模板； 2. 测试人数不低于 30 人； 3. 测试对象为真实客户； 4. 报告所有内容填写完整、无遗漏； 5. 归纳测试中用户提出的问题及测试人员发现的问题； 6. 对问题提出初步的措施建议，并召开测试会议进行讨论； 7. 确定关键问题及改善措施，形成行动方案
项目经理：XXX 日期：	任务经理：XXX 日期：

月度任务评估	
任务完成状态	目标：□全部达成（V）□部分达成 □未达成
	实际完成时间： □ 按时完成（V）□ 任务顺延□ 任务延迟□ 任务取消
实际工作	1. 测试了 40 个用户； 2. 其他按照要求完成
任务总结与建议	1. 发现了 5 个问题，分别是 SSSS； 2. 我觉得报告模板还要优化一个地方 XXX
评价	评分：1　2　3　4（V）　5
	说明：
项目经理：XXX 日期：	任务经理：XXX 日期：

任务单的具体使用说明如下。

任务编号、名称与属性

每个任务单都要清晰地标注属于哪个项目，任务名称与目标。由于项目中的任务发生变更的概率比较大，可以将其分为三种类型，分别是计划内、变更任务、新增任务。项目经理对整个项目成果负责，对任务调整有足够的权限，这包括任务时间、负责人、交付成果等方面的变更，以及临时新增任务、变更任务等，新增任务与原立项计划有所不同时需要标注。

任务目标

任务目标除了要有量化描述及规定明确的起止日期之外，还需要说明由谁来确认任务的完成，分别是项目经理签字、计划经理签字、客户签字。每个任务都有不同的结果确认人，根据实际情况设置即可。

关键活动

执行任务最为重要的部分是"关键活动"，它代表了项目经理的要求，说明要让任务达到要求而需要在执行过程中注意的要点以及执行的关键事项等，这是对项目经理与任务经理工作一致的重要保障，避免出现结果看起来尚可，但实际操作过程中缺漏了关键活动的情况，为后续项目埋下隐患。此外，任务经理可以通过"关键活动"清楚地看到项目经理的要求。

很多企业里团队成员的精力都浪费在了不断调整、返工修正等方面，就是因为忽略了对关键活动的要求。如果项目经理认为任务经理领到任务后，做出来的成果以及执行方面可能存在漏洞和风险，就一定要通过关键活动来告诉对方具体的要求。

例如有位培训专员领到"布置培训教室"的任务，她按照自己的理解辛苦地完成了布置，包括座椅摆放、培训教材摆放等。但培训正式开始时发现音响系统出了问题，耽误了当天培训的按时启动。事后项目经理对其任务评分为 2 分，任务经理很委屈，认为音响调试不属于布置工作，而项目经理认为培训教室里的一切准备工作都属于该任务。

这就是企业中最常见的问题，每个人对工作内容的理解不同，从而出现疏漏。任务单里的关键活动就是帮助项目经理与任务经理在工作范围上达成一致，确保执行有效。

组织中层层人员执行一致，才是战略落地的最大保障。

月度任务评估

与项目单一样，任务的月度评估根据完成度和时间两个因素来评估。如果因为各种原因向项目经理申请任务延期或取消，获得批准后则不影响任务单评分，如未申请变更流程会被算作任务延迟而扣分。

在"实际工作"与"任务总结与建议"两项里，需要如实填写是否完成了接受任务单时设定的关键活动，以及实际任务成果等，并根据可能存在的问题提出建议。如果任务经理对关键活动有疑义，应当及时与项目经理沟通。

让工作变得透明

项目单和任务单的最大作用就是让每个参与项目的人都清楚自己什么时候该做什么、做到什么程度，并且以"发单"的形式创造仪式感，它们贯穿了组织战略落地的实施过程。通过项目单和任务单的发放、执行、评估，强化了系统经理、计划经理与项目经理之间、项目经理与任务经理之间工作的一致性，每个人做了什么，有什么贡献，在团队里清晰可见。

战略落地，一定要摆脱开会安排、口头强调的传统方式，是要让一切变得透明，让所有的行为都受到管理，但这并不会妨碍项目经理、任务经理去自由发挥他们的能力。

战略落地过程中的项目质询

当企业组织逐渐壮大并设立许多部门或子公司时，无论怎么强调协作和执行，都会出现部门壁垒、执行偏差及向上反馈弱化的情况。抓战略落地其实就是在抓围绕战略目标的项目执行，尤其是多部门参与的项目，一旦出现偏差要能迅速发现问题、确定原因、确定责任人并推动改善项目执行状态。

如果没有质询组及质询会议的存在，即使企业导入了项目化管理，也会逐步陷入一种稳定的"应付了事"的状态，如同熵增⊖一样，也就是这些工作一定会自发地向混乱、无序的方向发展。

项目质询就是在创造负熵，它通过评估、追溯、问题、建议等动作让整个公司在落地执行时有新的能量加入，避免工作变得形式化和无效。另外，项目质询还可以尽量避免企业出现"管理震荡"，这是我创造的一个词语，用于形容企业中上下级之间节奏不一。如同彼得·圣吉在《第五项修炼》中描述的啤酒游戏一样，市场需求增加，商店啤酒缺货，于是增加订单，却由于时效性和生产周期的因素导致商店库存量剧烈波动。企业中也如此，某个项目执行出现偏差，待信息传递到高层时，高层一定立刻下指令优化、整改、加强相关工作，然后层层传递下去，项目负责人行动起来，但整改的效果不会那么快出现，信息传递会导致时间的延迟，在

⊖ 熵增是热力学第二定律，这是德国人克劳修斯和英国人开尔文提出的理论，熵增过程是一个自发的由有序向无序发展的过程。

这个过程中高层由于担心会不断发出新的指令，导致项目负责人又开始响应那些新的指令，反而耽误了工作整改，待不好的结果再次传递到高层，又是一轮要求下达……这就是典型的"管理震荡"。产生"震荡"的核心原因在于高层置身于一个缺乏及时信息反馈的系统之中[⊖]，他们很难甚至不可能实时地了解自己的指令对下属工作的影响。

质询工作的重要价值之一就是减少管理震荡：很多企业的高层在没有充分掌握实际信息的情况下，就凭借汇报结果做决策，出现不准确或无效的情况，而部分下属对上级做出的决策也不以为然，出现执行偏差，从而产生管理震荡。例如公司业绩不达标时，高层可能会做出对销售部门加大考核的决策，实际上业绩不达标的原因并不在销售部门。因此，通过质询可以让高层全面掌握信息，做出正确有效的决策。同时，出现问题后的整改信息也可以通过质询会议和整改督办工作及时反馈。

在 2010 年，我辅导深圳农产品集团（上市代码 000061）以全面项目化方式来实现战略落地时，我们组建了由集团副总裁任组长，集团董秘、总经办负责人、人力党群相关负责人等为组员的强大项目管控组，从集团战略目标出发，辅导总部部门及下属二级企业进行项目立项，对其项目目标、资源、工作分解、执行路径、风险管控等多个维度的工作进行检查和优化。合计 4600 多个项目都一一经过了项目管控组的审核，并每月接受质询。这个过程中管控组协调了大量部门间壁垒的问题，推进了很多重大项目。项目管控组成员其实是最受益的，因为他们站在全局的角度了解了公司所有项目的思路和做法，在十多年后的今天，当时参与项目管控的助理成员几乎都得到了成长，多数成为集团高管人员。

⊖ 梅多斯. 系统之美：决策者的系统思考 [M]. 邱昭良，译. 杭州：浙江人民出版社，2012.

项目质询的做法

我给诸多企业导入"质询"这个概念,对于公司级项目以及出现与计划不符的部门级项目,由项目管控组来进行质询。项目管控组的负责人一定是公司核心高层,只有如此,才能在质询过程中对可能产生的问题作出决策并要求各部门协调。当一群职位相当的人要开会时,总需要有一个职位较高的人与会,他不见得最能干或最具有专业知识,但他能够控制会议的进程,否则就会出现"同级群体综合征"(peer group syndrome)而无法形成有效结果。㊀

项目质询是战略落地的关键保障工作,它不仅仅是问询各个项目进展如何的一个管理环节,更是一套系统的实施管理方法,包含以下步骤。

步骤一:部门内先自行开展项目质询,将评分情况反馈给公司项目管控组;

步骤二:公司项目管控组由专人汇总统计当月所有项目、任务得分情况;

步骤三:确定当月需要发起公司质询的项目,包括所有公司级项目、出现问题的项目和抽查的项目三类,并安排质询会议;

步骤四:公司项目管控组质询,由项目经理与自己的部门经理共同参会;

步骤五:形成质询报告,并对问题项目进行督办整改。

项目质询主要针对四个方面进行:

第一,对项目单、任务单等文件的规范性进行检查,强化项目制度;

㊀ 格鲁夫. 格鲁夫给经理人的第一课(纪念版)[M]. 巫宗融, 译. 北京: 中信出版社, 2013.

第二，问题项目的原因质询及责任认定；

第三，为项目下一步改善和推进提供所需的政策、资源等支持；

第四，由于项目管控组成员往往对项目管理知识掌握得更为熟练，再加上有顾问参与，质询会议还可能承担部分项目立项计划探讨与审核的责任。

公司高管可以借助项目管控组的角色，通过项目质询会来打破层级界限，清晰地看到战略目标逐层执行的实际情况，还可以在质询会上直接对相应负责人提出要求或支持，再由部门负责人和项目经理按照要求去执行，这并不是越级管理，而是在做战略落地。

项目质询的基础

项目质询要发挥作用，必须要求项目管控组成员长期跟进项目，对项目背景，项目经理的执行思路、执行过程等情况了然于胸，并且在质询过程中还能起到思路碰撞和探讨更有效做法的作用。如果项目质询做好了，就有了一个专门的团队形成强大的力量去推动组织战略落地。

项目质询并非随时可开的普通会议，它需要很好的基础，包括年度项目计划表、各部门项目统计表、单个项目立项书、月度项目评估（项目单与任务单）及统计表等。

基础一：OGSM-P 与企业年度项目计划表

围绕战略目标的策略及项目，制定年度项目计划表。这是被公司批准的项目文件，是质询的根本依据，也是避免项目执行过程中出现偏差的重要参照资料，具体参见本书第六章内容。

基础二：各部门项目统计表

这是对各部门项目数据及动态变化情况的统计，除了年初立项总数是既定的，其他类型的项目数据需要动态更新，包括临时增加项目数、取消或暂停项目数、项目延迟数量等，并根据月度统计最终得出各部门年度所有项目的平均分，用于部门项目管理水平优劣分析。如表7-7所示。

表 7-7 项目统计表案例

XXXX 有限公司 2020 年度项目统计表					
部门名称	年初立项总数	临时新增项目数	取消或暂停项目数	项目延迟数量	年度部门项目平均得分
拓展部					
办公室					
人力资源部					
计财部					
质量管理部					
工程部					
市场部					
信息部					
供应链部					
年度项目汇总					

基础三：项目立项书

制作项目立项书是战略落地过程中至关重要的环节，它决定了最终项目成果。立项工作能够保证项目对战略目标的支撑性，通过对其工作范围、开展逻辑、风险、资源、人员分工等进行计划，最后以项目立项计划书的形式来呈现。

立项书是整个项目的工作思路和任务范围，是设定月度项目单和任务单的依据。项目管控组必须根据立项计划书中的工作进度、任务成果要求等进行质询，在整个组织中营造高效的计划与执行氛围，做到"有计划地行动、有计划地调整"。团队成员是否具备承接战略落地的能力，首先应该体现在如何围绕目标来立项并制定具体项目计划上。本书第八章"以项目的方式把事情做漂亮"对相关工具模板与具体方法进行了介绍。

基础四：月度评估（项目经理与任务经理评估）及统计表

项目管控组需要根据各部门提交的月度项目评估数据发现有问题的项目，启动质询工作。另外，对每个部门、每个项目、每个任务的经理进行评估统计，就等于有了人员能力的盘点资料，有利于对人员进行能力评估和针对性培养。

这里涉及了一系列表单。

表单1：任务经理月度评估汇总表

将各个项目在月度中发生的任务的基本信息、任务得分进行统计，可以清晰地看到任务经理在一个年度中参与了哪些项目、负责了哪些任务以及得分情况等，如表7-8所示。

表单2：项目经理月度评估汇总表

在任务单评估的基础上对项目经理的月度项目进行评分，并根据项目周期进行逐月记录，最终得到整个企业中所有担任项目经理人员的表现一览表（见表7-9）。

表 7-8 任务经理月度评估汇总表

项目编号	项目名称	项目经理	任务编号	任务名称	任务经理	月度任务单得分											
						1	2	3	4	5	6	7	8	9	10	11	12

表 7-9 项目经理月度评估汇总表

项目编号	项目名称	项目类别	项目经理	计划起止日期	实际起止日期	是否完成项目总结	月度项目单得分												项目总结得分	项目最终成绩
							1	2	3	4	5	6	7	8	9	10	11	12		

项目经理的月度评估汇总表相比任务经理多了几个内容，包括：

（1）项目的计划起止日期与实际起止日期。

从计划起止日期与实际起止日期的对比可以看出项目经理按期完成项目的能力，这是项目单得分的一项评估内容。在实际运作中经常发现上级只关注项目结果而忽略计划时间，在项目严重延迟的情况下依然给出很高的评分，这很容易通过汇总表检查出来。

（2）是否完成项目总结及各月度项目得分。

项目总结是项目是否完成的评估依据，在战略落地的项目化管理规范中，要求所有的项目经理必须在项目结束后进行项目总结，由其项目汇报对象进行评分，并成为项目最终成绩的一部分。

动态跟进和统计是枯燥的，但坚持下去对企业的战略落地管理、项目人员能力评估、绩效评定等有着巨大的意义。在质询会中，月度项目评估统计是发现问题项目的数据库，如果没有这些表格和数据，质询会议往往陷入责任推诿和无效讨论之中。

项目质询报告

举行项目质询会的目的并不是为了管控和惩罚，而是推进和保障项目按照既定的方向去进行，并对项目团队提供政策、专业和资源上的支持，提升战略落地的质量。对于出现滞后或未完成的问题项目，重点在于查明原因所在，并针对性地提出改善措施，将进度追赶上来，增加项目按期按质完成的概率。

事实证明，当企业有专门力量（战略落地管控委员会或项目管控组）来推动项目并解决问题时，项目的完成率和质量都有大幅度的提升。当然这首先要求管控组成员是站在发现问题并推动解决的角度，而不是作为高高在上的评估者。

质询会议会后务必生成月度质询报告，包括参会人员、未完成项目和任务的责任人、原因分析、下一步改进措施等具体信息，在会后发布给相关领导和接受质询的项目组成员，由项目管控组进行改善行动的督办工作。

案例：某公司业务管理部月度质询报告

月度质询会议纪要（3月）	
部门名称：XX 事业部业务二部	质询日期：2019 年 3 月 30 日
会议主持：XXXX 副部长	
与会人员：XXXX 副总经理；胡浩老师；人力资源部 XXXX；总经办 XXX；业务二部项目组成员	
会议记录：XXX	
【质询结果】 本月启动或正在进行的项目共 13 个（编号分别为 001、003、004、005、006、007、009、013、014、015、019、020、021），按计划完成当月任务的项目共 10 个，未按时、未完成计划任务目标的项目共 3 个（004、007、019）	

(续)

本月结束的项目共 1 个（021），本月申请延期的项目共 2 个（004、019），本月变更的项目共 1 个（019），本月取消的项目共 0 个
【未按项目计划完成当月任务的质询结果】
未按时完成的项目 1：XXX 支持项目
项目编号：2019MD004
- 责任人：XXX
- 原因：临时安排上海、成都项目调研工作，本任务合并在四月份考察撰写调研报告中
- 责任人承诺完成日期：2019 年 4 月 30 日
- 责任人承诺完成结果：在规定时间内撰写调研报告一份

变更项目 2：市场准入备案分项建设
项目编号：2019MD007
- 变更任务名称及编号：2019MD007-02/ 就 XXXX 模式实施调研
- 责任人：XXXX
- 原因：就"XXX 模式实施调研"这个任务应该在"就 XXX 模式对 XXX 市场实施调研"这个任务完成之后开始，建议把该任务调整至"就 XXX 模式实施调研"任务后进行，任务安排在 4 月份完成
- 责任人承诺完成日期：2019 年 4 月 30 日
- 责任人承诺完成结果：与客户举行讨论会，调研对第一版方案的改进需求

质询报告，能够呈现出项目出现偏差的原因，并明确责任人、承诺下一步要达到的改善成果和完成日期，这就是实现了战略目标的过程追溯，把要求落实到个人具体行动上。

质询报告需要项目管控组进行归档管理，并且项目管控组还需要对当月所有的质询情况进行总结，对各种项目情况进行分析，并提请高层关注。

案例：某集团公司重点项目月度质询总结

根据项目化管理工作安排，项目管控小组组织了 8 月份质询会，依据试点单位、部室提交的项目化管理文件，进行本次质询，内容如下。

参加本次月度质询会的单位有总部各部门及数个子公司，包括 XX 中心、XX 公司、XX 公司等重点管控项目所在部门。

其中，总部拓展部、人力资源部等因工作冲突未参加质询会议；湖南子公司XXXX部门工作受工程进度影响比较大，多个项目属于暂停阶段，因此未对其进行质询。本月质询中，XXXX分公司工程部因本月才正式启动项目，刚开始制订项目进度计划，因此从下月才能开始进度质询，本月未列入质询项目统计表。

一、本月项目质询情况

本月进行质询的项目共计73个，结束项目有4个，正在进行且已经完成月度任务的项目有52个，本月获得审批同意暂停的项目有5个，未完成项目共12个。

5个暂停项目分别为：

- 集团管理学院的案例库项目，原因是项目经理外派半个月，外派工作与本项目工作冲突，故暂停；
- 总部市场部的西南区域拓展项目，原因是营销策划方案未确定，项目经理申请暂停；
- 总部的星级门店标准制定项目，原因是公司高层决定调整品牌元素，需重新设计，项目经理申请项目暂停；
- 总部市场部的在线营销项目，原因是该项目前期系统试点不稳定，新的预算和方案的审核结果未定，已暂停较长时间；
- 总部投资发展部的XXXX工程项目，原因是相关规划方案审批单位的负责人变更，当前未完成月度计划。

本月结束项目有4个，分别是：

- 总部市场管理部成都区域招商项目；
- 总部业务部供应商价格管控项目；
- 管理学院储备人才培养项目；

- 审计部二级企业内控项目。

二、本月三类最佳项目

1. 本月最佳执行项目

项目名称：《成都区域招商项目》。

所属部门：总部市场管理部。

项目经理：XXX。

评选理由：运用项目管理工具详细分解、执行项目，项目操作思路清晰；同时进行文件归档创新管理，成果显著；通过多种素材的表现形式进行项目知识管理，在专业经验积累、培养部门新人和部门工作改善等方面起到良好作用，建议作为本月标杆项目进行表扬宣传，并将过程和成果刻成光盘进行展示。

2. 本月最佳规范项目

总部总经理办公室《新办公楼搬迁》项目，项目经理XXXX根据工程装修进度，适时进行了项目详细分解，计划完善、详细。

3. 本月最佳改善项目

总部管理学院《储备人才培养项目》项目，项目经理XXXX充分采纳项目管控小组意见，提高对原定项目的目标及内容要求，对任务进行了合理的增删，并通过与相关部门建立对接联系人、定期沟通等，分析得出关键岗位的课程要求，按照进度完成本月项目计划任务。

三、项目问题及管控组意见

本月重点问题主要表现在以下两个方面。

1. 公司级跨部门、跨子公司的项目缺乏强有力的组织与推动

例如新产品上市项目涉及总部多部门及多个子公司，建议定期建立多方联席会议，有利于整体进度的推动及具体问题的解决。因项目原负责

人离职，目前管控组无法对此项目进行质询，需要尽快确定最终负责人及整体项目计划。

2. 部分项目变更后搁置

部分项目在进行过程中受到项目方向变化的影响而搁置、进展滞后。在质询会议后，应提请公司战略层关注下表所示项目需要决策的要点。但此类项目也暴露了中层管理的缺陷，他们对于发生变化的项目工作，只是等待高层决策，却未能站在专业角度对高层决策提供支撑。项目管控组认为这是中层管理人员亟须提升之处。

序号	部门	项目名称	管控组问题发现	建议
1	研发部	新产品上市项目	多部门间缺乏有效沟通，影响项目进度	建立项目定期联席会议
2	战略投资部	XXXX子公司引进战略投资者	引进战略投资者的标准未定	督促分管领导明确投资方引进标准
3	市场部	西南区域拓展项目	营销策划方案未确定	提请公司召开专项会议决策
4	市场部	星级门店标准制定项目	公司品牌内涵需根据公司战略做调整，影响门店执行标准	提请公司召开专项会议决策
5	市场部	在线营销项目	系统稳定性存在问题，当前试点区域频繁出现系统故障，需要引进新的第三方进行技术支持，但预算和方案一直未审核，已停留较长时间	撰写问题跟踪报告、提请公司召开专项会议决策

XXXX公司项目管控小组
2019年9月8日

从以上月度质询总结案例及质询报告可以看出，战略落地是一件持久的工作，需要通过质询的方式让所有的项目有序进行，每个人都有责任和义务向公司汇报其工作进展。我给企业的建议是，不要让执行偏离，不要让问题隐藏，通过质询工作解决项目的问题就是在帮助战略落地，项目管控组的质询工作意义重大，对于关键项目不要依靠传统的层级传递，要敢于打破层级，极度透明地改善项目问题，从公司层面来匹配资源，推进项目进度，一切工作都是为了战略落地。

第 8 章

以项目的方式把事情做漂亮

在诸多企业的调研中，我们发现团队成员在行动前往往没有进行系统的思考和工作筹划，尤其是对于具备挑战性和创新性的战略目标，需要跨部门跨层级的联动协作，并非每个人埋头工作就能把各自的成果汇总成战略目标。

许多企业虽然拥有一批经验丰富、能力超强的干部和员工，口头上也总说自己在做这个项目或那个项目，但逐渐出现团队工作效率低下、推动流程和资源的内耗增多、部门间推诿增多、工作交代下去后直到完成之日才发现出现了偏差或漏洞而不达标等情况。这实际是缺乏项目化管理的模式，严重影响了战略落地状态，造成这一现象的主要原因有三个方面。

一是上级对目标分配下去后如何实现并不关心，虽然下属提交了工作计划，但对该计划是否完整、是否思路正确，什么时候该介入管控和支撑，并不清楚。虽然企业以结果为导向，但战略落地并不是像跑接力赛那样把接力棒交给下一个人就完成任务了，它需要深度参与，需要对工作如何开展取得共识。

二是下属领到目标之后会制订工作计划给上级审核，但制作计划的过程往往缺乏项目式的思考，仅仅根据时间要求和结果要求来进行按部就班式的排期，把工作计划当作应付上级要求的"作业"。我在许多企业进行过关于计划的调研，95%以上的管理者表示自己经常要做计划，但非常不喜欢计划。可想而知他们的下属更不喜欢做计划了，究其原因就是所谓的"计划不如变化快"，下属心里觉得计划是没用的，计划只是给领导看的，还不如花时间去做实际工作。其实这恰恰是团队缺乏项目管理方法和工具的表现，把计划理解为罗列工作当然就无法对工作产生积极的意义。

三是人们对于工作的设计总是局限在既有的职能和专业维度上，对整个项目推进过程中可能遇到的各种资源需求、外部协调等缺乏考量，导致组织中存在"你的项目""我的项目"的认知，缺乏主动协作的意识，虽然以项目的形式在工作，但实际做法还是传统职能管理模式。

其实，是否真的用项目化管理的方式来做工作并不重要，很多优秀的企业并没有全员学习项目管理，但他们的工作方法与项目管理模式不谋而合，最重要的是我们应该学会思考如何去实现目标。项目化管理就是最具系统性且能用于各种专业和职能的开放式体系，任何一个工作都可以用项目的思维来开展，从而增加成功的概率。

战略落地需要有效执行和管控，其核心指导思想和工作方法就是项目管理，把它搬到企业的各职能工作实践中来，就是项目化的过程。在企业战略落地过程中，如何培养出一批能高效地开展项目的项目经理至关重要，他们不仅能够把工作安排得更加完善，并有条不紊地推进项目，也关注工作的协同，懂得利用各种资源来帮自己做成事。

重新定义项目管理

很多企业领导者总是不愿意面对现实，却幻想着只要安排好人和事，只要下属们拥有足够的经验和专业技能，各自执行后就能够得到最终的成果，就能实现战略目标，这当然是难以实现的理想化状态。传统的目标下达式管理会导致员工只关注自己能做的事情，忽略战略落地过程中的各种不确定性，在项目推进过程中陷入各种分歧，即使每个人都在努力做着专业的事，但并没有产生合力，影响最终目标的达成。

现在很多领导者仍然对项目管理存在误解，员工更是听到"项目管理"就头疼，这是认知的误区。

- 误区1：项目管理是框架；
- 误区2：项目管理等于要求烦琐；
- 误区3：项目管理等于一堆表格和报告。

有些企业并没有开展正确的项目管理培训就直接设立各种项目，其实质还是目标的简单分解和烦琐的计划报表要求，并没有帮助员工们把事情做得更漂亮，员工们总是在被动心理下接受项目和相应的管理。他们这样说："这是公司强行要求我们用的方法，是工作外的麻烦，是耗费精力的东西。"

对此，第一个需要注意的就是，要把项目和项目管理分开，有设立项目的动作，并非就是在进行项目化的管理。

PMP（project management professional）对于项目管理的定义是在项目活动中运用知识、技能、工具和技术，以满足和超过项目干系人对项目的需求和期望。从定义中可以看到，项目管理不仅仅是做事的方法，也是对人的管理，是帮助团队致力于如何实现目标的工作模式。没有项目管理的企业组织里，经常呈现出五个方面的特征：

- 项目总是拖延，或不能达到要求；
- 工作衔接缺乏过程和结果的定义标准；
- 管理都是被动的，出现了问题才行动；
- 工作所需的资源、时间都不在计划中，需要时再争取；
- 项目似乎都能完成，只是压力大，加班多。

伪项目化管理

有一家制药企业，每年年初都会确定公司级的重要项目，并通过各种项目会议进行管理和推进。但是不管怎么开会和下达要求，将近90%的项目出现延期，导致整个企业效率低下，错失了不少市场机会。

几年下来，企业的运作效率和工作环境变得更差，当高层组织数个部门谈问题时，谁都有自己的理由，最终总是不了了之。即使不断加压考核，效果仍然不好，员工们觉得自己已经很努力了，项目无法完成不是自己的原因，还要被扣罚绩效很不公平，士气很低落。

企业高层决心通过提升中层人员的能力来解决项目问题，于是邀请我担任企业顾问。第一次进入这家企业时，我就针对重要项目负责人进行了数场深度访谈，很快掌握了问题的原因。

与研发总监的对话特别具有典型意义，这是一位非常务实、勤勤恳恳在公司工作了12年的老员工，他主动提到了项目的问题。

研发总监：胡老师，我们现在项目的拖延现象非常严重，比如我负责的新产品开发，原计划是6个月内就要推出新药上市，现在最短都要一年,甚至一年半,所以现在仍然靠老产品在市场上盈利,利润逐年下滑,新的产品又上不去,我的压力很大。

我:您认为项目严重拖延的原因在哪里,请详细描述一下。

研发总监:是这样的,我们有完善的新药开发流程,从研发、采购、试制、评估到生产、上市等,我作为新药项目负责人,严格按照半年的周期来进行各个环节时间节点的设定。我们研发部门按时完成了产品配方,但有一些原料不在采购部门已有的供应商库里,他们的洽谈和采购周期很长,这里就会延误一两个月,到了试制环节又有工艺要临时调整之类的问题……如果有好几个环节都耽误一两个月,整体项目就延迟半年甚至一年之久了。

我:既然问题在于各个环节的时间没有按计划的要求,那有没有人负责协调或者督促?采购部门为什么要等到你们提交原料需求的时候才去寻找新的供应商,为什么不能提前储备?其他环节能不能压缩,如果能的话,谁来推动呢?您是项目经理,整体进展应该是您来负责的。

研发总监:的确,公司领导定我来做项目经理,但我只能管研发,我们公司分为四大体系,分别是产品、生产、行政、市场,我们属于产品体系,采购属于行政体系,营销之类的属于市场体系,大家不是一个体系的,我们只能管好自己的事,别的体系的工作我们不好介入,只能在会议上提一提时间点要求。

听到这里我十分震惊,在一个并不算庞大的企业里,员工居然把职能划分的体系当作开展工作的壁垒,就好像彼此在不同的阵营中。这根本不是项目管理,只是把一个大的事情叫作项目,然后机械地按照流程去交付,部门壁垒被高高筑起,没有人真正地为整个项目负责和推动项目。

项目经理并不知道自己需要为项目的成功承担什么样的责任，研发总监只是在做研发任务，并没有去管新产品开发这个项目，甚至没有组织相关部门人员定期召开项目会议。对于采购人员来说，他们只是照常在接到物料需求后开展工作，这是他们的常规工作之一，也可能被别的采购项目耽误，他们没有人重视这个项目的目标，更没有意识到项目对公司整体的战略目标有何贡献。

问题找到了，这是诸多企业的通病：的确都在做项目，却不是项目式管理。

在进行项目化管理培训后，我们重新组建了项目团队，各部门的参与者聚在一起共同制定工作任务和开展流程，确定信息沟通机制，在研发过程中采购部门就开始主动搜集可能需要的新原料供应商信息并进行联系；工艺部门提前做好技术储备和设备调试……

我经常形容很多企业的项目管理是在"开碰碰车"，需要的时候才碰一下，一触即分，各自管好自己的一亩三分地，等出现问题再协调，实在不行就找更高层级的人员来解决。很多项目因此产生延误和偏差，战略目标又如何能落地呢？这是伪项目管理，如图 8-1 所示，只有在一个环节工作结束的时候，才将相应的成果和信息交付到下一个环节，下一个环节从这个时点开始才接受信息，如同一个点一个点地串行，各个环节的参与者仍然是孤立的，由于缺乏信息的共识和整体性推动，反馈与问题处理也变得杂乱无序。

以项目化管理的方式来进行战略落地，不仅要把工作任务和开展逻辑设定好，更需要成员之间相互合作，像双手交叉一样参与工作，主动了解整个项目进展及上游、下游部门的相关信息，从而提前做好准备，减少衔接时长，如图 8-2 所示。

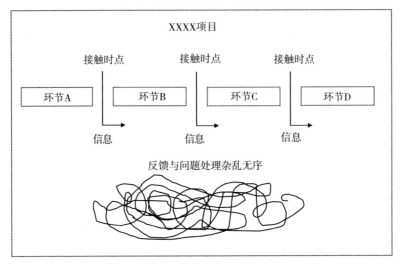

图 8-1　伪项目管理

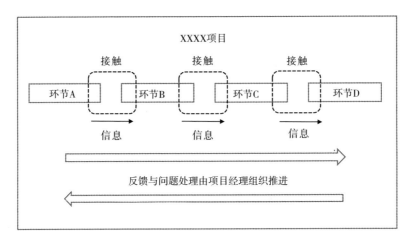

图 8-2　参与性的项目管理

企业是否能通过高效团队协作实现战略目标落地，很大程度上取决于项目经理是否敢于突破部门和层级的壁垒，在没有行政权力的情况下，能否带领项目成员积极围绕项目目标工作。

在新药开发的案例中，项目经理必须为采购人员在这个项目中的效率负责，就应该去解决延迟问题，不要把其他部门当作别的体系，不要把项目推进变得跟工作交接一样，不到交接的那一刻几乎不知道对方会给到什么样的结果。正确的项目化管理，是项目经理为整个项目的成果负责，要去控制整个节奏，包括安排什么阶段需要谁参与，项目组如何共享信息，哪些工作可以并行，这些问题非常考验项目经理的能力，但恰恰是需要从项目启动时就开始准备和设计的。

项目化管理中需要重点关注的四项工作

项目所需资源的复杂性、人员组成、过程变化等决定了项目化管理的必要性，以及在项目管理中需要重点关注四项工作。

工作范围管理与开展逻辑

这是项目计划的核心内容，必须明确什么工作在项目范围内，什么工作又不在范围之中，项目经理及成员的精力才能聚焦，并且根据实际情况来设计这些工作内容该如何开展。当考虑工作之间的开展关系时，就自然会对资源、时间等有实际的考量。

人事调度与安排

项目组成员以及项目推进过程中的人员关系，都需要在计划中设置，尤其是工作冲突时人员的安排。还有工作负荷量的评估等，都是要重点关注的。

资源预算管理

任何一个成功的项目都必须对资源进行合理的规划，并在项目过程中不断争取所需的各种资源，否则计划再完美，没有匹配的资源也无效。

责权分配与平衡

项目化管理必须要有明确的责权分配，并由项目经理根据实际情况进行平衡。项目中的责权体现在成员参与的角色上，往往同一个任务的完成需要设置多种角色，绝不仅仅是"某人负责"这样一个分配行为。

当然并不是只有以上四项工作，还有许多工作同样不可忽略，例如工作量的管理、沟通管理、风险管理等，但这四项工作是项目化管理的基础，也是核心，在项目立项计划中要充分体现出来，并在执行过程中持续关注和调整。

项目化管理并不复杂

很多企业领导者宁愿继续用低效的层级管理方式，即使会耽误战略目标的实现，也不敢采用项目化管理的模式，主要有几个方面的障碍：

- 没有规划的习惯；
- 公司重视"执行"文化，而愿意投入"管理"；
- 想用项目化管理的方式来开展工作，却不知如何做；
- 认为项目化管理一定有很多烦琐要求；
- 怕因项目授权而失去控制；
- 担心建立项目化管理体系的成本太高。

其实项目化管理并没有多么复杂，它是帮助我们把工作筹划得更好、使执行成果更有保障的一套体系。对于企业战略落地来讲，将项目计划和项目协同两个方面抓好，就很大程度上保障了执行效果。

项目计划是项目管理中最为重要的部分之一，它体现了项目负责人的执行策略，是执行和管控的核心依据。多数人在接受项目工作时不愿意也不习惯投入精力去思考如何开展，就匆忙开始执行，然后按照固有经验列出一堆计划当成"作业"提交给上级，但是在执行过程中不断出现各种问题。

在一次沟通中，深圳某 IT 公司的总经理提到现在招人太难，虽然一年到头都在招聘，但不要说入职的人了，连来面试的人都没有多少。实际上这家企业的规模和发展势头都不错，薪酬也有竞争力，办公环境也很好，为什么招不到人呢？

他们并不缺乏普通人员，而是急缺优秀的互联网产品经理和研发测试经理，岗位要求很高且一直缺编。人力部门每月都在招募，买简历、找猎头，仍然没有合适的人选，于是总经理下了死命令要人力经理保证三个月内能有人到岗。

我们请人力经理来讨论，她虽然口头上说一定完成要求，但看起来是愁眉不展，明显没有信心。于是我请她介绍准备如何招聘到人的思路，把这个事情当作一个项目来看看有什么问题。

人力经理很专业，她很清晰地讲述了她的招聘计划（见表 8-1）。

看起来这些步骤都是对的，过去也是这样做的，但为什么无法得到想要的结果呢？其实，她讲的内容不能叫项目计划，只是基本工作流程，真正应该去思考的是该进行哪些努力才能将流程一步步推动到最终的结果上来，例如发布招聘信息后怎么能保证一周内获得 30 份基本条件合格的简历？为此该做些什么工作？这才是项目计划应该有的内容。

表 8-1　招聘计划

1	确认用人部门需求和编制，拟定用人待遇、职级等
2	编写招聘通知并在各大招聘网站发布
3	联系合作的猎头公司，征集简历
4	收集简历，筛选有面试资格的人员
5	电话和邮件通知面试
6	与用人部门一起组织面试和笔试
7	根据成绩通知入职
8	人员到岗手续与培训

我们开始重新讨论项目，聚焦在一些关键点上，例如：

- 什么人应该参与招聘项目，是否仅仅是人力部门即可？
- 候选人信息可以从哪些方面去获得，是否通过招聘网站和猎头两种渠道即可？
- 通知面试的效率如何，为什么沟通时对方不愿意来？

在这样的讨论下，无论是总经理还是人力经理都开始意识到先前所犯的错误，他们过去的工作是一边着急，一边还用固有的思维和无效的方法，没有人真正为结果负责。

积极地讨论后，人力经理开始设置真正对项目进展有成效的任务，例如：

- 召开内部人员引荐活动并设定相应激励（产品部和研发部的同事拥有专业社交圈，他们引荐人才最为直接有效）；
- 招聘人员话术准备和训练、考核（过去电话沟通时，招聘人员对公司的介绍不吸引人，甚至产生负面效果，需要尽快提升）；

- 面试通知的人性化呈现（过去存在面试人员不熟悉交通和楼宇而迟到的情况，包括通知的语句描述方式，需要更人性化，例如直观图形、温馨提示等）；

诸如此类的任务开始设置之后，人力经理发现自己以前的项目都做错了，时间花了一大把，却没有能推动结果的。她终于明白原来制订项目计划是要一步步推动结果实现的。找到感觉的人力经理甚至还给总经理发出了一个任务："获取行业主流企业的产品负责人、研发测试负责人信息"，因为高层更容易获得这类信息，总经理愉悦地接受了。

人力经理也给自己设置了一个未来的任务，那就是要走出办公室，多参加行业、专业会议和活动，给自己的朋友圈增加至少20名技术人才。是的，仅仅靠搜集简历是无法获得优秀人才的，必须走出去，融入行业，才能真正做好人力项目。

这就是前后两种工作思路的真实对比，很显然，采取项目化管理后的思路才能帮助战略落地。

而在缺乏"成事"文化的企业里，人们在担任项目负责人时，不管有没有做过类似的项目，潜意识里总是认为自己是能够控制这些项目或者工作任务的，就着手开始各种工作了，看起来是在立刻执行，但实际上没有思考是否存在困难（包括能力和资源的匹配、相关人员的阻力等），不愿意投入精力去将潜在的问题一个一个捋出来形成可以真正指导执行的计划。

造成这种情况的原因很简单，一方面是不够职业化，以执行力来掩盖嫌麻烦的思想；另一方面，无法在计划上说清楚写明白，喊着"执行第一"的口号便去开展工作，这就是缺乏策略性思考、缺乏专业能力且没有信心的表现，也没有一定要把项目做成的决心。这两方面就是绝大多数企业中的工作计划无效的主要原因，从而导致战略落地效果不好。

我认为真正的战略落地并不是僵化的，而应该发挥每一个成员的积极思考能力。每个项目计划都应该体现项目经理自己"独特"的想法，同样的项目在不同的人负责下应该是截然不同的，不能简单地把工作流程照搬上来，而应该体现出他是如何来操作这个项目的。

项目计划有效的两大基石

我在帮助企业审核项目时见到了一些有趣的现象：

- 但凡是定义为年度项目的，其结束时间一定是12月31日，所有的成果确认难道都在这一天？其实是因为人们不知道实际能多久完成，就按最长的期限来设定了；
- 具体任务的起止时间设定不考虑实际情况，盲目排列，有的在国庆节，有的在周末，可在这些时间里他们并不上班；
- 计划中的任务只在本部门职能和专业范围内，需要其他部门配合的工作，甚至是对项目进展很重要的工作，只要不是自己负责的，都不在这份计划中。

这些都是由于缺乏项目化思维和方法而产生的现象，用项目化方式做计划的最大特点就是强调工作的系统性和实施的逻辑性，这也是计划能够有效执行的两大基石，前者是指工作设置要完整，不要有缺漏，能足够支撑目标，后者是指要清楚地呈现工作是如何开始的，在什么样的路径下去推进的。

基石一：用范围管理保障计划的系统性

在接到一项任务后，人们习惯于按照时间顺序思考先做什么、再做什么，即使列出了每个任务的时间，也往往是理想化的串行排列，因为长久以来上级的要求总是聚焦在结束期限上，所以只要在这个期限之内完成即可。

可是对于复杂且任务繁多的工作项目，人们不可能一开始就能准确设定什么工作该先做，什么该后做，什么该同时做？串行思维模式导致项目计划可行性非常低。

战略落地要的是结果而不是漂亮的时间安排，因此项目化管理要求在明确项目目标后，不要着急排列什么先做什么后做，而是要把围绕目标的工作范围确定好，先保证完整性，如果连做什么都出现漏洞或偏差，设定时间顺序有什么意义呢？

我们借用项目管理中工作分解结构（work breakdown structure，WBS）的方法来进行范围管理。它对项目构成的成分进行了分类，组织和定义了整个项目的范围，范围陈述被用来定义哪些工作是包括在该项目内，而哪些工作又是在该项目之外。更为关键的是，通过工作分解结构可以构建项目的层次性，它体现了项目和任务的包含与生成关系，如果把项目当作一个系统，层次性会让它变得更加稳定。

项目工作分解是构建项目层次性的至关重要的技巧，一般有四种分解方式。

按交付成果分解

这种分解方式围绕如何完成目标来思考需要交付哪些成果，适合于软件、技术咨询、专项活动、工程等项目的第一层分解，如图 8-3 所示。

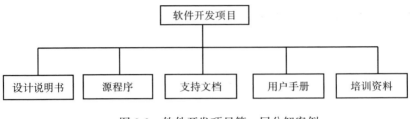

图 8-3　软件开发项目第一层分解案例

也就是说，只要这个项目交付了设计说明书、源程序等五项工作成果，项目就能完整结束。在界定好所要交付的成果的基础上，再逐步往下分解该如何实现这些子成果，分解出一项项具体的任务。

按职能分解

按职能分解项目的方式特别适合于公司级项目、跨部门项目的第一层分解，从完成项目所需要的职能开始分配任务会更清晰明了，如图 8-4 所示。

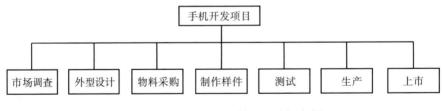

图 8-4　手机开发项目第一层分解案例

案例中项目的完成涉及七个职能，分别归属于不同的职能部门，再依据各职能要实现的成果，逐层依次分解下去。

按产品结构分解

这种分解模式适用于产品开发型项目的第一层分解，例如轿车开发项目，即使企业已有成熟的生产流程，但在开发新款产品时，需要暂时离开流程的束缚，从产品结构的角度把每一个构成列出来，再去设计每个部分怎么做比较好，怎么与其他部分衔接会有助于创新，如图 8-5 所示。

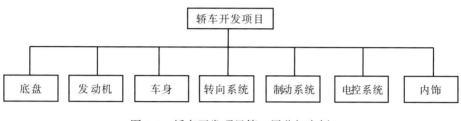

图 8-5　轿车开发项目第一层分解案例

按项目活动顺序分解

按照项目活动顺序来分解第一层的方式，往往适用于中小型项目，可以清晰地设定出各个阶段的工作内容，如图 8-6 所示。

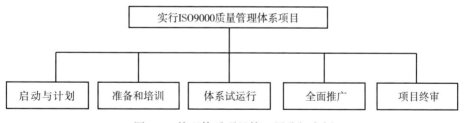

图 8-6　管理体系项目第一层分解案例

在对项目进行分解时，上面四种分解方法可以灵活交叉使用，但每一个层次只能用一种分解模式，不能在同一层次里按照多种模式分解，具体采取哪一种模式，需要项目经理依据实践中自己最为熟悉和擅长的方式来选择。

项目计划分解的第一层叫作逻辑分解，一般而言还不能分解得到可以执行的任务，需要继续分解，按经验来看往往要分解到第三层才能成为可执行的任务。这方面的技巧在 PMP 项目管理体系中有详细的说明，在战略落地中引入项目式的计划方式，就是为了通过加强完整性和逻辑性来提升工作的可执行性。

具体而言，项目包含的任务需要分解到多细的程度呢？Avraham-Shtub、Jonathan-F. Bard、Shlomo-Globerson 在合著的项目管理著作《项目管理：过程、方法与效益》中提出一系列用来判断 WBS 分解程度的标准。

- 是否需要改善 WBS 任务包的成本估算和时间进度估算的精确度？
- WBS 任务包的负责人是否超过一人？
- WBS 的任务包是否包含了多个交付成果或实施过程？
- 是否需要更精确地了解 WBS 内的工作过程的时间进度？
- WBS 中的一些任务包是否存在一些需要特别注意的风险？
- WBS 任务包中的某一部分是否可作为单独的单元来做时间进度计划？
- 项目经理、项目团队以及其他利害关系者包括客户对 WBS 的任务包有清晰和完全的理解吗？
- 是否有利害关系者对 WBS 某一任务包的现状和业绩有兴趣？ ⊖

如果对一个大项目进行分解，会不会很麻烦呢？幸运的是，现在有呈现更为直观的工具来帮助企业进行工作分解，那就是思维导图，它可以帮助我们快速将项目进行逐层分解，并且在分解过程中不断激发思考，让

⊖ Avraham Shtub, Jonathan F. Bard, Shlomo Globerson. Project Management: Processes, Methodologies, and Economics [M]. 2nd ed. Upper Saddle River: Prentice Hall, 2005.

项目内容不断变得系统和完善。企业在围绕战略目标制定出年度项目列表后，应该匹配给每个项目一份工作分解思维导图，让所有人都能清晰且完整地看到项目内容和分解逻辑。

如图8-7所示，该思维导图呈现的是某软件项目公司的新产品Package设计项目中一个模块的任务分解。

从思维导图绘制的WBS可以看到，项目层次性非常清晰，这也是与非项目方式工作的重点区别，《系统之美》中的一个故事可以帮我们明白WBS帮助项目构建层次、划分任务子系统的意义。

项目故事：有两个钟表匠，一个叫Hora，一个叫Tempus，他们都能制造精致的钟表，也各自有很多顾客，他们店里面每天的顾客总是络绎不绝，电话也响个不停，新订单源源不断。然而多年以后，Hora变得很富有，Tempus却越来越穷。这主要是因为Hora发现了层次性原则。

他们制造的手表都由上百个零件组成，Tempus依次组装这些零件，但是在组装过程中，如果他受到别的干扰，例如接电话或者招待上门的顾客，正在做的半成品就会散成一堆零件，等他忙完回来只能从头组装，因此很难找出一整段不被打扰的时间，工作效率非常低。

Hora则是先把十几个零件组装成一个稳定的部件，然后再把这些部件组成更大的一个集合，一只手表就做成了。即使Hora也一样受到很多干扰，如不得不接听电话，但这只会影响到他很少一部分工作，他就能比Tempus更有效率地工作。[一]

这个故事就是说明WBS价值的典型例子，通过将项目分解为一个个

[一] 梅多斯. 系统之美：决策者的系统思考[M]. 邱昭良，译. 杭州：浙江人民出版社，2012.

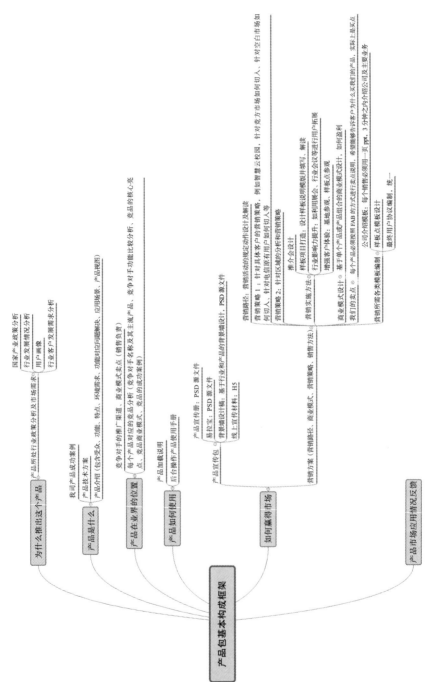

图 8-7 IT 产品包任务分解案例

独立的任务包，清晰地看出每个层次里任务的归属关系，而不需要忙于一堆零散的工作，这就是非项目化零散做事和项目化做事的区别。

在做出 WBS 后，需要按照 Shlomo-Globerson 等专家提出的项目分解标准进行检查，将那些不再细分的最底层的任务汇总在一起，就是项目的执行任务列表。

早在 2005 年辅导企业战略落地时，我就把麦肯锡的 MECE（相互独立、完全穷尽）原则借鉴到项目化管理中来，这是校验项目分解好坏的最佳方法。在项目的每一层分解里面，各项工作之间要避免混淆和重叠，并且汇总起来是上一个层级的所有内容。不断地进行 MECE 检查，可以让项目计划变得清晰、完整。

基石二：用逻辑来设定路径是项目实施的灵魂

在确定项目基本范围之后，就进入了工作开展的层面，在这里逻辑最重要。

用项目化方式来进行战略落地，有个非常重要的要求就是杜绝按部就班地执行，即使是那些过去做过很多次的工作，也要重新审视并主动思考如何能做得更好。我在辅导企业成员进行项目设计时，要求他们把最终结果放在远处，不要认为只要启动就必然能达到结果，注意这很重要，这恰恰是激发新的想法最重要的一点。每个人在操作一个项目时，其实是在面对一个暗箱，如图 8-8 所示。

项目不会因为已经明确了最终结果就告诉我们该如何行动，这必须由项目经理与成员们共同去进行任务的排列组合和路径搭建，用属于自己的方式把项目从启动推动到最终阶段。

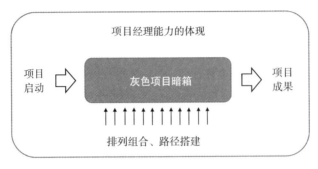

图 8-8　把项目看作灰色暗箱

这个世界上的系统从某种角度可以分为三种，分别是白色系统、黑色系统和灰色系统。白色系统是一切事物都清楚明了的系统，黑色系统是完全未知的，灰色系统则介于两者之间。

如果把项目看作白色系统，就会按照固有做法和经验来操作，无法产生新的想法；如果把项目看作黑色系统，就会不知道该如何着手，处于未知的状态；而我将项目过程定义为灰色系统，就是要人们意识到项目中除了确定的事物和信息外，还有需要探索的未知内容，需要不断尝试并选择最佳路径，这就是把项目看作灰色项目暗箱的原因。

带着好奇心和必达目标的决心去操作项目，用探索的态度去思考项目，并通过路径搭建将灰色暗箱逐渐变白，直到完全明确，这是企业战略落地最需要的工作状态，更是项目经理的能力体现。

项目管理体系中的进度计划与关键路径法为我们提供了绝佳的路径搭建方法。项目进度安排定义了所有任务的逻辑关系，即从项目开始直至结束，所有的任务必须是其他任务的前置或后续任务。一旦确定了所有任务的合理逻辑顺序，就可以开始绘制网络图（network diagram），它是以图表的形式显示出项目中任务的发生顺序以及他们之间的逻辑关系⊖，如图 8-9 所示。

⊖　宾图. 项目管理 [M]. 北京：机械工业出版社，2007.

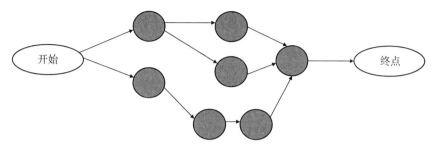

图 8-9　项目网络图

目前绝大多数企业在进行项目管理时都忽略了网络图，而这恰恰是最为直观的项目进度思路呈现。即使项目过程中人员更换，也可以轻易掌握工作之间的关系，并且在界定每个任务的时间后，可以识别出关键路径，将关键任务与其他非关键任务区分开来。

关键路径（critical path）是网络图中最长的路径，可以显示出那些必须按时完成、不能有任何延迟的任务，从而保证整个项目按时完成。同时也识别出那些在非关键路径上具有一定弹性空间的任务。⊖

通过项目网络图和关键路径分析，设定关键任务完成时所代表的项目进度，就可以时刻直观地查明项目进度，从而汇总、反馈战略目标的实际进度。

项目管理体系中有许多关于网络图绘制的技术，我在普及以项目化管理的方式进行战略落地时，为了更简单和易理解，侧重于阐述任务开展逻辑的制作与审视。

工作之间的逻辑可以分为两大类，一类叫作演绎关系，一类叫作归纳关系。演绎意味着利用通用的道理来做出一个具体的推断⊜，用到项目上意味着一个任务结束后才能开始下一个任务，如同电路中的串联关系；而

⊖ 宾图.项目管理 [M].北京：机械工业出版社，2007.
⊜ 阿代尔.正确决策 [M].燕清联合，译.海口：海南出版社，2008.

归纳则刚好相反，是在考虑了大量实例后形成一种普遍性概括[一]，在项目中是指数个任务并没有直接的相互关系，但都完成之后会开启另一个任务，如同电路中的并联关系。

用一个简单形象的案例来解释演绎与归纳这两种逻辑：

演绎逻辑：天下乌鸦一般黑，那是一只乌鸦，因此它一定是黑的。

归纳逻辑：一只乌鸦是黑的，两只乌鸦是黑的，很多只乌鸦都是黑的，因此天下乌鸦一般黑。

两种逻辑关系的具体呈现如图8-10所示。

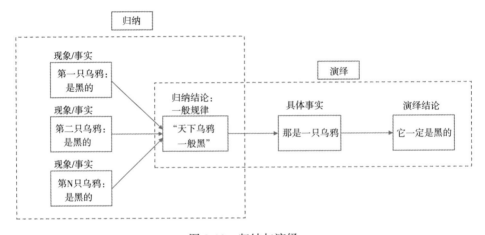

图 8-10　归纳与演绎

项目实施路径就是将任务按照演绎关系和归纳关系进行组合，将项目范围内的任务联系起来，形成一条条路径去推进，最终实现项目目标的过程，这是参与战略落地的团队成员必须掌握的一种能力。

尤其需要注意的是，项目团队的构建和运作显然是一种力的倍增器，一个团队的生产率大于个体生产率的简单相加。成功的项目管理过程中，

[一] 阿代尔. 正确决策 [M]. 燕清联合, 译. 海口：海南出版社, 2008.

成员会为他们所做的事而高兴，特别是他们探讨如何一起做[一]，有效的工作分解和执行逻辑能够加强这一点。

做出属于你的项目立项计划

在掌握了项目工作范围的系统性要求以及工作开展的逻辑之后，就可以着手形成项目立项计划，在这里我要着重强调的是：务必做出属于你的项目立项计划。企业要实现战略落地，特别需要那些能做出属于自己的计划的人，他们会竭尽所能去探索项目的灰色暗箱，让计划带有自己的特点和想法，推动目标不断提升。

如果没有对项目成果必须实现的追求，没有对工作的热爱，没有通过项目化工作发现对公司战略贡献的价值，即使在计划中堆砌满满的专业和经验，即使表格非常美观，项目立项计划也会缺乏灵魂。

一份好的项目计划对战略落地的贡献在于：一方面能感受到行动对目标的把控性，另一方面还能体会到项目设立的意义和价值。

立项计划体现了项目经理的思路和分工，对每一个任务都有具体的说明，包括任务名称、任务目标、关键活动、负责人、所需资源等。立项计划包含三个模块的主要内容，结合以下案例进行理解。

某企业《客服网络拓展项目》立项书

模块一：项目目标与交付成果

项目立项计划首先要呈现目标与成果，这是对工作范围设定的指导依据。

[一] 艾斯纳. 管理复杂系统：从框框外思考 [M]. 胡保生，译. 西安：西安交通大学出版社，2007.

项目目标：新增4个区域分公司客服中心。

项目完成交付成果：

- 新建客服中心4个；
- 按相关《指引》进行建设，并验收通过；
- 启用客服操作系统并实现联网营运。

模块二：项目任务分解

本模块对项目范围管理中列出的任务进行描述，并指定任务经理和完成日期，由项目经理来确定每个任务的目标和评估方式，并向任务经理告知任务进行过程中不可忽略的关键活动。项目示例如表8-2所示。

表8-2 《客服网络拓展项目》项目任务分解节选

任务编号	任务名称	任务目标评估	任务中的关键活动	项目资源需求		
				负责人	起止日期	资源需求
2019YS001-01	新建市场调研	1.完成新建市场整体在建情况调研，提交报告审核通过 2.完成客服中心建设条件及需求调研，提交报告审核通过	1.制定新市场调研需求及表格 2.完成新建市场整体在建情况调研 3.完成客服中心建设条件及需求调研	XX	3月15日～3月31日	略
2019YS001-02	XX市场客服中心建设现场指导	完成现场指导，确定下一步建设意见	1.交付《XXXX集团客服中心建设指引》 2.依照《指引》提出具体建设意见	XX	4月1日～4月15日	略

（续）

任务编号	任务名称	任务目标评估	任务中的关键活动	项目资源需求		
				负责人	起止日期	资源需求
2019YS001-03	XX客服筹备	完成筹备工作评估	1.设立客服中心建设领导小组 2.完成客服中心组织架构设置及相应人员配置 3.完成服务流程建设	XX	4月16日～4月30日	略
2019YS001-04	XX客服硬件建设	完成硬件建设	1.完成客服大厅选址及硬件建设 2.完成客服大厅VI建设	XX	5月1日～5月31日	略
2019YS001-05	XX400系统建设	完成400系统建设试运行验收	1.400设备安装与调试 2.操作培训及考核	XX	6月1日～6月10日	略

每个任务都有明确的编号，便于归档和查询，也有明确的目标评估及关键活动，每一行信息就是对一个任务的清晰界定，代表了项目经理的要求，任务负责人据此开展工作。项目任务分解表是在项目化管控中月度项目单和任务单的填写依据。

模块三：项目网络图

此部分将模块二的内容进行了逻辑搭建，确定了关键路径，对于各项任务该如何开展一目了然。这部分内容是项目经理在制定立项计划书是最容易忽略的，尤其是把计划当作"作业"的项目经理更是不愿意做这项工作，其实他们知道，如果画出网络图，工作开展是否合理一眼就能看出来。如图8-11所示。

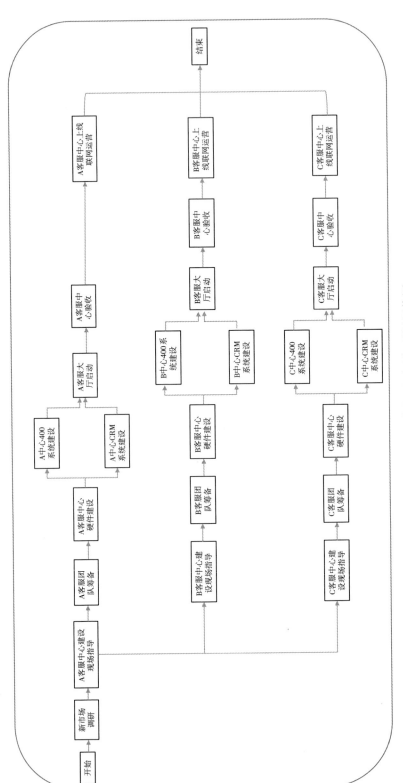

图 8-11 《客服网络拓展项目》项目网络图

虽然图 8-11 并不是最标准的网络图，但可以清晰地看到工作与工作之间的演绎与归纳关系，这是立项时上下级讨论的重点内容，讨论确定的网络图代表了上下级已达成共识的工作思路，这比项目任务分解图更直观，逻辑关系清晰可见。即使上级在某些任务上的专业度不如下属，但这并不妨碍他们审核逻辑。

记住，与下属探讨项目计划和执行时，不要先去看长长的任务分解表，而是先看项目网络图，对此提出疑问并讨论如何优化，如为什么某项工作要前置，为什么某几项工作要并行，等等。这就是在做项目执行的推演，是最有价值的计划审视工作。

与企业成员一起讨论并绘制网络图，无论是在战略层面，还是在项目执行层面，都是我在担任企业管理顾问时的重要工作方法，通过它不断推进工作的优化，考虑可能的冲突，让团队在实施内容与开展逻辑上达成一致。

如何实现项目化协同

仅仅有完善的计划和富有逻辑的行动路径，还不足以让项目成功执行。随着企业规模的不断扩大，战略落地所需的项目几乎都要跨部门跨层级。项目经理往往没有行政权力，如何进行良好的协同工作，成为决定项目执行质量的重要问题，这也是诸多企业战略落地中的难点。

在多年的企业管理实践中，我发现多数企业的核心问题之一就是协同。由于目标责任的压力及组织板结等现象，从上到下都变得越来越"保护自己"。但战略要能够落地，一定不仅仅是纵向线条的打通，还必须要各个层面的人员主动地横向联结。因此，承担执行重任的中层管理人员以及项目经理们，应该掌握"一个观念、两种方法"，分别是跨界观念、干系人管理和责任矩阵设置，让所有人都参与进来，推动战略目标的实现。

突破自我认知，启动"跨界"的工作观念

成功的组织并非个体的简单组合，而是一个彼此间融合与协作的整体。这需要组织成员们张开双臂去"跨界"，不仅要做好自己的专业工作，还要为了目标而主动协作。因为企业推行战略目标过程中所遇到的问题往往不是仅靠专业能力就能解决的，而是需要成员间的协作和横向推动。

缺乏"跨界"思维的组织，总会呈现出责任归属意识缺失和紧急事件增多等现象，这会严重影响战略落地的效率和效果。如果每个人都只管自己的一亩三分地，没有整体推进力，执行过程中就必然存在责任真空地带，如同珠子没有用一根线穿起来，一旦滚动起来就四处散开，这正是很多企业导入项目化管理却无法实现战略落地效果的核心原因之一。

在一个云平台开发公司里，前后端人员坐在一起讨论如何改善客户满意度下降的情况，最终一致聚焦到"产品对客户需求的满足度不够"这个原因。致力于客户需求的满足是公司的战略目标之一，如何改善对客户需求的满足度却让大家犯难。前端销售人员说，我们已经做到及时反馈需求了，但产品能力跟不上；产品开发人员说，需求给得不明确，前端要的时间又特别紧，我们也没办法……

讨论进入了一个死循环，领导只能要求前端销售人员尽量安抚客户，同时要求产品开发部门尽快完成产品修改。产品开发人员在抱怨中开始不断地"补锅式迭代"工作，但结果是客户总是不满意，被动迭代工作总也做不完。

以上现象背后的事实是，销售人员总是没法给出明确的客户需求，因为他们不愿意与客户确定需求，认为这对于客户来说是麻烦事，他们更愿意承诺客户一切皆可满足，拿下订单最重要，接下来让产品尽快开发，然后不停地迭代……

这样的情况很常见：销售人员觉得签完订单后的工作就与己无关；产品人员则觉得销售给什么需求就怎么开发，客户情况不应该由后端人员去了解。最终整个公司的人力物力都耗在了不断的被动迭代工作中，单个项目成本越来越高，新签项目不断延迟交付，客户满意度持续下降，销售业绩随之下降，最终进入了螺旋下降的死循环。团队里所有人都一直喊着客户满意至上，却没有人真正地为客户负责。

如果拥有"跨界"思维，销售和产品开发就会有统一的目标，那就是让客户满意。销售人员不会再觉得产品开发与己无关，而是主动去介入开发的关键环节、了解开发进度，尽力去明确客户的模糊需求，尽力去完善疏漏的需求，尽力去引导不合理的需求。产品开发人员也不会让自己的工作变成被动接单的形式，项目启动时可以主动申请与客户进行需求对接，把自己的理解与前端人员融合、整理，这样做下来还会出现责怪前端需求不明确的情况吗？

我所讲的项目化协同中的"跨界思维"，只是一个形象的说法，并非跨越自己的职能，去做别人的事。战略落地需要整合企业资源、实现专业和职能的协同，工作链上的每个人都须为项目结果负责，须主动对自己所负责的任务进行前后衔接，这样才能获得有保障的最终结果。

跨界思维的实质是以结果为导向的工作推进能力，从"做这些就可以了"转变为"还要做什么才能顺利推进项目完成"，这就是企业在进行战略落地时，特别需要团队成员具备的对整体负责的能力。每个人不能局限在"职能范围内"的工作以及自己专业能力范围内的工作中，而应该把整个项目如何顺利"推进"到期望结果的这个过程，作为自己所应该负责的范围。

企业需要具备这样敢于"跨界"来推动战略落地的人才。

干系人管理水平决定了项目成败

项目工作中切忌只做专业的事，而忽略人的因素。如果把企业中的失败项目统计出来分析其原因，就会发现大多数情况下并不是专业能力和资源的问题，而在于干系人管理水平不足。

项目管理专家贝克等人的研究表明，无论项目是成功还是失败，人的行为都有着重要的影响，表8-3反映了在项目过程中干系人始终发挥着重要的影响，包括领导方式、高层领导的支持、团队和个人激励以及客户支持。[一]

表8-3 不同阶段的项目成功与失败因素

阶 段	成功因素	失败因素
项目形成	个人抱负 高级管理层的支持 团队动力 明确的目标 技术优势	团队缺乏动力 领导力不足 技术限制 资金问题
项目发展	团队动力 个人动力 高级管理层的支持 专门的技术	团队缺乏动力 目标不一致 领导问题 缺乏高级管理层的支持 技术问题

[一] 宾图. 项目管理 [M]. 北京：机械工业出版社，2007.

(续)

阶　段	成功因素	失败因素
主体阶段	团队动力 个人动力 客户支持 高级管理层的支持	团队缺乏动力 缺乏高级管理层的支持 程序不完善
项目收尾	团队动力 个人动力 高级管理层的支持 财务支持（如兑现奖励）	不完善的控制 缺乏财力支持 不明确的目标 领导问题

干系人包括这样的个人和组织：他们或者积极参与项目，或者其利益在项目执行中或者完成后受到积极或消极影响。具体包括：

内部干系人：高层管理者、财务人员、其他部门职能经理、项目团队成员、项目成员家属等。

外部干系人：顾客、竞争对手、政府机关、承包商、供应商、新闻媒体及其他干预者等。

要让项目顺利进行，项目经理要清楚地知道过程中存在的阻力和推动力，就必须要明确干系人的需求，从而针对性地找到合理的解决方案，最终实现目标。

各类企业实践以及管理研究早已对干系人提出了多种分类方法，在战略落地的项目执行中，我更倾向于使用IBM公司提出的四类干系人划分方法。在项目启动时，关注并分析四类干系人的影响，了解并满足他们的需求，有助于形成更具有实践意义的工作计划，帮助项目经理整合各种资源力量，实现项目的推进。IBM公司划分的四类干系人具体如下。

第一类：经济掌控关键单位或人

任务：做出项目启动或取消等关键决定。

权力：

- 直接掌控财务和其他资源的分配权；
- 关键资源消耗的裁决权（例如物料采购量）；
- 否决权。

关注点：资源的投入产出及项目对组织的影响。

这类干系人一般是内部决策者或外部客户决策者，对项目的前期影响性最大，往往项目的变更都来自他们的想法变化。在跟这类干系人沟通时，切忌直接进入专业层面或项目操作思路方面，他们关心的是"利益"，也就是项目的投入产出以及后续影响，如果他们对这方面不感兴趣，项目就难以获得强有力的政策与资源支持。

一家制造型企业里，人力资源部经理为了解决生产团队和技术团队人员缺乏工作动力的问题，开始策划双通道职业发展规划。他带领两位同事投入一个多月的时间，拟定了一套初步方案，整个项目的预算是30万元。方案提交给总经理后却石沉大海，一个多月过去也没有任何指示和审批结果。于是人力经理再次向总经理报告这个方案，总经理却说自己根本没有看，也不知道方案去哪里了，让人力经理先把招聘和绩效做扎实，其他的以后再说。

人力经理非常受挫，觉得上级完全不理解、不支持自己的工作，自己费了巨大的力气做出来的成果不被尊重。这里面诚然有总经理的工作方式问题，但如果以项目化管理的思维来看，人力经理在提交方案前有关注过关键决策者的需求吗？有沟通吗？总经理并非人力专业的，可能连双通道是怎么回事都不清楚，就要让他做决策吗？更为重要的是，他并没有让总经理知晓这个方案的实施和公司的战略目标达成之间有什么样的关系，方案没有切中总经理最关心的地方。

忽略关键决策者因素的项目失败概率非常高，项目经理只有懂得从决策者关注的角度来打动他们，让他们明白项目对战略目标有什么样的贡献，投入产出是怎么样，才有可能获得他们的支持。

第二类：技术（标准）导向关键单位或人

任务：从多方面审核与评估项目的过程及最终成果。

权力：

- 提出技术（标准）建议、评估方案；
- 技术（标准）把关；
- 常提出建议；
- 经常（可以）提出否定性意见。

关注点：项目中涉及的产品、服务是否符合规范。

这类干系人在沟通中是很难让项目团队感受到"愉悦"的，他们显得严格、挑剔，并且他们的意见对关键决策者的影响也颇大，因为代表了公司（客户）的技术标准、制度流程要求等。

我曾遇到过特别有意思的一个项目，在某国有企业的年度重点经营项目立项会上，几乎所有高层都在会议现场听取各单位重点项目思路汇报，这个环节特别好，大家在项目思路上取得了一致。但是有个项目提出来后，虽然大家都觉得很好，负责人却摇头苦笑，说："这个项目很难做的，财务肯定不会批预算。"这是一个关于新业务拓展的培训项目，过去一年集团急于进行新业务拓展，但各地分公司业务人员对集团新开发的很多业务不熟悉，耽误了市场机会，所以这个项目非常必要，问题是这个项目是7月才提出的，而年初的预算里并没有它。

在所有人的固有意识里，财务总监就是来卡预算的，甚至是来制约业务发展的。我发现这次会议居然没有邀请财务总监，主持会议的人对此回答道："胡老师，今天我们是开经营项目会议，和财务没关系就没邀请。"我立刻要求他们把财务总监请过来参加会议，虽然这是业务方面的会议，也不需要财务总监来审核是否立项，但他了解情况一定会对项目推行有帮助。如果把财务当作"对立面"，对方不了解业务发展需求的话，自然不会提供符合政策和力所能及的支持。

财务总监到会后，项目负责人把新业务拓展培训的意义和思路又讲了一遍。介绍结束的时候特别有意思，项目负责人看了一眼财务总监，直接说："财务肯定不会批预算的。"

我问财务总监："您觉得这个项目怎么样，是否有必要，对公司是不是有价值？"

这位财务总监的回答让我刮目相看："胡老师，这个项目很好，为什么不批呢？预算也有调整的空间啊。其实今天能叫我来参加会议挺出乎意料的，平时他们开会都不叫我，只有要审批费用的时候把流程走到我这里来，但我不了解情况啊，就只会按照最严格的制度要求来审核。所有人都说我们财务不近人情、不支持业务发展，其实不是这样的，我们再怎么控制成本，也是希望公司能获得发展啊，没有收入控制成本有什么意义。另外，虽然我是国资委派驻的，但我既然来了，就是公司的一员啊，我肯定希望这个公司好啊，更不可能是来阻碍公司发展的。"

这段话真的是肺腑之言，大家第一次面对面把事情说透，在这个项目中财务总监就是有着技术评估干系人的角色，如果他连情况都不清楚，又如何期望他能提供支持呢？如果他了解和认同了，就有机会在合规的框架内，从专业的角度来提供帮助。

事后我才得知，财务总监之前定的部门管理导向是这样一句话："严控财务红线，坚守财务准则"，在会议后改成了："在遵守财务制度的前提下，全力支撑业务发展"，很明显，后者才是企业需要的，这是一个有格局的改变。

第三类：关键使用单位或人

任务：从成果表现方面对项目进行评估。

权力：

- 作为使用方影响其他干系人；
- 对项目团队提出需求；
- 对产品或服务的使用效果进行评估。

关注点：项目交付成果的实施效果。

在一家集团公司里存在着总部和分公司之间互相抱怨的现象，总部各职能部门总是在抱怨分公司不遵守制度，执行力不强；分公司的人总在抱怨总部瞎折腾，不了解实际，就知道找麻烦事。

总部推行一件事情时，分公司执行力不强肯定会有责任，但我们从总部职能部门要成事的角度出发，也许有不一样的看法。例如总部人力资源部要推行导师制，本来是好事情，却遭到了分公司中高层的一致抵制，找了各种理由不愿意担任导师，导致制度无法执行。其实他们抵制的不是制度，而是总部人力部门没有经过任何调研就发出要求，尤其是导师制有一条要求：导师需要每周提交学员状态报告。而这第一批导师都是分公司资深业务人员，平均每个人要带 5 个新人，他们认为每周提交报告实在是太为难。总部人力部门却认为报告很简单，最多花一个小时的时间，是分公司不支持工作。

如果把分公司当作导师制项目的使用单位，也就是内部客户，恐怕人力部门在推行制度的时候就会采取不同的行动了吧，至少会提前沟通导师制对他们有什么益处？他们的工作情况能否支撑一些行政工作？导师怎么有动力？……

第四类：关键工作引导者（coach）

任务：扮演项目指导人员。

常出现在：

- 客户的组织内；
- 自己的组织内。

可提供下列讯息：

- 各关键现状信息；
- 各关键单位或人员的期望。

关注点：项目如何能实现目标？

项目经理需要注意的是，如果能够让前三类干系人成为工作引导者，会对项目的推进和成功起到至关重要的作用。

每一位项目干系人都在项目的某些方面起重要作用并负具体责任，

项目干系人管理是项目成功的关键。一旦开始考虑干系人管理，就是把自己从只做专业工作的思维里拉出来，站在整个项目管理的角度，只要想把项目做成，就不可避免地要去沟通和影响相关干系人，这也是对项目经理及成员在系统思考能力和认知格局上的修炼。当项目成员都奔着成事的态度去推进项目，去"搞定"各种干系人时，整个组织就活跃起来，不再是僵化的死水，所有人都在为实现战略目标而努力。

责任矩阵

我在企业战略落地实践中发现，"过度负责"是对执行效果产生阻碍的一个重要因素。在多数企业中项目就成了项目经理一个人的事，即使是项目内的工作也需要项目经理花费很大的精力去协调。这是因为人们习惯把"负责"当作扮演全部的角色，但事实上一个项目的成功完成，需要的不仅仅是项目经理，还有多种角色的配合。

有一项非常好的工具，叫作责任矩阵，它从横向和纵向来设定每个任务和项目成员之间的关系，每个项目成员在各任务上以不同的角色来参与项目。责任矩阵可以用来提升战略落地的执行效率，尤其是用于跨部门或多人参与的项目，可以让每个任务得以自行开展，尽量减小项目经理的压力。

首先我们要认知"角色"这个词，它最初是由拉丁语 rotula 派生出来的，这一概念最初在学术著作中出现是在 20 世纪 20 年代社会学家格奥尔·齐美尔的《论表演哲学》一文中，当时他就提到了"角色扮演"的问题。林顿在《个性的文化背景》中将角色理解为行为期待或规范，他认为"角色——这是地位的动力方面，个体在社会中占有与他人地位相联系的一定地位，当个体根据他在社会中所处的地位而熟悉自己的权利和义务时，他就扮演着相应的角色"。①

将这个概念引用到项目化管理中来，也就是在实施过程中，对于每一项任务，项目经理需要设计其所需的、由团队成员提供的"权利和义务"，让任务得以高效地完成。项目成员在项目的不同阶段、不同任务上扮演着不同的角色，发挥着不同的作用，一个人在做不同的任务时可以有不同的角色，甚至在同一项任务中有数种角色。

人们习惯用职位、姓名的方式来设置某个任务归谁负责，没有角色的概念，因此把项目成员之间的互动联系切断，虽然大家在一个项目组中，但每个人都是在"孤独"地开展着自己被安排要"负责"的任务。那些没有被安上"负责"这个帽子的人，并不认为自己是项目成员，仅仅是被动响应别人需要的配合人员而已。

最容易理解项目角色的例子就是婚礼，如果问组织婚礼的项目成员有哪些？恐怕很多人的回答是这样的：司仪、亲戚朋友、父母、伴郎伴娘、财务、摄像……在培训课堂上我经常问起这个问题，但很少有人意识到他们的答案并不正确。司仪、伴郎伴娘、财务、摄像等和亲戚朋友、父母等不是同一类概念，前者是角色，后者是身份，而只有角色才能参与到项目中并发挥作用。

角色设置是执行中最为高效和职业化的工作方式，它让我们清楚地看到一个任务需要成员们如何来参与，而不是某个人孤零零地负责。一般而言，在项目工作执行中，有五种基本的角色用以设置到任务上，如表8-4 所示。

在项目计划制订出来时，项目经理需要把任务列出作为纵向选项，把项目成员列出作为横向选项，构建责任矩阵，如表8-5 所示。

---

① 乐国安.社会心理学 [M]. 北京：中国人民大学出版社，2009.

表 8-4　项目的 5 种基本角色

标　记	角　色	成员角色的注释
P	参与协助	标记为 P 的人对相应任务进行协助
R	审核任务结果	标记为 R 的人负责对相应任务结果进行审核
A	任务负责	标记为 A 的人为相应任务的唯一负责人
I	提供信息和资料	标记为 I 的人负责为相应任务提供所需的信息及资料
N	知会	标记为 N 的人在相应任务发生过程中需得到知会，由标记为 A 的人在项目过程中对其进行知会

责任矩阵的使用需要关注以下 4 个要点。

项目经理的角色

项目经理也可能同时担任任务经理，例如 Chris 又是项目经理，又是项目成员，虽然是一个人，但是有两个身份。责任矩阵中把项目经理和担任这一职位的人分开单独列出，项目经理是指对项目总体负责的人，一般而言他的角色都聚焦在 R（审核）上，还有一些工作可以授权出去则需要 N（知会）。而标注人名 Chris 意味着他作为项目成员需要跟其他人员一样对任务起到多种角色作用。

从横向看任务与角色

每个任务就像拥有了一个自己的项目组一样，由各个角色来为其服务，被标记为 A 的任务负责人按照角色设置去联系其他成员开展工作，而其他成员也能清楚地看到自己在这个任务中的角色，例如 P（参与协助）、I（提供信息和资料），不再将自己置身任务之外。如果配合有问题，A 角色再向项目经理求助。

表 8-5 责任矩阵案例

一、项目基本情况

项目名称	新商业开发规划项目						

二、责任分配

人员姓名 任务名称	项目经理	Chris	Lily	Joyce 项目经理	Thomas	Richard	Ben	Tom Chris
前期市场调研	R	P	A	I	P	N	P	I
确定商业开发模式	R	P	A			I	N	N
概念性规划设计方案讨论	R	P	A	P				P
概念性规划设计方案调整	N	A	N	A	I	P		N
方案汇报	R	N		P	A	P	I	
市场概念性规划设计方案优化	N	I	R	P		P	A	P
规划设计方案政府报批	P			R	P	P	A	P
施工图设计招标	R	P		N	P	A		P
施工图设计	R	A	N	R			P	
施工图审图	N	A		R	P		N	N
施工图报批								
各项目成员签名确认								

在诸多实践中证明，一旦团队成员看到了自己在任务中应该承担的角色，他就会为这个角色开始行动，例如 I 角色的成员就会关注什么时候需要信息和资料，与 A 角色沟通时间和内容。

没有责任矩阵的情况下，项目经理常会忽略 N 角色和 I 角色，直到事情变得紧急才与其沟通，而对方毫无准备，无法临时配合，这就是忽略了项目组内的干系人、只关注任务负责人而产生的错误。

一位项目经理负责新产品开发项目，在他的思维里，除了任务负责人之外的其他人都不算项目成员。于是总发生这样的情况：某项工作在进行中需要一份专门分析和整理的财务报告，任务经理去跟财务部沟通，提出三天之内要拿到这份报告，但被财务部拒绝，对方的理由是忙不过来。任务经理和项目经理都觉得是财务部不积极配合，几次协商未果后就请上级去协调，最终财务人员在两周后才给出了报告。

看起来是财务人员的报告周期过长影响了项目，但事实情况是财务部也非常繁忙，在面对紧急需求时，一方面难以专门抽出人手来支持，另一方面对这个项目毫无所知，从来没有人知会过相关情况，无论是积极参与的心理状态还是对项目的理解程度都不够，从而拖长了报告的完成时间。

如果项目经理在分解任务时，把相关财务人员放入责任矩阵，将其任务角色设为 I，让其知道这个任务与己有关，且任务 A 角色人员会在项目启动时与其沟通，使财务人员事先有准备且认为自己在项目之中，工作的效果就会产生巨大的变化。

从纵向看成员如何参与项目过程

从责任矩阵中人员信息的纵向查看，则会清楚地看到每个人在整个项目过程中要承担的角色，他们对角色负责。一方面是横向看向谁负责、需要协调谁，另一方面要让每个成员都意识到，项目不仅需要 A 角色，还需要各种角色，这些角色都是不可缺少的，尤其是没有承担 A 角色的人，责任矩阵能让他们觉得自己在项目之中，是不可或缺的一分子。

例如表 8-5 中的项目成员 Tom，在与项目经理共同设定好责任矩阵后，会发现有 4 项任务完全不需要自己参与，也就可以缺席涉及这些任务的沟通和会议，避免无效的精力投入。同时他还会理解如下信息：

第一，自己要协助 4 项任务，角色是 P，并接受角色 A 的协调；

第二，有一项任务需要自己提供相关资料，需要与 A 角色的 Lily 进行确认；

第三，有两项任务自己需要得到知会，对分别负责这两项任务的 Joyce 和 Chris 提出要求，根据自己的职能和专业所需要得到的知会，明确其实效性、内容以及模式等。

责任矩阵纵向信息的价值在于让每个人都知道自己会如何参与整个项目，也意识到自己还需要以其他角色参与到别人负责的任务中，从而避免以前只关注自己所负责工作的情况。

项目成员签名确认

一般来说，在项目启动会时需要制定好责任矩阵，与所有项目成员达成共识，并在表格最下方签字确认，每人留存一份。当项目成员清楚自己有哪些角色，与其他人之间是什么关系时，他们就能自发地组织各项任务，从而最大程度地减少项目经理的精力消耗。

项目化管理工具不仅仅只有任务分解、任务网络图和责任矩阵，还有很多方法可以应用到工作中来帮助战略落地的行动变得更加高效。项目化管理的确是能够帮助我们把事情做得更漂亮的绝佳方法，但一定要强调"化"这个字，只有将项目管理的思想和方法灵活应用到企业的各项经营活动和工作中去，而不是生搬硬套工程项目的规则和方法，才能使其真正成为战略目标的落地助力。

第 9 章

闭环，启动下次出发的按钮

无论是战略落地管理还是具体项目管理，都需要闭环，正如 PDCA 循环（又称戴明环，plan 计划、do 执行、check 检查和 act 处理）一样，通过一个个闭环管理走向更好的状态，每一次完成闭环既是对工作的收尾，也是启动下次出发的按钮。

企业必然会对战略落地的执行情况进行绩效考核，但多数团队成员一提起"绩效"就产生反感情绪，这主要是因为没有在绩效考核后形成闭环，领导者需要对绩效考核有更深的认知。此外，闭环工作还包括对所执行工作的经验总结，这是让组织变得越发稳健、人员水平提升的关键工作，一般采取项目 SOP 的方式。

避免绩效考核变得无效

绩效考核只是一个评估环节，它不仅是要搞清楚员工的工作真实状况，更重要的在于通过这个评估过程去指导员工有计划地进行工作改进，以达到组织的更高要求。此外，绩效考核可以帮助团队成员像公司拥有者那样思考，一个基本的事实是：如果你不受你的行为结果的影响，那么你就不会为你的行为负责。

领导者要确保设计的那些与绩效结果有关的激励和惩罚措施能够让员工愿意对自己的行为负责，让他们发现自己的所得与公司相关，形成所有者的关系。㊀

绩效考核不是结束

绩效考核仅仅是目标管理中的一个环节，要让它发挥作用，必须要把目标管理的四个动作都做到，其中，在绩效评估后还有发现差距和改善计划两个步骤。如图9-1所示。

图 9-1

绝大多数企业只做了前两项工作（设定目标和进行评估），并没有做第三项和第四项，就等于没有站在员工的角度，没有根据绩效评估及时发现能力和方法的差距，自然无法制订、改善和提升计划。

虽然应该是工作做好了有奖励，做不好有惩罚，但在缺乏第三项和第四项工作的情况下，员工会觉得企业很功利，因为他们觉得无论做好做坏都只能靠自己。

目标管理是一个完整的循环，通过评估可以发现执行结果与既定目

㊀ 达利欧. 原则 [M]. 刘波，綦相，译. 北京：中信出版集团，2018.

标之间的差距,这个差距要让员工们自己能看到、能理解,此时考核就是基于客观事实,而非上级的个人因素影响。在找到差距后,为了员工的发展和下一次目标的实现,上级要与下属一起来进行改善计划的制订。

此时,上级的角色就不再是一个考核者,而是帮助下属成长的导师和共同商定者,让下属明白考核是对自己负责,考评结果不好是基于事实,接下来要做的是一起想办法让下次的目标得到实现。

必须记住,考核不是目标管理的目的,它不仅是闭环动作,也是下一次目标实现的开始。

绩效考核的常见问题与修正措施

虽然绝大多数企业都已经导入绩效考核,但效果不如人意,员工的激情反而被消磨殆尽,其对个人指标是否与企业战略目标有关联毫不在意。

某著名跨国管理咨询公司针对中国企业绩效管理实施现状进行了调研,接受调研的有150家不同行业企业的三类人员(HR人员、高层主管、一般员工),结果显示:

- 85%的人员认为其公司绩效管理系统一般或对其不满意;
- 48%的人员认为其公司绩效管理模糊零散不成系统;
- 59%的人员认为其公司绩效管理执行力度有限;
- 54%的人员认为绩效考核结果只是用来发放奖金、调整薪资。

绩效考核应用效果不好,正是由于多数企业缺乏相应的管理培训,各级管理者在进行绩效考核时容易进入一些误区,包括宽容化、晕轮效应等,甚至认为绩效考核只是人力资源部的事。这是需要改变的,绩效考核的各种误区及对应的修正措施如表9-1所示。

表 9-1　常见绩效考核误区及修正措施

误　区	修正措施
宽容化：放宽标准，做好好先生	对管理者进行管理技巧培训，结果用统计百分比进行衡量，采用强制比例法和对比法
集中化趋势：结果趋于中间拉不开差距	
近期效应：以近期印象代替全部	及时记录，分期考核（月/季度）
秋后算账：考评时才指出员工不足	注重平时的辅导
晕轮效应：以偏概全	以 KPI 达标情况或目标达成情况为依据
感情效应：结果不自觉受感情影响	以客观绩效指标为依据，二级考核为监督
暗示效应：评估人受领导及权威人士影响	以客观绩效指标为依据，通过二级考核与上级沟通
偏见：上级对员工有某种偏见	加强绩效管理中的沟通，用绩效说话

做好绩效考核并不是按照既定的目标进行评分即可，还需要各级管理者掌握一定的技巧。国际上优秀的标杆企业，都非常注重战略与项目化管理、绩效管理的结合。

案例一：西门子公司的绩效关注要点

西门子公司在中国市场进行战略部署时，就采用了项目化管理的方法，并且匹配了强大的绩效系统，让项目化管理在各层级人员的工作中生根发芽。西门子公司除了注重绩效指标的制定外，更加关注绩效跟踪、绩效沟通以及绩效反馈。

绩效跟踪方面，员工的直线经理会在一定时间内跟踪员工目标实施的情况，及时给予员工相应的指导和帮助，与员工一起调整工作计划以帮助员工达成绩效目标。这个过程中，上级扮演的是"教练"的角色，辅导、支持、激励员工。

绩效沟通方面，通过圆桌会议，上级与下属一起就绩效的结果进行坦诚的沟通，明确指出员工优点和潜能，激励员工继续发挥自己的优势，同时指出有待改善的地方，给出中肯的改进意见。

绩效反馈方面，将绩效的结果引入培训、薪酬、潜能发展、晋升等通道上，实现绩效与培训、绩效与发展、绩效与激励、绩效与新目标、绩效与改进等的有机结合。

案例二：通用电气公司绩效考核结果应用象限图

通用电气公司认为，考核的目的是发现员工的优点与不足、提高组织的效率。考核结果与员工的个人利益及职业生涯发展联系密切：考核的结果与员工第二年的薪酬、培训、晋升、工作调动等挂钩。同时考核也是为了提高和完善员工自身的素质，公司会尽可能满足员工的一些想法和要求，鼓励员工写下自己的真实想法，并且尽最大可能帮助员工实现。

具体考核结果应用象限图如图 9-2 所示。

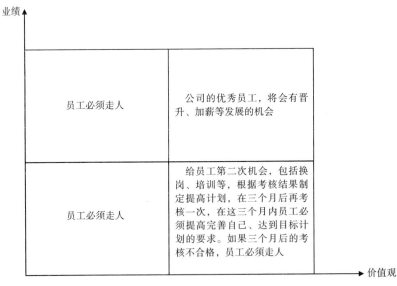

图 9-2 考核结果应用象限图

案例三：华为公司绩效考核假设与绩效分布应用

华为公司是在战略落地上表现非常卓越的企业，这得益于其构建了伟大的绩效考核假设。

- 公司绝大多数员工是愿意负责和合作的，是有着高度自尊和强烈成就欲望的；
- 金无足赤，人无完人，优点突出的人往往缺点也很明显。关键看其行为是否与公司目标符合；
- 工作态度和工作能力应当体现在工作绩效的改进上；
- 失败铺就成功，但重犯同样的错误是不可原谅的；
- 员工未能达到考评标准要求，管理者也有责任。

这些假设构成了华为的绩效文化，即绩效考核并不是简单的考核，而是个人与上级、组织一起去实现战略目标重要环节。这也体现在华为公司的绩效考核方式上，部门绩效和主管人员的绩效由以下公式构成：

$$组织绩效 = 部门目标达成情况 + 员工绩效分布$$

$$主管绩效 = 自身目标达成情况 + 员工绩效分布$$

员工的绩效分布大幅度影响到主管人员的绩效，避免其只关注整体目标而忽略员工发展，这是极高的要求，如表9-2所示。

表9-2 主管人员绩效受员工绩效分布影响表

类别		员工绩效等级分布			
		A（杰出）	B（良好）	C（正常）	D（需改进）
团队主管绩效等级	A（杰出）	15%	50%	35%	0～5%
	B（良好）	10%	40%	45%	5%
	C（正常）	5%	30%	55%	5%～10%
	D（需改进）	0%	20%	65%	10%～15%

从表中可以看到，团队主管的绩效等级受到员工绩效分布状况的影响，即使团队目标实现了，但员工绩效分布不好，主管绩效也可能评价不高。而在别的企业里，有的上级自己业务能力很强，加上几个骨干就能实现团队绩效，但其他员工无人关注和培养，团队内无论是资源还是发展机会都严重倾斜，对组织长远发展有害。因此，好的管理人员不仅要达成团队整体目标，还要尽量让员工绩效分布更优。

以绩效考核为主的闭环工作，是对战略落地的阶段性成果进行评价，以便能公正客观地反映阶段性的工作业绩，目的在于对战略目标实现的程度进行总结，进行业绩的评定，通过不断总结经验，促进下一阶段业绩的改进。

以项目 SOP 来进行知识管理

即使企业的战略目标里有很多创新，也必然存在着大量一直进行的常规项目，而且存在有些项目现在是创新项目但未来会成为常规项目的情况，无论现在做得怎么样，是成功还是失败，只有把这些未来会持续发生的项目整理起来，才能从中获得收益并指导未来的行为。一个杰出的企业会投入大量精力把会在未来继续开展的项目持续标准化。

中国国内企业的第一份 SOP（standard operation procedure，标准操作手册）来自厦门航空公司。公司曾经发生过一起飞行事故，飞机升空后起落架无法收回。问题处理过后，厦门航空公司写下了第一张 SOP，其中说明了如何不要忘记起落架上面的插销，因为那次事故就是插销没有拔导致的；飞机机身有任何地方在维修，都要系上一条红丝带；插销要怎么拔，拔了以后要后退几步，手要怎么举起，飞行员怎么看到，大家怎么打手势等都有十分详细的标准，一旦出现问题就可以查阅 SOP。

SOP 与流程不同，它更侧重实际操作思路与经验的呈现，包含项目过程中所出现问题的分析和解决措施等。以项目为主体的 SOP 是企业的宝贵财富，主要产生以下作用。

（1）规范化管理。

通过制定 SOP，将项目的操作思路和标准工作方法予以固化，便于公司指导和培训相关人员，从流程和制度等各方面规范相关工作。

（2）培训公司项目人员。

使一个对 SOP 所涉及项目并不了解的人员，在阅读和掌握 SOP 内容后，能够理解项目涉及的思路和专业概念，掌握项目的工作方法和操作步骤。

（3）指导未来该项目的管理工作。

指导工作人员采用科学、规范的工作方法和操作步骤，保障未来该项目再次启动时，能够产生一致甚至更好的成果。

（4）知识的存留与发展。

企业的项目经验非常宝贵，不应该仅仅停留在操作人的头脑中，而应该尽可能成为显性知识得以存留和普及，并在此基础上不断完善和优化。

基于项目的 SOP 就是企业最具有实战效力的知识管理工具。人们都知道消防队员行动特别迅速，如果他们像普通人一样行动慢吞吞的，一幢房子早就烧光了。可是绝大多数人有所不知的是，在消防队里，每个消防队员所有的工具都必须非常严谨地合理放置；晚上入睡，消防队员的衣物怎么脱，如何摆放，也都有十分明确的规范。否则，警报响起来，靴子找不到鞋带，裤子配不着皮带，怎么办？这都是消防员在工作中一点一点摸索出来的，他们把自己的所有经验形成了高效的反应系统，这就是SOP起到的主要作用。

企业在完成了战略目标设定、战略目标分解、计划的制订与执行、评估与改进等环节后，应该把未来发生概率高或重要的项目运作思路与经验形成SOP。因为战略落地其实就是去实现既定目标，它需要组织的能力不断强大起来，而知识管理之于企业发展的重要性就如同骨骼之于动物的重要性，有着强大骨骼的动物更容易在生存竞争中取胜，而注重知识管理的企业自然也更容易培养人才、提高工作效率和质量，不断在过去的基础上提升，最终实现战略目标。

SOP的描述越简单越直白越好，美国一家医院写的用一句话描述的SOP就非常简单："面对被刺伤的急症病人，必须先了解他是被什么所伤。"这是因为有一次被刺伤的病人的伤口很小，医生就直接缝合伤口，没想到病人突然大量内出血，医生紧急抢救时发现，伤口特别深已经伤到了内脏，还好抢救及时，没有出大事故。原因就在于医生潜意识里认为刀口很小的伤口不会太深。

在有丰富经验的人眼里，SOP可能看起来太过于简单，甚至有些"傻"，因为都是在头脑中早已存在的经验，但正是这些简单和详细得近乎"傻"的描述，成了让组织成果变得更稳定的重要工具，也是战略落地的重要成果。

下面我用某集团《员工幸福指数管理项目》的例子来说明SOP的要求、内容及价值。

案例：某集团员工幸福指数项目 SOP

第一部分：本 SOP 的意义及使用说明

1. 意义

妥善使用本手册，严格遵循手册中定义的流程、程序和方法，可迅速规范具体的员工工作幸福指数管理工作方法、提高工作的有效性。还能通过科学的工作理念和方法的导入，逐步建立一支高效率的项目管理团队，从而有效保证年度目标的实现。

- 为员工工作幸福指数管理工作提供一套具体的工作方法；
- 建立一支职业化、高效率的幸福指数管理团队；
- 增加年度目标实现的可靠程度；
- 规范、标准化员工工作幸福指数管理工作方法。

2. 使用说明（见表 9-3）

表 9-3 本手册的使用说明

内容	适用人员	适用时间
√ 员工工作幸福指数管理项目基础理论、基本概念 √ 员工工作幸福指数管理项目分解、关键路径 √ 员工工作幸福指数管理项目任务目标、任务流程 √ 员工工作幸福指数管理重要活动、关键活动 √ 员工工作幸福指数管理项目案例	√ 总经理 √ 人力资源总监 √ 企业文化经理 √ 员工关系经理 √ 人力、党群、工会等人员 √ 其他员工管理相关人员	√ 员工工作幸福指数管理工作培训 √ 员工工作幸福指数管理开发工作学习 √ 员工工作幸福指数管理开发项目立项 √ 制订员工工作幸福指数管理工作计划 √ 员工工作幸福指数管理工作人员考核 √ 员工工作幸福指数管理项目总结

（续）

适用范围	使用守则	适用地点
√ 指导员管理具体工作 √ 解答员工工作幸福指数管理工作疑难问题 √ 监控和考核员工工作幸福指数管理工作 √ 培训员工工作幸福指数管理工作人员	√ 内部工作人员使用前应取得手册保管部门的口头同意 √ 外部人员使用前应取得公司总经理的书面许可 √ 使用后办理归还手册 √ 本规定适用于手册的所有载体	√ 公司总经理、副总经理办公室 √ 人力资源部经理办公室 √ 党群工作部经理办公室 √ 经许可的公司派出机构办公室 √ 经公司书面授权的其他地方

第二部分：项目相关专业概念集（节选举例）

本部分应将 SOP 中涉及的所有专业概念列出，详细描述，保证项目人员在阅读 SOP 时不会因为概念问题而对 SOP 不理解或对具体项目计划理解有误。

专业概念部分描述举例如下。

幸福指数：幸福感是一种心理体验，它既是对生活的客观条件和所处状态的一种事实判断，又是对于生活的主观意义和满足程度的一种价值判断。它表现为在生活满意度基础上产生的一种积极心理体验。而幸福感指数，就是衡量这种感受具体程度的主观指标数值。

员工工作幸福指数：是指员工在涉及工作的方面对企业的实际感受与其期望值比较的程度，工作幸福指数 = 实际感受 / 期望值，是一个用来反映员工工作满意状况的量化指标。

…………

第三部分：项目篇

本部分内容包括项目目标和使命、项目工作范围、任务流程图等部分，力图使任何一个人来担任项目经理都能通过阅读本部分清楚地知道项目要做些什么、该如何开展。

1. 项目目标和使命（见表 9-4）

表 9-4　项目基本描述表

项目名称	员工工作幸福指数管理
项目目标	将以人为本的理念落实到员工工作幸福指数的变化管理上
项目交付成果	"员工幸福指数年度调查报告""各企业员工幸福指数年度调查概况""年度工作总结"

2. 项目工作范围

（1）WBS 任务分解图（见图 9-3）

（2）项目任务列表（见表 9-5）

表 9-5　员工工作幸福指数项目任务列表

任务编号	任务名称	任务定义	完成标准
1	成立幸福指数管理项目组	确定幸福指数管理项目组成员，并通过会议或发文的形式公布项目组构成，保障各项工作的顺利开展	召开项目组成员动员会议或发文公布成员名单
2	制订项目工作计划和实施方案	制订当年员工工作幸福指数管理项目的整体方案，包括各项工作计划、实施方案及统筹安排	计划、方案通过项目组讨论确定，并通过领导审核
3	员工前期访谈	为制定员工工作幸福指数调查问卷而进行的员工前期访谈，通过访谈广泛收集员工意见，归纳出影响员工工作幸福感的各层次因素	完成不少于 30 个对象的访谈，形成访谈记录并进行初步整理

注：以上示例，共 29 项任务，余下任务省略。

3. 项目网络图

完成对工作结构分解后，需要确定项目中任务的操作流程。此任务

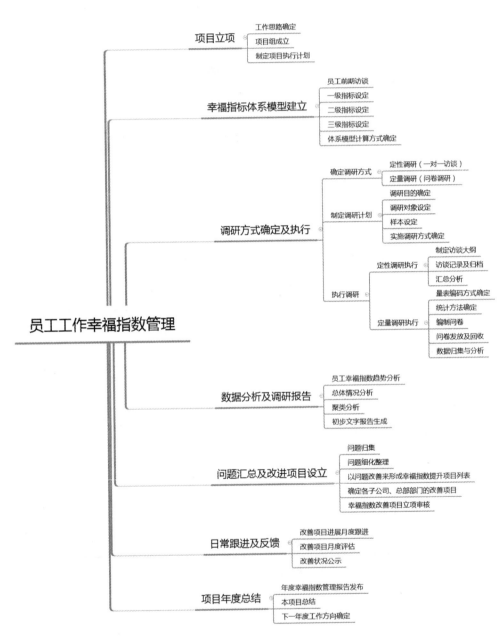

图 9-3　员工工作幸福指数管理项目分解案例

的项目网络图如图9-4所示，每一个标注有数字代号的圆圈就代表项目任务列表中的一个任务。

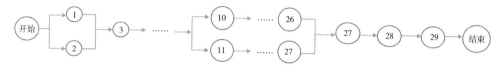

图9-4　项目网络图形式

第四部分：任务篇

本部分内容是项目执行中的精华，也是经验总结的最宝贵之处，每一个在网络图中的任务，都要详细说明其成果、关键活动、可能存在的问题及解决办法等。未来该项目重复启动时，会因为不断产生的新问题而不断更新任务篇。

以任务之一《员工前期访谈任务》为例。

1. 任务基本信息

任务描述：该任务是为制定员工的工作幸福指数调查问卷而进行的员工前期访谈，通过访谈广泛收集员工意见，归纳出影响员工工作幸福感的各层次因素。

任务目标：完成30个以上对象的访谈，每个对象的访谈时间不低于20分钟。

交付成果：形成访谈记录文件。

2. 任务关键活动描述及可能存在的问题

此部分是任务篇非常重要的内容，需要用详细描述的方式来呈现出任务中的关键活动是如何操作的，一般采用记叙文的写法，不要让人产生歧义，基本做到一个人看了就能做该任务的程度。在执行任务的过程中，对已经发生过的问题及可能发生的问题都要详细列出，这是宝贵的经验，也是人们看 SOP 时特别要注意的内容，通过问题库的梳理，尽量让不同的人在执行同一个任务时达到一致的水平。

（1）任务关键活动

以《员工前期访谈任务》中的两个关键活动描述为例。

关键活动一："甄选访谈对象"。

由项目组中主要负责访谈调研的成员，根据访谈的目的和要求来选定访谈对象。访谈对象选择的要求有：①按照分层目的抽样的方法进行抽样，人数约 30 人，以收集到相对饱和的信息为准。如将公司总部和下属企业分为 8 个层次，每个层次找到有代表性的个体作为访谈对象，大致包括公司总部（副总以上 1 人、部门正职 2 人、部门副职和高级项目经理等 3 人、普通员工 3 人）和下属企业（副总以上 2 人、部门经理和副经理 4 人、基层管理者 6 人、普通员工 9 人）共约 30 个访谈对象，实际样本量以采集到相对饱和的信息为准。②同一层级中所选择的对象尽量为在公司有丰富经历和深刻感受、同时有一定表达能力的员工。

关键活动二："制定访谈提纲"。

由项目组中主要负责访谈调研的成员，根据访谈目的对访谈时对被访者提出的问题进行设计，通过这些提问，从被访者的回答与交流中获得更直接更丰富的内容，有助于更清晰地了解员工现状、需求以及影响他们工作幸福感的因素。

（2）问题及处理（见表 9-6）

第五部分：相关附录及文档资料

在任务篇中执行所需的所有公司制度、模板、流程等都作为附录材料放到此部分，让每个查阅项目 SOP 的人都能够快速查阅，避免了查询相关资料的时间和精力浪费。

表 9-6　关键活动问题描述表

问题名称	问题情况描述	问题应对措施
所选的访谈对象不达标	访谈过程中发现被访者无法提供足够丰富的信息和感受	在访谈所在的单位，就地寻找、安排计划外的其他相对符合要求的人员进行补充；或在所有对象访谈结束后，根据收获信息是否充足来决定是否需要额外补充访谈对象进行访谈
访谈过程不顺利	如事先预约的对象无法参加访谈；访谈过程中的引导不恰当导致被访者不愿多说	对无法参加的被访者可再约时间或临时换背景相似的其他人代替；对过程引导方面的失误可有意识地加强对访谈者的训练，必要的情况下由有经验的访谈调研负责人对参与访谈的人员进行相关的培训

从以上 SOP 案例可以看出，以项目的形式来总结思路和经验，就像一本操作手册，项目经理可以通过"项目篇"了解整体情况，任务经理可以通过"任务篇"掌握实际做法，再次执行类似项目后对 SOP 进行持续优化，其实也是一种组织能力的进化。

组织的战略落地不仅需要绩效成果落地，还需要将执行过程中产生的知识和经验落地，变成组织的能力，为下一次战略目标的设定和执行奠定能力基础。通过 SOP 可以将项目在未来再次发生时的成功率提高，可以为未来的工作改善和创新提供翔实的材料依据。

第四篇

战略落地中的领导力

企业战略落地除了需要系统的管理体系以及有效的方法之外，更重要的是各级管理者都要拥有领导力去带领团队前进，并非只有企业高层需要领导力，因为战略落地一定是逐层落实下去，离员工越近则越容易直接带动人。因此，那些培养了中基层干部领导力的企业远远胜过只有高层领导者光环的企业。

领导力有很多的定义，目前尚无统一的定论，但归根结底一定是能带领团队去成事的能力，不是靠权力的管控，而是靠赋予目标价值、意义以及对团队的真心帮助来带动人，最为重要的是，领导力一定是在领导者的不断自我进化中形成，它首先是对领导者自己的一项修炼，而不是为了管控别人。

战略落地需要领导力，我在上百家规模性企业的长期调研和实践中，归纳出10项领导力修炼行为，分别是：

- 掌握目标的刚性与柔性
- 有效管理分歧
- 拥有较高的情感强度
- 目标感染力
- 消除沟通位差效应

- 学会向员工"表白"
- 构建团队共同语
- 正确的激励
- 杜绝问题麻木症
- 掌握"一对一"会议

我把这10项修炼行为分别归属到三个模块来分章节阐述,分别是管理思维进化、致力共识、激励与解决问题。

第 10 章

管理思维进化

战略对于企业的重要性不言而喻，很多企业领导者都在努力寻求一个问题的答案：什么是好战略，什么是坏战略？

其实并没有标准的答案，我认为战略的好坏不在于其本身的内容，好的战略一定能让企业取得长足的发展，但前提是制定之后能够让人们愿意去行动且能够做到。这需要各层级管理者意识到自己的思维需要不断进化，仅仅靠绩效的约束式管理是无法让团队积极推进战略目标的。

掌握目标的刚性与柔性

多体会生活中的例子，会对管理有所启发。

我有一次去成都旅游，当地有一种叫作"趴趴柑"的柑橘很好吃。路边就有一些小贩骑着车一路叫卖，我问小贩多少钱一斤，他答道："12

元。"我觉得这个价格太贵了，转身就走，小贩见状后立即喊道："10元……（我没回头）9元……（仍没回头）8元……7元……"

听到7元钱一斤时我也没有回头，他连降四次价格，即使真的降到了我的心理价位，我也会毫不犹豫地转身走掉。因为在这样的报价方式下，我对小贩完全没有信任了。他一开始就是乱报价，让客户不知道什么价格才是合理的。如果一开始他说12元一斤，要的多还可以便宜些，那情况就不一样了，我就会停下来考虑是否要买一些，因为不影响信任度。

这让我想到目标管理的刚性与柔性，企业的管理与小贩的报价进行类比，是否有值得反思的地方呢？如何权衡好目标在上下级之间的认知，是领导力的体现之一。

通过研究数百家优秀的企业组织，我发现一个共同点，那就是他们对目标的刚柔尺度把握得很好。他们在制定目标时，会投入大量的精力进行讨论、评估、沟通，尤其是高管人员在此阶段的投入是非常大的。一旦确定并公布各层级目标，就不会轻易变动，这是刚性。在整个绩效期间，优秀的企业组织会有数次对目标进展状态的评估、对目标设定的复盘等工作，如有需要还会在半年度时对目标进行一定的调整，这是柔性。

在不成功的组织里，领导者往往陷入极端，不是过刚，就是过柔。他们很少投入到目标的转化分解工作中，不管下属是否理解，直接按照财务指标所需强行分配下去，配以严格的绩效考核，这是过于刚性。直到考核时才发现问题，刚性的目标并没有完成，就出现了惩罚。但员工心里从一开始就没有真正认可这些目标，出现绩效扣罚时则产生抱怨，心里更不会期待未来的目标。可是领导者还沉浸在自己对目标坚定、对奖惩一致原则坚守的"自嗨"中，他们没有发现组织活力正在逐渐消失。

在另外一些目标过柔的组织里，领导者总是举着一个旗子，上面写着"唯一不变的就是变化"。诚然，企业需要对环境变化做出及时有效的应对，但这属于战术问题，并不是战略目标不断发生变化的理由。战略目标的多变只有一个原因，那就是领导者只是靠经验甚至靠想象来制定目标。

一家企业的总经理上个月还在会议上激情四溢地说要以技术为核心，大力投入研发，下个月就让人力先停止对技术人员的招募，侧重到销售招募上，升级研发设备的选型方案也一直摆在桌面上没有动过。有客户来拜访，他居然还拿起这些方案说："看，我们重视技术投入，这些方案都在讨论中。"企业的技术负责人一边听着，一边埋头苦笑，不久就辞职了。

这样的企业其实有很多，目标总是用来喊的，却不是用来追求的，这种变化导致最终的结果一定是危机重重。

目标管理的刚性

如果一个组织的战略目标随着领导者的想法多变，甚至无理由地变，伤害的是领导者对团队的领导力，以及组织成员对目标体系的信任度。这种情况下，员工们会显得无所适从，为了不让工作白费力气，他们必然选择去多做那些绝对不会出问题、绝对不会被上级推翻和改变的工作，而这些工作是按部就班、几乎没有难度、更不会有创新要求的工作。

目标的刚性有以下三个特点：

- 目标不是随意改变的，定下了就要执行；
- 完不成目标会很"痛"，就像"热炉法则"，谁去碰一个烧热的炉子，都会烫到手，不论你是总经理还是普通员工；
- 目标在经过了严密的推敲和分析后才具有刚性，拍脑袋定下的目标往往是没有刚性的。

如果目标缺乏刚性，伤害的是组织执行力以及从下至上的信任度，下级会形成一种很不好的习惯，那就是观望，看上级之后还能怎么变。当然，目标的刚性也是把双刃剑，它会倒逼组织对目标的设定更科学、更有可实现性、更准确。否则，设定目标的环节都出了大问题，再要求刚性，就会越走越偏。

目标管理的柔性

没有一个组织的目标是能完美设定的，这就需要柔性的调整，一般在这几个环节里体现：

- 制定目标时反复讨论、修订；
- 明显错误的目标被发现时，须及时调整；
- 定期回顾和评估时，对目标进行可能的优化。

我初次接触一家企业时，整个销售团队死气沉沉，员工们反馈去年有业绩，但一分钱奖金都没拿到。总经理拿出层层签订的责任状，说："这是他们自己签订的，怪得了谁？今年再不努力，还是没有！"按照责任状来定奖惩，的确是按规矩办事，可结果是团队没有士气，对新一年的目标更没兴趣，最终受伤害最大的还是企业。

与几位资深的员工访谈提到责任状时，他们却如此反馈："去年的目标一看就知道完不成，平白无故地增长，干也是白干，哪有动力？"我去查阅签订的绩效责任书后发现，绩效标准非常僵化，据说总经理为了逼出销售的"狼性"，要 100% 完成目标才有奖金，差 0.1% 都是零奖金，而且这个目标是以每年递增 25% 的标准来设定的。

其实这是有史以来员工们第一次没拿到奖金。过去每年都超额完成目标，使得总经理采取了最简单粗暴的目标设定法，员工在签订目标的时候也没有思考，因为每年都增长 25%。谁能想到去年环境发生了很大的变化，增量还不到 5% 呢？

的确，签了目标就要认，但目标过于刚性，没有任何柔性的调节，员工看到市场环境变化时就会盘算，明知干下去也没有奖金，哪里还会有积极性？如果总经理在一季度以及半年度结束的时候，对目标进行回顾，及时发现环境的影响，合理地调整目标，整个队伍的士气就不会如此。

务必要注意的是，如果目标在发布之后经常调整，就不要指望员工有执行力，因为他们根本不知道要干什么，今天干了，没准明天就改了，那不如不干。所有人都带着猜测、评论、批判、质疑的色彩来看待每一次目标下达，效果可想而知。

即使目标得到了上下共识，也不要忽略阶段性的回顾和调整，有意识地调整和随意变化是不同的，这是整个组织活力的重要保障，因为目标不是用来看的，是用来实现的。

权衡目标管理的刚性和柔性，是管理者在战略落地中必须具备的能力。

有效管理分歧

在战略目标推行的过程中，难免会产生各种分歧，这通常被人们当作不好的现象。可研究众多卓越企业的成长历史会发现，它们几乎都是在分歧中成长起来的，带领企业走向辉煌的领导者都懂得有效管理分歧。

下属的做法会极大程度地受到上级管理导向的影响，如果上级对发生分歧的情况很排斥，就会在组织中塑造一种"要求一致"的氛围。下属就会在行动的时候琢磨领导的意图，将其优先级置于专业判断之上，避免与上级发生分歧，即使明知是错误的选择，组织里也会形成一致的假象。那么，在这种情况下，战略落地是采取迎合人的做法，还是基于事实的做法呢？

一位 OTC 医药公司的副总在访谈中提道："对于开发代餐产品我是有保留意见的，毕竟我们没有做过，虽然研发和生产不会有问题，但市场推广和渠道方面我们是毫无经验的，原有的队伍能不能承接、客户能否接受，这些都是问号。不过老板发话了，三个月内就要上市，我也不能说什么。"

组织内的目标、文化、价值观、制度流程等必须要做到上下一致，但很多领导者忽略了分歧才是获得正确观点的开始，拥抱分歧后取得的一致才有实际意义。真正值得追随的领导者并不一定有多么强大的专业能力，而是有开阔的思维格局，这尤其体现出他们对异议的兼容并包，对多种可能性的探寻以及对自我的批判。

2018 年 3 月，华为内部高研班上组织了一次对任正非的批判，然后总结了他的"十宗罪"，并原汁原味地在心声社区发表，甚至还以电邮文件的方式发布出来。其中有一宗是这样写的："不要过早否定新的事物，对新事物要抱着开放的心态，让子弹先飞一会儿。"具体批判内容极其精彩，摘抄部分如下。

"任总强调聚焦的多，对一项新技术、新事物，在没有看清楚之前否定的多。这是大家共同的感受。……AR、VR 刚开始出来，老板就说未来要浅滩捡鱼，但浅滩捡鱼能做啥呢？就算我们浅滩捡鱼也要具备选择捡哪条鱼的判断能力，去捡哪条鱼也要能识别……还有区块链，老板说区块链不能搞，因为我们不能去中心化，其实我们一直在去中心化啊，云计算就是去中心化的，就是典型的分布式计算，下一步我们还要搞分布式路由器，就是去中心化的。

老板想的是管理去中心化，技术跟管理没什么关系。智能驾驶还没开始谈，老板就说我们不能做，由于我们没有数据，所以不能做……那还谈什么愿景呢？

老板讲话都是公开的，因为老板的个人影响力和个人威望太高了，我们要花很多时间去灭火，老板 AR、VR 讲话讲完，我们要跟 AR、VR 团队的专家去解释……

老板原来的讲话还是内部发，现在是全社会都能看到。老板这样讲了，我们还怎么吸引人才？专家说你要我来干啥呢？……"

可以看到，任正非先生能够接受团队以如此犀利的"批判"方式来表达分歧，并接纳那些与自己认知冲突的意见，这也是华为能吸引世界级人才加入，接受其领导的重要原因之一。

分歧不可怕，只要有"原点"

我将"原点"这个词引入管理中，把它定义为当团队成员发生分歧，甚至发生较为严重的争执即将分崩离析时，能够把大家拉回到同一个认知下的东西，它包括身份关系、情感、共同利益等，这些统称为原点。在管理实践的过程中，我愈发感受到"原点"对于战略落地过程中团队管理的重要性。

在一家民营企业里有五位股东，他们的分工有商有量，看似和气一团，实则每个人都有自己的个性和需求。因为谁都不是控股股东，没有绝对核心时，关键事项难以达成一致，所以这种模式的失败概率其实非常高。但这家公司十多年来一直发展良好，股东也一直坚守着。他们其实也经常爆发分歧，比如在新业务方向、分公司利润指标、新区域拓展、关键人才引进等方面，每个人站的角度不同，代表的利益不同，就会出现分歧甚至争论不断。

其中一位股东脾气不好，每次谈及有人和自己意见相左的话题时就发脾气，甚至有一次借着聚会喝酒的机会很过分地辱骂另一位股东。但这个团队在激烈的冲突下并没有分崩离析，董事长非常擅长使用"原点"，每次冲突后他都会把大家再拉回来，问大家是否还遵守创业之初立下的誓言：亲如兄弟，一起做成事。只要还认可这个原点，再大的分歧都不可怕。

当领导者想要实现的方向与下属发生分歧时，如何不把分歧悲观化，如何不让分歧影响人际关系呢？同样可以依靠"原点"。领导者可以借助目标、价值观、文化等来创造"原点"，让它们成为所有人内心深处都认可和遵守的东西。

《原则》的作者瑞·达利欧所提出的"极度透明""极度开放""创意择优"等，既是原则，也是团队在一起的原点，当发生分歧时，回归到原点再去思考，就会冷静下来去思考分歧发生的原因，避免陷入人际的情绪纷争。

一位能建立团队原点，并能拥抱分歧，发生再大的分歧都能把团队拉回来继续前进的领导者，必然拥有领导力且值得追随。

尽量让分歧发生在足够信任的人之间

很多人会把分歧误以为是"冲突"或者"反对"，就会在发生分歧时产生不良情绪，尤其是许多领导者在听到不同意见时容易愤怒，他们感受到了被冒犯。但实际上，绝大多数因分歧产生的不良情绪都是受到了"非重要下属"的影响：有些人的分歧意见并不重要，但传到领导者耳朵里时就成为干扰信息，尤其对于那些非常追求全员一致性的领导而言，干扰就会被放大。

有一位负责行政人事的副总裁开会讨论推行工厂一线人员绩效方案的事宜，询问人力部门内部有什么意见，大多数人都认同要抓绩效，可以按照方案去实施。

轮到一位新进公司的培训主管时，他说了一句："感觉工人绩效还是按计件制比较好，没必要太复杂。"其实这位培训主管并不了解公司背景，甚至对绩效管理也不甚了解，只是表达了自己的看法，但副总裁当场很不悦，会议最终在沉闷的氛围中结束。

不是所有人的意见分歧都有意义，需要懂得一个技巧：与值得信任的人（下属）进行观点探讨，而不需要考虑所有人的意见。因为对于信任的人，你会潜意识里相信对方的分歧是基于良性的考虑，并且这样的人往往对你要做的事情认知充分，信息掌握程度较为一致。

领导者应对分歧的方式应该是这样的：不要强行让他人认为自己是对的，而要弄明白谁的观点更正确，并决定如何行动。即使真的陷入僵局，谁也不接受对方的观点，也能够理解对方提出观点的理由，并保留分歧，认可分歧的存在。

领导者一定要做到不害怕分歧，当出现截然相反的观点时，应该花时间去了解分歧，思考原因，而不是站在各自的角度吵得不亦乐乎。要知道，一旦发生了分歧就意味着要对所要达成的目标进行深度思考，也就离正确答案不远了。

对分歧的复盘

不断推进战略落地的领导者首先是把自己放在不断进化的状态下，他们虽然某个时刻很固执，甚至做出了错误的决策，但总能及时审视并做出调整，如同走在一条震荡上行的曲线上。

复盘是一个很好的工具，无论事情是否成功，无论是开始执行还是悬而未决，都应该在看到相应状态后，与团队一起复盘。复盘并不是评估，简单来说就是要察觉到当时是如何产生那样的想法、措施的，尤其对于发生分歧的事项，特别有意义。

对于分歧的复盘需要注意以下五点：

第一，如果当时达成了一致，那分歧是真的消失，产生共同理解了吗？还是把意见隐藏下来的伪一致？

第二，观点达成了一致，后续行动思路是否也达成了一致？

第三，当时为什么会出现分歧，是在什么样的背景下提出分歧意见的？

第四，如果当时分歧并未达成一致，那是什么因素导致一定要按照某一方的意见行事？

第五，如果分歧一直存在，不可调和的因素到底是什么？当时的环境和信息认知是否适合进行探讨？是否意识到原点的存在？

复盘最大的价值就是看到当时是如何思考的，为什么采取那样的行为，站在当下的视角再来看是否有优化的空间。

如果人们能够在分歧复盘时大拍桌子兴奋地喊出"我当时怎么会这样想，真蠢，你的意见里这个提醒是对的，明明有更好的方向可以选择……"，进入这种有所得的兴奋状态，至于事情目前是否完美地进行或结束都不重要了，重要的是通过分歧复盘获得了自我审视和反思进化。

能够良好管理分歧的人的确更容易获得成功，他们对分歧的理解、包容和不断调整优化，是领导力的重要构成部分。

拥有较高的情感强度

战略落地的过程中必然产生诸多问题却又没解决，出现此现象的原因往往并非管理者技能不足或者经验缺乏，而在于他们不敢面对现实。这体现在：一方面，不愿意听到让自己不高兴的声音，不愿意见到让自己不高兴的现象，不愿意正视人岗匹配的问题；另一方面，对那些与自己有亲近关系的人，即使他们已经无法为组织做出贡献，甚至做出对组织有伤害的行为，也无法做出人事上的正确决断。

很多组织里都存在这样的现象：

- 下达的制度无人执行，管理者只能跳着脚喊加强执行力；
- 明知某位下属不适合其岗位，却一直留任；
- 组织里针对问题的看法出奇地统一；
- 下属汇报总是"报喜不报忧"；
- 下属在追求你的"信任"，而非对组织做出何种贡献；
- 明知问题在哪里，却不愿采取相应的行为；

……………

以上都是管理者不敢面对现实造成的后果，扰乱管理者获取真实的信息，从而无法有效地对组织问题进行判断和解决，归根结底是管理者的"情感强度"不足。情感强度（affect intensity）的概念来自人格心理学，在拉里·博西迪与拉姆·查兰合著的《执行：如何完成任务的学问》一书中多有提及，是领导力的重要组成因素。

情感强度是指人对事物产生的选择倾向性，它是情感最重要的动力特性，决定着人的思维、行为和生理活动的驱动力大小。有研究表明，如果人的实际情感强度偏离职业化的情感强度，就难以适度地控制自己的行为力度，通常表现为两种极端：一种是产生个性化的负面行为，包括态度粗暴、行为急躁、克制力差等个性缺点；另一种则是难以有效地对客观事物施加影响，通常呈现为软弱、决策缓慢等缺点。

缺乏情感强度的现象

现象1：当下属未能执行所下达的要求时，责怪其执行力不强并加强惩罚。

这样的操作真的有效吗？看似是在强硬管理，其实是管理者的情感强度不够，只是从自己的角度看待问题，产生了不良情绪及一些可能不恰当的管理行为。

事实上管理者应该正视问题，为什么自己认为好的要求和制度，团队却没有执行的动力？是不理解，还是错误理解？高情感强度的思考模式是：我该如何做才能让下属团队遵守我下达的要求、制度？

现象2：继续任用不合格的人员。

一家公司里，财务总监居然缺乏基本的财务知识和技能，唯一的优点就是深得老板信任，她从创业开始就跟着老板做会计和出纳工作，处理关键的财务事项。现在公司做大了，一年十多亿元的业务，财务管理不只是简单的会计和出纳工作，还包括对外融资、公司理财、资金归集管理、现金流管理等，越来越专业。

但这位财务总监从来不学习相关知识，连基本的杜邦体系都毫无了解，经常举着老板的大旗与其他高管非常强势地沟通，甚至可以说丝毫不讲道理。在她身上，发生了无数从高管到员工都吐槽的事。例如，员工绩效工资核算好并层层审核后，她个人觉得有些员工当月工资额高了就会去质疑，最后导致整个公司工资晚发3天；老板签完字的高管报销单能在她手上压半个月之久；引进的一个财务经理，不到一周时间就被骂走……

每次公司开董事会、经营会，所有人提起财务总监都一肚子气，集体要求换更专业的、既有管控能力也有服务意识的专业人士来担任财务总监。可老板总是皱着眉头说："她已经跟了我17年了，没有比她更了解我们的，性格上的问题我慢慢跟她说，大家也包容一下，找外部的财务总监风险很多。"

这样的案例其实很常见，每个企业都能找出不少不称职却受到上级"保护"的人。这就是由于管理者缺乏情感强度导致其做出掩盖现实的评价，继而无法做出合理的决策。无论是上级与其的私人情谊，抑或其他不为人知的各种顾虑，都会导致整个团队的价值导向、文化氛围等在这种"保护"下被伤害，因为员工会被灌输这样的观念：与上级个人关系的重要性大于对组织产生贡献的重要性。

战略目标的实现过程中，涉及的各种人和事都需要决策和协调，管理者必须具备一定的情感强度，当面对现实问题时，无论自己喜欢与否、高兴与否，都要去面对，并且有勇气接受不同的观点和意见，有勇气面对团队中出现的分歧，而不是利用脾气、抱怨或者"无为而治"来遮掩自己的情感强度弱点。

获取建立高情感强度的力量

很多企业都倡导进行管理层的领导力塑造，辅以大量的培养资源，可关于管理者的情感强度培养却没有提及。诸多优秀领导者在推行战略目标、带领团队迎接更高挑战的过程中，非常重视通过三个方面的修炼来提升情感强度。

言行一致：坦率与真诚

只有上级做到坦率与真诚、真正的表里如一，才能让下属信任，才能让他们明白你倡导什么、反对什么，旗帜鲜明。在言行一致的基础上，管理者得到了团队的理解与信任，其情感强度就能不断加强，减少决策时的顾虑，敢于面对个人关系的影响而做出人事的调整。

觉察控制：自我认知与反思总结，对自我行为负责

作为管理者自然不可避免地会在"自我"这一项较为强大，但这并不妨碍对自己进行正确认知，切勿认为自己是完美的，甚至明知是错误的决策也要坚持下去，"太过于爱惜自己的羽毛"就是情感脆弱的一种表现。

只有意识到了自己的问题，才能发现别人的优点，才能做到在团队中"不耻下问"，真正地走入团队中，将战略目标转化为团队要做的事。

现实态度：倾听意见与开放的学习态度

在做到了言行一致和觉察控制后，管理者就会拥有现实态度，也就是敢于面对现实，敢于承认自己并不是团队中最能干的人，只要有利于目标达成，就能倾听意见且可以向任何人学习。当团队成员感受到这种倾听里的真诚和尊重时，就会被激发出更多的建议和想法。

带领团队实现战略目标的过程，也是不断挑战管理者的思维方式和领导力的过程。领导力并不是多么有权势地指挥行动，而是通过对目标刚性和柔性的协调，通过有效管理分歧，不断修炼、提升情感强度，从而激发出团队力量。

第 11 章

致 力 共 识

许多管理者还不清楚共识的含义，共识是指团队充分地讨论过切实可行的行动过程，并且每个人都有愿意接受意见的心理准备，即在这种情况下只有一个特定的解决方案是最佳的方案。这也许不是"每位员工"的理想解决方案，最重要的检测方法是每个人都准备采取行动，把它看作他们理想的行动方案来执行。㊀共识会让团队成员为了实现组织的目标与意图而共同承担责任。

成功的企业组织必然有着强大的共识力，情况迥异的个体走到一起构成了组织，仅靠设定目标和制度是无法让人们产生最佳合力的，每个人的想法在经营过程中就像一股股力量，此消彼长。只有对战略目标形成共识，才会尽量减少各种抵消力量，这需要从组织层面（文化、价值观等）及管理层面均做出致力于共识的努力。

华为公司就是构建组织共识方面的卓越企业，其自成立以来，不断

㊀ 阿代尔．正确决策 [M]．燕清联合，译．海口：海南出版社，2008．

地通过各种内部讲话、文章等强化成员对组织的共识，并形成了经典的价值观、原则等，被外界企业争先恐后地学习。

在"干部的使命与责任"方面，华为公司的首要要求是干部要担负起公司文化和价值观的传承，这就是对管理层应致力于共识的要求。公司价值观必须由干部深度学习并言传身教地传递下去，才能让员工产生共识，绝非仅仅靠公司整体的价值观宣导。

从对"以客户为中心，以奋斗者为本，长期艰苦奋斗，坚持自我批判"等价值观的解读中可以看到，华为并非只是高举着几个口号，而是用最直白的话语、最实际的事实来让各级干部和员工理解并形成共识，引用部分材料如下。

从企业活下去的根本来看，企业要有利润，但利润只能从客户那里来。华为的生存本身是靠满足客户需求，提供客户所需的产品和服务并获得合理的回报来支撑的；员工是要给工资的，股东是要给回报的，天底下唯一给华为钱的，只有客户。我们不为客户服务，还能为谁服务？客户是我们生存的唯一理由。既然决定企业生死存亡的是客户，提供企业生存价值的是客户，企业就必须为客户服务。因此，企业发展之魂是客户需求，而不是某个企业领袖。⊖

华为没有任何可以依赖的外部资源，唯有靠全体员工勤奋努力与持续艰苦奋斗，不断清除影响我们内部保持活力和创新的东西，才能在激烈的国际化竞争中存活下去。历史和现实都告诉我们，全球市场竞争实质上就是和平时期的战争，在激烈竞争中任何企业都不可能常胜，行业变迁也常常是翻云覆雨，多少世界级公司为了活下去不得不忍痛裁员，有些已途

⊖ 《华为公司的核心价值观》，2007年华为公司修订版。

中消失在历史风雨中。前路茫茫充满变数，非常地不确定，公司没法保证自己长期存活下去，因此不可能承诺员工一辈子，也不可能容忍懒人，因为这样就是对奋斗者、贡献者的不公平，这样对奋斗者和贡献者就不是激励而是抑制。幸福不会从天而降，只能靠劳动来创造，唯有艰苦奋斗才可能让我们的未来有希望，除此之外，别无他途。从来就没有什么救世主，也不靠神仙皇帝，要创造幸福的生活，全靠我们自己。㊀

要坚持"以客户为中心，以奋斗者为本"，只"以奋斗者为本"是不对的。奋斗者干活很努力，很卖劲，但不能给客户创造价值，那他的努力就是多余的。㊁

公司正在迈向新的管理高度，以什么来确定我们的组织、流程、干部的发展方向呢？以什么作为工作成绩的标尺呢？我们要以为客户提供有效服务，来作为我们工作的方向，作为价值评价的标尺，当然这包括了直接价值与间接价值。㊂

目标感染力

感染一词，往往用于细菌或病毒，意味着不好的扩散，但我真希望这个词被更多的企业用到，如果战略目标能够具有病毒一样的威力，让所有人都"沾上"它，融入骨子里、血液里，该有多好。

无论是高层领导者，还是中基层管理者，最重要的使命就是带领团队去实现战略目标，获得长足发展。通过自己对目标的理解去"感染"团队成员，是领导力的重要体现之一。

㊀ 《关于近期公司人力资源变革的情况通告》，2007年华为公司修订版。
㊁ 《任正非在PSST体系干部大会上的讲话》，2008年华为公司修订版。
㊂ 黄卫伟. 以奋斗者为本：华为公司人力资源管理纲要[M]. 北京：中信出版社，2014.

不要把追赶目标变成一场数字游戏

2020年一场突如其来的疫情，让多数企业的一季度运营目标几乎报废。随着情况的好转，企业领导者都在盘算着如何追赶目标，如何挽回一季度的损失。可以想象到，领导者们会开始玩一场"数字游戏"，他们过去就一直擅长于将销售额和利润的目标数字按照时间维度分解到不同的团队和人头上，而现在他们认为只需要把原本放在一季度的数字，分摊到剩下的三个季度上去即可。

领导者们似乎在数字修改的游戏中得到了"安心"，剩下的就是团队如何执行的问题了。他们只需要不停地督促和使用绩效工具即可，尤其是特别擅长"逼一逼"的管理方式，每到月末、季度末，如果目标还差一些，他们就开始"逼"数字，而团队只有在这个时候才会开始紧张行动起来。

如果目标被"逼"得实现了，则大家安好，如果没有实现，那就再继续施压。多数领导者谈到此处时，都会表示"逼一逼，效果很明显"，还美其名曰"量化管理"和"以结果为导向"。对于员工而言，这些目标即使"逼一逼"完成了，他们也没有多大成就感，如果没有完成，也不会有任何愧疚感。

对于目标的理解，不应该是这样。

团队管理者，需要懂得"目标感染"的技巧

最早提出"目标感染"概念的是哥伦比亚大学社会心理学家海蒂·格兰特·霍尔沃森，她谈到帮助别人实现目标，可以用目标感染的方法，就像流感一样，目标也极具感染力。⊖

⊖ 霍尔沃森. 如何达成目标 [M]. 王正林，译. 北京：机械工业出版社，2019.

当人们看到别人追逐某个自己也合意的目标时，会得到强大的暗示，从而在潜意识中触发同样的目标。"目标感染"效应在很多方面都得到了应用。例如在新冠肺炎疫情下，人们开始思考真正应该学习的偶像是什么样的人。网上有一段关于钟南山教授流利地用英文进行学术讲解的视频，评论区的网友们纷纷表达佩服之情，更有很多 90 后、00 后的年轻人在看到之后也告诉自己需要努力学习，这就是一种目标感染效应。

可惜的是，在企业组织中还有许多的管理者并不懂得利用"目标感染"效应来推动整个团队朝正确的方向前进，而仅仅是靠"逼一逼"，要知道，被迫前进和自己想向前走，两者效果绝对是不一样的。

一家从事连锁餐饮服务的公司，正在倡导"以客户为导向"。公司规定不管是哪一个层级的干部，每个月至少要有三次走上一线岗位服务客户，从而避免决策脱离市场的状况。各级干部在一线岗位接触客户并提供服务的过程中，感受到的客户痛点和需求、现有产品和服务的差距、问题及创新机会等，都在每周的例会上进行探讨，并形成一致的行动意见。他们从不在例会上做出"逼一逼"的管理行为，公司业绩目标却总是提前完成并不断突破。

员工们感受到公司从上到下都在以客户为导向来做事，无论层级高低，所有人都在做同一件事的时候，目标感染效应就在组织里形成了，团队的积极性和活力将会得到很大程度的激发。

实现"目标感染"必须要做到的三件事情

以身作则

在员工的心目中，领导者往往是"说教者"的化身，他们总是会滔滔不绝地讲述各种理念和道理，神情投入且唾沫横飞，但是在行为上呢？

- 喊着要创新，却从来没有耐心听取下属的想法；
- 倡导员工发展，却不肯在年初花时间给直接下属制订一份发展计划；
- 学习华为"以奋斗者为本"的高层，参加产品会议不到一个小时就哈欠连天，甩下一句"交给你们了"，转身就到了高尔夫球场挥汗如雨；
- ……

倡导什么，就要做什么，言行一致是对合格管理者最基本的要求，因为员工们都在看着你，他们也会有样学样。我们发现，失败的管理者往往特别会要求别人，却不懂得要求自己；成功的管理者会坚持自己的理念并践行，让团队受到带动和激发，产生的影响就像投下石块后的水面，波纹一层层荡开，越来越多的团队成员受到影响，采取相应的行动，目标也就通过这样的方式实现了。

学会目标转化

不合格的管理者，在把目标"扔"给下属的那一刻起，其角色就变成了督促者和评估者，而事实上下属并没有真的觉得这是自己的目标，认为只是替上级去完成目标。

必须要懂得的一个现实是：没有人喜欢被安排做事，没有人喜欢做别人的事。管理者需要将自己想要的目标，转化为下属"合意"的目标。真正让员工具有动力的，并非物质激励，而是让他们清楚地知道什么是他们本应该做，并且能够做到的。管理者如果将自己的目标未加转化直接交给下属去执行，就是在"偷懒"，因为没有人比你自己更了解这个目标的意义及需要的策略。

我认识一位非常优秀的人力资源总监，她收到了公司下达的数个关键考核指标，如人工成本控制、骨干员工流失率、员工成长度等，但她并没有按照传统人力资源的各大模块分配给下属，而是先召集部门的11位同事开会。

她在会上这样说："人力资源部门的价值往往难以评估，我们做了很多事却未必会被认可，所以大家也会非常累。我们并不是要去跟销售比业绩，跟研发比技术，我所希望的是，我们在自己的领域内能成为专家，让所有的职能部门能够信任我们。所以今天请大家谈一谈：在各自的领域里如何成为专家？专家应该有什么样的表现？可以分几个阶段？今年每个人设置一个自己的节奏，要做成什么样，我们接下来一起讨论一下。"

会议的效果很好，大家受到了"成为专家，让其他同事信任"这一目标的感染，这正是他们每个人内心合意的目标。讨论中大家对自己原来常规的工作提出了更高且具有创新性的要求，这样去执行的最终工作结果自然会体现在公司制定的指标上。

战略落地需要领导者们掌握一个道理，那就是不要发号施令让别人服从你，而要努力为人所理解并理解他人，以达成共识。如果你希望让别人服从，或是以自我为中心，认为按自己的想法行事更为有利，长此以往，你就可能会付出高昂的代价。当只有你一个人在思考时，结果不一定好。[一]

掌握"意义"带来的触发力量

即便员工们告诉你，他们最渴望的事就是"赚钱"，你也会发现这并

[一] 达利欧.原则[M].刘波,綦相,译.北京：中信出版集团,2018.

不是让他们最有动力去实现工作目标的事情：涨薪酬的激励效果，多数情况下不会超过一个月；提升职位的激励效果，多数情况下不会超过两个月。

如何实现"目标感染"，让所有人的行动趋同呢？这要求领导者寻找富有意义的触发因素，并且必须认识到：每个人都有动机去做一些超过自我需求的事情，那些存在于自身工作中对社会、国家、环境有意义的地方，就是最好的激励。

2020年新冠肺炎疫情期间，一家全国连锁的茶叶品牌公司安排员工们做了一件事情，员工们身着正装，用精致的礼袋装上茶水，去给商场安保人员、环卫工人、清洁工等送茶水喝。要知道这些人并非目标客户，平时基本上不会进入茶店去买茶喝茶，可是店员们在做这件事的时候，感觉到自己做了对社会有益的贡献，参与到共同抗疫的行动中，为自己的行为感到骄傲，同时更加感受到公司品牌的价值，这件事会让他们更容易理解公司的战略目标。

企业必须要抓效益，但更应该抓住有意义的事件来作为团队"目标感染"的触发点。每一位领导者都应该思考并重新定义目标的传递方式，设计如何进行"目标感染"，这是一个杠杆率非常高的管理模式。

消除沟通位差效应

英特尔公司的前任CEO安迪·格鲁夫提出："领导公司成功的方法是沟通、沟通、再沟通。"[一]

[一] 格鲁夫. 格鲁夫给经理人的第一课（纪念版）[M]. 巫宗融，译. 北京：中信出版社，2013.

沟通其实很难，其效果受到沟通者的个性、情绪、所处角度、所在环境等因素的影响。有一组研究数据表明，企业中来自领导层的信息只有20%～25%被下级知道并正确理解，而从下到上反馈的信息则不超过10%被上级清楚知晓，但平级之间的平行交流效率则可达到90%以上。平行交流效率之所以如此之高，是因为它是一种以平等为基础的交流。

在不断分解战略目标、确定策略、执行计划的过程中，需要大量的沟通，但从上至下的位差效应是始终存在的，该如何应对？

有位企业老板创业至今15年间，形成了一家规模性的贸易公司，人数从3个人扩张到数百人，各级管理者有四五十人。这位老板经常感慨，公司大了反而没有感觉了，虽然是自己的公司，但跟员工之间有一种隔着距离的感觉。

- 不太清楚基层的队伍状态到底怎么样；
- 自己每次会议给中层讲得激情满满，可过后大家依旧没什么变化；
- 发起"总经理访谈日"跟基层对话，好像也没发现什么突出问题，一切照旧。

这就是产生了位差效应，高层得到的信息已经大幅衰减。不要以为只有高层会出现这种情况，中层和基层也一样，只要存在职位位差，沟通的衰减就可能会出现，而这些信息的衰减对于企业战略落地来讲，可能是灾难性的问题。战略目标在层层分解后，基层人员接收的信息已经在主观或者客观上发生了衰减，再加上位差效应，他们不认为自己的意见或者问题能够被有效传递上去，因此无数的问题或者抱怨就被积累下来。

如果这些问题或者抱怨在某个层次积压到一定程度，就会成为影响执行力、影响企业运营效率的重大阻碍，甚至导致企业发生危机。

多数企业已经采用了相应的机制，例如"总经理沟通日"、意见信箱、投诉热线、政策宣贯等，但效果仍然不太好。管理者可以尝试在以下方面进行提升，有效减少位差效应。

真正做到重视员工的意见

沃尔玛公司是这方面的典范，经常有各地的基层员工来到沃尔玛总部要求见董事长，董事长沃尔顿先生总是耐心地接待他们，将他们要说的话听完，并详细记录下来。如果员工是正确的，他就会认真地解决有关的问题，并且要求公司每一位经理人员认真贯彻，而不要只做表面文章。

员工觉得自己的意见受重视，才会有动力去提意见。而重视与否，就看管理者是否采纳意见或者进行了相应的改善，并且让提意见的员工感受到这种变化，就会极大地强化他在组织中的存在感。

遵守层级管理，但偶尔也需要突破常规

多数员工是愿意与高层沟通的，他们渴望得到高层的尊重与认可。对于公司进行的大事，例如年度工作会议或者董事会，虽然基层员工没有权限参与，但如果企业高管借助一些活动或者会议，真诚地与基层交流，让他们能看到相关材料，领会公司战略意图，并参与相关议题的讨论，对他们来说是一种鼓舞，还会消除员工心中积压的一些误解、抱怨等。

倡导什么，反对什么，旗帜鲜明

大卫·奥格威在《一个广告人的自白》中写道："我们公司开创之初，我和每个雇员朝夕相处，感情的交流很容易。但是随着队伍越来越大，交流感情就变得困难多了。对一个连我的面都没有见过的人，我怎么可能像

他爸爸呢？我的公司现在有男女职员 497 位，我了解到，他们每人平均有 100 个朋友，总共 4.97 万人。如果我把奥美公司的经营方针、理想和雄心告诉我的职员，他们又转告给他们的朋友，那么就会有 4.97 万人知道奥美是一家什么样的公司了。"㊀

大卫·奥格威每年一次把全体职工集合在现代艺术博物馆的礼堂里，坦率地向他们报告公司的经营和收益等情况。然后告诉他们自己欣赏的是什么样的行为。

当所有人都知道组织倡导什么、反对什么的时候，行事就有了框架，人们会判断自己的行为得当与否，而不是时刻都需要管理者去提醒、监督。

学会向员工"表白"

致力于团队共识的领导者应当重视向员工"表白"的能力，这是让员工感受到自己被需要的重要方法，并大幅减少战略落地过程中认知层面的阻碍。

经常听到企业领导者们抱怨下属不理解自己的战略构想，抱怨下属不能积极主动地去行动，导致战略目标无法落地。无论是以开会的方式，还是以设定 KPI 落实责任的方式，似乎下属都没有理解目标的重要性，他们总是一脸的麻木和被动，习惯了"用鞭子抽一下，才动一下"。

但问题是，当领导者希望下属激情燃烧时，是否反思过，自己的想法真的被他们理解了吗？自己又投入了多大的热情来传递自己的想法或目标呢？

㊀ 奥格威. 一个广告人的自白 [M]. 林桦, 译. 北京：中信出版社，2008.

"员工是一名也好,两名也好,从录用的那一刻起,就要对他说:'我就依靠你了!'"这来自稻盛和夫先生所写的《领导者的资质》一书。

稻盛和夫在创办京瓷后不久,就利用各种机会,敞开胸怀,积极地向员工讲述自己的想法,讲述公司该如何发展。他认为:"我这么做,就是因为我把员工当作了共同经营的伙伴。既然是我的经营伙伴,就必须让他们理解我的想法。"[一]

在读稻盛和夫先生的著作时,我最大的感触是他的表达十分用心,他能够毫不掩饰地对团队输出自己的期望和认可。"我就依靠你了"这句话在许多人眼里似乎等于示弱或者丢脸,但这才是领导者构筑公司内部正确人际关系的第一步。

优秀的领导者应该学习稻盛和夫先生,向团队"表白",尤其在设定了较高、较难的战略目标时,领导者就更要意识到这不可能由一个人或少数人来完成,一定要向员工"表白"出目标的意义及实现的路径,得到他们的积极反馈,从而产生激励、集聚团队的力量。

把"你们"变成"我们"

领导者的"表白",首先发挥威力的地方就在于建立共识,将"你们"要做的事变成"我们"的事,将上下级关系变成"我们"的关系。

多数企业在进行战略收购时,都将眼光聚焦在那些看得见的"核心资产"上,却容易忽略人心,比如不安、迷惑、怀疑等,最终导致合作的结果不佳。

任正非先生就是擅长使用"表白"来塑造团队的高手,在华为收购港湾的时候,这些人曾经离开华为,曾经与华为互相竞争造成伤害,正面临

[一] 稻盛和夫. 领导者的资质 [M]. 曹岫云,译. 北京:机械工业出版社,2014.

回到原有团队的尴尬，他的讲话彻底打消了员工们的疑虑。

"我代表华为与你们是第二次握手了，是真诚欢迎你们回来的，如果我们都是真诚地对待这次握手，未来是能合作起来做大一点的事情的。在历史的长河中有点矛盾、有点分歧，是可以理解的。患难夫妻也会有生生死死、恩恩怨怨，岂能白头呢？

只要大家是真诚的，所有问题都可以解决。从现在开始，前半年可能舆论界对你们会有不利的地方，但半年后，一定是十分正面地评价你们的行动。所以你们不要担忧华为的员工如何看这个问题，在你们回来工作时，也会有一些不舒服的地方……

你们开始创业时，只要不伤害华为，我们是支持和理解的。当然你们在风险投资的推动下，所做的事对华为造成了伤害，我们只好作出反应，而且矛头也不是对准你们的。

你们走的时候，华为是十分虚弱的，面临着很大的压力。包括内部许多人，仿效你们推动公司的分裂，偷盗技术及商业秘密。当然真正的始作俑者是西方的基金，这些基金在美国的 IT 泡沫破灭中惨败后，转向中国，以挖空华为，窃取华为积累的无形财富，来摆脱他们的困境……

我们之间真正的出路是重新走向合作，我代表 EMT 团队，会真诚地处理这个问题的，不要担心会算计你们，也会合理地给你们安排职位的，不光是几个，而是全部……

非常欢迎你们加盟，我来见你们就是让你们放心，我们没有什么弯弯绕绕，我们也不纠缠历史。我们面向未来，在减少矛盾的情况下，加强沟通，达到相互信任。

公司处在全球历史性大发展的时期，如果你们想通了，双方工作小组也能达成一致，你们的回归将对中国科技史都是一项贡献。不一定会说你们输了，我们赢了，应该说我们是双方都赢了。如果华为容不下你们，何以容天下，何以容得下其他小公司。"

这是一次非常具备大格局的讲话，更是一位企业领导人的内心"表白"，任正非将问题说得很清楚，讲事实摆道理，对可能出现的问题丝毫不回避，但展现出了诚意和包容，尤其是最后一句话，真正让这些心怀担忧、犹豫不定的港湾员工愿意重新回到华为的怀抱，成为"我们"的一分子。

证明你有多需要团队成员的参与

传统的领导者对于目标总是以发号施令的方式希望团队成员服从，让人感受到的是领导者以自我为中心的想法，这不是"表白"，而是单方面的宣贯。长此以往，领导者会付出非常高昂的代价：企业里有很多员工，却只有几个人在思考。

《原则》的作者瑞·达利欧非常注重谈话时团队成员的参与，他认为："独断专行的管理者没有自己的班底，也就是说他的下属没有自己的观点。如果你发出太多的指令，人们可能会有怨言，对你的命令阳奉阴违。你对聪明人施加的最大的影响，来自持续的就真实情况和最佳决策去求取共识，这样你们追求的是同一个目标。"⊖

我用"表白"这个词语，就是想提醒领导者们，要让团队一起充满激情地去实现目标，就要用追求恋爱对象的心态来表达你的想法，让团队感觉到你的迫切之心，让他们基于认可走到一起去，而不是强迫对方跟自

⊖ 达利欧. 原则 [M]. 刘波, 綦相, 译. 北京：中信出版集团, 2018.

己走。

在一家公司的战略研讨会上，总经理洋洋洒洒地对自己设想的战略转型讲了足足 70 分钟后，问大家有什么意见，一位中层人员站起来问："产品转型需要把握行业发展趋势，这一方面我们还没有做过专项的研究，立刻开展产品开发会不会有风险？"

总经理脸色立刻严肃起来，盯着对方说道："这不是你们考虑的问题，行业发展趋势我还不清楚吗？我不清楚的话怎么把公司做大的？刚才讲这么多，不是对趋势的理解是什么？你们把细节做好，配合做好执行工作就行了。"

接下来不再有人发言，总经理也满意地宣布散会。

当一个领导者总表现出自己"无所不能"而其他人做的事都是细枝末节的时候，团队成员是不会产生主动性和创造力的。

"表白"也要保护好自己的内心

一些领导者存在这样的疑惑：自己很注意团队成员的参与，也没有独断专行，每次充满激情和耐心地与成员交流，希望他们理解自己提出的目标或方针时，自己的激情却很容易被泼冷水。

我经常在企业里告诉各级管理者，一定要学会保护自己的内心。当你想到一个好的方向或策略，情绪高涨，召集公司相关人员讨论时，是要听取客观意见，还是希望获得大家的积极回应呢？如果是后者，你为什么还要叫上那些态度冷淡的人、不容易对新事物产生思考的人、对情况不了解就喜欢高谈阔论的人呢？

领导者的"表白"一定要分阶段、分对象，尽量让自己内心不受到负面的影响。稻盛和夫先生也遇到过这样的问题，但他提出了解决方案，按

照"乐观构想、悲观计划、乐观实行"的程序来进行新工作的推行。[一]

他认为在谈论新构想的时候，往往是大体思路，还没来得及仔细验证推敲，如果听到否定意见，会很容易被浇灭热情。于是采取"乐观构想"的方式，让那些愿意拥护自己想法，总是能被点燃激情、爽快率真的人来进行讨论。他们总是会给领导人这样的回应："这个想法真有意思，我们赶紧干吧。"

我一直对目标的提出有这样的看法：至少一开始想起来要觉得"美"，否则哪还有勇气去挑战呢？当然太过于乐观而没有谨慎的思考就容易失败，这时候就需要推敲具体计划，也就是进入稻盛和夫先生所讲的"悲观计划"阶段，彻底思考所有的条件和因素，反复调整优化，甚至有可能推翻之前的想法。这个阶段需要那些很冷静、甚至总是从反面来思考问题的人参与，此时的领导者"表白"就是要接受他们的质疑，列举很多不利的情况，并逐条去解决，这有利于提高实现目标的可能性。

最后进入实施阶段，则挑选执行力强的人，不管条件如何，坚决地向前推进。

领导者要成事，必须要通过"聪明"的安排来保护自己的内心，不要一股脑地"表白"，却被杂音所干扰。当然更为重要的是，向团队"表白"取得有效的结果，这取决于领导者长期工作中的努力，能够让团队成员产生极强的信任感，愿意倾听和跟随。

构建团队共同语

在卓越的团队里，人们总是表现出一致的节奏，甚至嘴里都说着同

[一] 稻盛和夫.领导者的资质[M].曹岫云，译.北京：机械工业出版社，2014.

样的词语。

- 在宝洁，刚进公司的新人在汇报时说得最多的就是：我这个模型……从这三个维度来看……；
- 在谷歌，从上到下都在谈着OKR，用着OKR……；
- 在华为，所有人的脑海中都深植着一些话，例如"市场不相信眼泪"；
- 在联想，所有人都在谈着复盘，做着复盘；
- …………

我把这些叫作团队共同语，它会很神奇地让人们的脑电波处在相近的频道里，从而产生共识及一致的行为。

有人说，我们也有团队共同语，比如控制成本、赢得客户等，但经营情况始终不好，员工之间矛盾不断。

团队共同语并不是从嘴巴里说出来那么简单，而是像CIS（企业识别系统）那样，不仅仅是要看得到，更是要形成从理念、行为到可视化的一套贯穿系统，这需要领导者亲自带领，并用语言和行为不断向团队传递，当所有人都照此行动起来时，就产生了组织的同频共振。

团队共同语有个最基本的作用：强化效应。在给中高层管理者讲课时，我请他们记住这样一句话："你倡导什么就要强调什么，你不强调就等于不重视。"很多领导者把自己认为很重要的观念和工作交代下去，内心想着这很重要，却在交代后不管不问，就等着收获结果。而下属很容易在工作中受到各种因素的影响，将之逐步忽略甚至遗忘。

要让一个理念或者工具方法在组织里应用起来并产生作用，是需要领导者亲自参与强化的，这包括以身作则和持续要求。

你今天 SWOT 了吗

我特别佩服一家民营企业的董事长，他曾问我："胡老师，我有几个做企业的好朋友，发现他们都在用一种叫作 SWOT 分析的方法，一张纸就能把公司情况列清楚，对思考策略非常有用，我是化学专业的，对管理方法不太懂，您能否教我这个工具？"

说实话，我当时挺诧异的，因为在很多人眼里 SWOT 已经是很老套的工具了。他在很仔细地听完如何使用后，以公司在某区域的市场突破为主题做了 SWOT 分析，每一步都非常认真，反复思考内外部因素，最终形成 SO、WO、ST、WT 等策略，做完后非常满意，因为这个过程带给了他很多的启发。

他很激动地说："我们的中高层干部就是缺乏这种工具和思维的指导，它又简单又实用，应该在全公司普及。"随后，他立刻召开了全公司主管以上大会，首先把自己手绘的 SWOT 分析表展示给大家。

"我作为老板也在学习工具方法，SWOT 分析法对情况的审视和选择行动的策略支撑非常有意义。既然化学专业出身的我都能够用好，而且觉得真的很有用，那所有干部、所有员工都应该使用。也许这个工具还是有很多 bug，但我现在要求大家必须使用。那个谁（公司餐厅厨师长，他属于主管级别，也参与了会议）也必须要用，哪怕你切个西瓜都要在脑袋里给我过一下 SWOT！现在开始，所有的周会、月会报告里面，我必须看到 SWOT。"

我有点担心太极端地使用工具会产生不好的效果，毕竟使用场景不同，不可能切西瓜都得思考 SWOT。这位董事长却一点也不担心，他很开心地说："胡老师，我这帮员工的情况，我自己最清楚了，只要给他们一点点回旋的空间，他们就一定是往后退的。我也知道这个工具不是什么地方都能用，但对内外部因素的思考和策略性思维是对的啊，我就要逼他们用，他们没有好好用起来，没有用到吐为止，怎么有资格选择用什么工具方法？等他们都真的用成习惯了，再看情况使用。"

好一个"用到吐为止"，真心佩服这位董事长，这是真正能落地的方式，而很多企业在导入新的理念、流程、工具方法时，给了团队一种"你们先试试看"的感觉，自然无法形成团队共同语。

一个月后，整个公司都 SWOT 了！这个词语就像魔音一样萦绕在每个人的脑袋里，甚至年轻人们在业余时间都在开玩笑互相问：今天你 SWOT 了吗？实际效果真的让人惊叹，冗长的分析报告变成了清晰的表格，谁在思维上只是按部就班，谁又提出了优质策略，一目了然。

董事长在月度经营会上强调："SWOT 工具要持续用，相信大家也看到了它对工作的作用，希望你们都能在工作中有思考，有策略，要会分析，而不是埋头就干，抬头才发现漏了这个漏了那个。"

这家公司虽然规模不算庞大，但在行业里是品质方面的领头羊，想来和董事长的这种构建团队共同语的方式有着极强的关系。

塑造团队共同语的三个关键要素

要素一：场景化推广共同语，让所有人听得懂看得明

推行一个事物，就要用最容易理解的方式，像案例中的董事长那样，自己做了一份 SWOT，让所有人都看到是什么样子，对方法的推广起到最直接的作用。

为什么"以客户为导向"在有的企业里成为一句空话，而在华为公司成为立足之本，成为流淌在每个合格华为人血液里的东西呢？

要知道，华为公司的每一个倡导理念以及引进的方法工具（IPD、BLM等），都使用了大量场景化的宣传、培训手段，并变成一个个的案例甚至故事在团队成员中传递。场景化意味着易于理解、共情和被触动，当新员工听到老员工介绍当初在伊拉克市场上，炮火还没停歇，国外设备纷纷撤离时，华为的工程师们却冲上去为当地人民提供通信保障，让他们能够通过电话问候家人。通过这个故事，每个人都懂得了什么是以客户为导向。

任何一个团队共同语，都应该从领导开始以身作则，创造场景并传递，它不能停留在一句口号或者纸面上，只有在行动中才会生根发芽。

要素二："布道"队伍

优秀的组织里，并不是只有领导者在摇旗呐喊，而是有许许多多在各个岗位上表现突出的标杆人物参与进来，成为团队共同语的布道者，他们通过言传身教，不断影响着身边的人。

也有一些组织设置专门的角色来承担这项工作，例如阿里巴巴的文化布道官，华为公司各事业线条里的干部管理部，他们收集与团队共同语一致的案例，不断地通过培训、宣传等方式进行输出。

但对于多数的普通企业而言，我更建议从各层级、各职能人员中培养"布道官"，对于普通员工而言，身边人的影响更加自然和直接。

记得二十年前我刚加入华为的时候，市场人员都要在技术服务部门实习一段时间，虽然脑袋里已经把"以客户为导向""追求客户满意度"这些话背得滚瓜烂熟了，但其实并没有渗透到自己的日常行为中。

有一次我跟随导师前往客户机房进行调试，完成工作后正要收拾离开，却看到导师从衣服口袋中拿出一块抹布，开始认真擦刚才操作台旁边的设备柜面，其实我们只是动了操作台的电脑，没有动这些设备。我好奇地问导师："为什么要帮客户擦柜子，我们不是干这个的，也不是我们弄脏的啊？"导师边擦边回答："每次来客户这里，随手多做一些事，不管客户看不看得见，以客户为导向嘛。"

这个场景我一直记在心里，甚至在整个职业生涯里它都在时刻提醒我：我能多为客户做一些什么，并不是为了订单和评价，而是应该做的。

在这样的团队共同语加持下，个人工作成绩不断得到提升，从而进入不断向上的发展轨道中，同时，当身边同事们都这样去行动时，团队的力量也就愈发强大起来。

要素三：让团队共同语成为行事原则

企业组织拥有共同语言，不仅仅可以用于指导员工的日常行为，更能在产生困惑、矛盾的时候起到指明方向、辨真去伪的作用。

令我印象颇为深刻的是方太集团的《日行一善》，七八年前接触这家著名的厨电品牌企业时，他们送了我一本自己印制的口袋本，就叫《日行一善》，他们倡导儒家思想，希望所有的员工都能够做到"善"，并且把日常的工作表现、人员配合、甚至家庭关系等方面的细节都和"善"结合起来，例如积极帮助同事处理问题是一"善"、耐心协调跨部门事宜是一"善"、定期给远在家乡的父母打电话问候是一"善"……

在培训的时候，有学员讲到了一个很有趣的场景：两个部门在一起讨论某个问题的处理时，一不小心就谈成了问题的责任归属，本来处理问题的压力就比较大，这么一来，A部门责怪B部门没衔接好，B部门责怪A部门没说清楚。扯来扯去，火药味渐浓，会议也陷入僵持，谁都不愿意说话了。这个时候，一位员工掏出随身带着的《日行一善》放到桌子上，大声说道："我们这样没有做到'善'，互相推诿对问题的解决于事无补。"

所有人看着这本小册子，脑袋中就仿佛有了一个缰绳把脱缰的情绪拉了回来，大家重新开始讨论问题的原因，分头处理。这就是"善"的力量，已经成为一种行事原则。

但在有些企业里，领导者喊出口号要求团队去执行，自己却反复破坏，造成团队没有真正的共同语、没有原则，只能看上级的意思来行事。

在一家高喊着学习华为的企业里，老板在各种会议上都倡导"客户价值为纲"，要求所有部门都紧密围绕客户需求进行优化工作，只有客户满意才是企业的价值所在。在一段业绩下滑的时期里，这位老板召集研发部门开会，要求大幅降低成本。在砍掉很多项成本后，老板还要求研发总监替换某核心部件的供应商，从 A 品牌换成 B 品牌后成本能下降 13%。研发总监坚决不同意，认为两个品牌的品质差异很明显，客户虽然在初期使用感受不明显，但长期使用后的损耗度和出错率会有较大差异。

老板强压了研发总监的意见，他说："现在成本下降是最重要的，产品只是降低了一点品质，但不是不合格品，客户不会太在意的，价格不变的情况下我们的利润也会增加，就先这么办！"

可想而知，在这样的企业里，"以客户价值为纲"怎么可能发挥作用呢？企业一旦没有原则，是无法产生持续的发展推力的，而优秀的人才都更愿意加入有使命和意义的企业。

总的来说，构建团队共同语并非设定几句激动人心的标语，这其实是一套管理方法，首先要求领导者自己言传身教，其次要有组织内传递和强化的渠道，让所有人都以团队共同语为行事原则来审视和监督言行，倡导什么、反对什么，一目了然，从而提升团队共识度，更有利于战略落地的推进。

第 12 章

激励与解决问题

领导者要想将整个组织的成员都带入战略落地的节奏中，需要掌握一些核心的领导技巧，包括正确激励、解决问题和与关键下属的沟通。

正确的激励

有一个关于迪士尼创始人沃尔特的故事。

一个小男孩曾问迪士尼公司创始人沃尔特："你是画米老鼠的吗？"

沃尔特回答："不，画米老鼠的不是我。"

小男孩又问："米老鼠里的那些笑话和点子都是你想出来的吗？"

沃尔特答道："不是，这些也不是我做的。"

小男孩越来越不解，继续追问道："我很想知道你究竟做些什么工作呢？"

沃尔特笑了笑回答说:"我就像一只小蜜蜂,从迪士尼工厂的一角飞到另一角,采集花粉,给每个人打打气,我想这就是我的工作。"

沃尔特的回答其实恰恰说出了企业领导的工作实质——激励。

我坚信一点:充分引导和利用人的内在,才能发挥最大的价值。

作为管理者,必须要思考的是:你所提供的"激励",是短暂的一瞬间,还是有持续效应的?是表面的,还是直指人心的?是为了驱使员工为你干活,还是为了让他们明白自己绩效的意义?

弗雷德里克·赫兹伯格的"双因素理论"很早就给出明确的指导,他认为"只有激励因素才能够给人们带来满意感,而保健因素只能消除人们的不满,但不会带来满意感"。

保健因素指的是公司政策、管理措施、人际关系、工作条件、工资、福利等,当这些因素恶化到人们可以接受的水平以下时,就会产生对工作的不满意。但要注意的是,当人们认为这些因素很好时,它只是消除了不满意,并不会产生积极的态度,而是处于一种既不是满意,也不是不满意的中性状态。

那些能带来积极态度、满意和激励作用的因素就叫作"激励因素",包括成就、赏识、挑战性的工作、增加的工作责任,以及成长和发展的机会,如果这些因素具备了,就能对人们产生更大的激励。

领导者们很苦恼,甚至有人说都快贴着笑脸来让员工承担某项工作了,可他们还是缺乏动力!好像什么手段都使尽了,却难以鼓舞人心。其实领导者们往往不是在激励,而是在计算投入产出。

- 如果涨薪10%,他会不会把这个项目承担到底,而不会离职呢?
- 与下属做一次沟通,他应该能体会到重视,然后好好工作吧?

- 公开表扬，他应该能感受到认可，把工作做得更好！
- 给他这个职位，并且展现上升通道，他应该比外聘者更能胜任，但成本要低30%！

……………

以上这些问题的考量无可厚非，但实质上属于领导者的"算计"而非"激励"！

马图雅诺在《正念领导力》一书中提道：激励的本质，在于将每个人真实的自我、价值观、为人准则融合在一起，并且通过事件的完成，最终实现对自我人性的欣赏。㊀

一个关于通用磨坊食品公司的案例，很完美地诠释了"激励的本质"。

公司收到了一些孩子父母写来的信件，他们期望能生产不含麸质的麦片与蛋糕粉，因为麸质敏感型的孩子是不能吃多数由谷物制作的食品的，包括麦片、饼干、生日蛋糕。你能想象一个七岁的孩子不能像其他孩子一样拥有生日蛋糕，或者不能在校园分享日带去纸杯蛋糕和果仁巧克力饼干吗？

通用磨坊食品公司专门成立了一个小组来研究这个问题，他们觉得应该帮助父母减轻这些孩子被当作"异类"的羞耻感，最终推出了第一条无麸质奇克斯麦片生产线，用这种特殊的方式打动了消费者。

很多父母纷纷写信表达谢意，有位母亲详细描述了这样的场景：早晨儿子用餐时，发现自己的位置上有一碗麦片，以为是给姐姐的，于是很生气地看着母亲说：妈妈，你不知道我不能吃麦片吗？我跟别的孩子不一

㊀ 马图雅诺.正念领导力：卓越领导者的内在修炼[M].陆维东，鲁强，译.北京：机械工业出版社，2017.

样。他默默地坐到角落去，母亲告诉他：这就是你的麦片，你可以吃。孩子不相信，继续问是否真的给自己吃？母亲认真地说是的，孩子瞬间喜出望外，叫道："我终于可以吃麦片了，我跟其他孩子一样啊！"其实并非孩子有多爱吃麦片，只是不能吃麦片让他们感觉到自己是"异类"，他也不懂什么是麸质过敏，现在可以吃麦片仿佛给他的生活开了一扇窗。

很多类似的信件从各地寄来，在公司里被员工们分享和讨论着，这一年下来公司的盈利居然实现了翻倍，但并不是不含麸质麦片产品带来的，而是团队找到了真正激励自己的方式：帮助更多的人变得快乐，这让他们更有干劲。

从这个例子可以看到，找到工作的意义，是至高无上的激励！

首先应该是从领导者开始改变，格局、价值观、责任感，决定了激励效果。掌握激励的本质，能够帮助领导者带领团队成员面对更多的挑战和困难，不管战略目标有多么高、多么远，都始终能坚定走下去。

我们要相信，绝大多数人希望找到自己存在于这个世界上的意义，而这需要通过工作来实现，这也是领导者真正要去引领员工发现的。

杜绝问题麻木症

从1917年到现在，最初《福布斯》公布的100强企业只有39家存活下来，其中只有通用在市场上还算表现优异。原本还有一家企业名为伊士曼柯达，也在数年前消失在名单上。曾几何时，中国几乎每条街上都有柯达的店面，现在呢？

- 数码相机出现，柯达倒下了；
- 智能手机出现，数码相机也已经在危险边缘；
- ……………

现代市场的生存之战，能否获胜不仅仅取决于来自竞争对手的压力，还取决于领导者对问题的预见能力以及处理能力。

任何一个战略目标的提出，都是为了解决问题，不论是过去存在的问题，还是潜在的问题；不论是需要改善而回到标准的问题，还是为了达到更高期望值去努力实现的问题，战略落地就是要不断地解决问题。

有一个挺有意思的案例，音乐家戴夫·卡罗尔的吉他被美国联合航空公司的行李托运员给弄坏了，而且是在登机后透过舷窗目睹自己的吉他被托运员狠狠地扔来扔去，他花了9个月时间联系这家公司的客服代表，但这家公司的客服体系非常复杂，最终卡罗尔徒劳无功。

于是，这位音乐家写了一首歌《美联航搞坏了我的吉他》，并且配上用手机拍摄的扔吉他视频，一并上传到了 YouTube。短短一天之内，视频就吸引了15万次点击，卡罗尔也接到了美联航客服方案经理的电话。

三天之内，该视频获得了100万的点击量，与此同时美联航的股价暴跌10%，股票持有者损失了1.8亿美金，而这是那把吉他的六十万倍。

一个星期内，这首歌在 Itunes 市场下载排行榜中排到了第一位，美联航公司根据卡罗尔的要求，向孟克爵士音乐学院公开捐赠了3000美元，而当初损坏的那把吉他价值刚好是3000美元。

美联航的例子，就是典型的问题麻木症。虽然遇到的仅仅是一个C端用户的问题而非战略性问题，但美联航的托运管理部门、客服部门并没有从自己的实际服务水平上预见到可能带来的严重影响，导致最终产生了系统风险。

问题麻木症的三大表现

当企业各层级人员都陷入无力改善的状态时就危险了。整个组织中充斥着抱怨、误解，无数的问题停滞下来，没有人去着手解决，这就是问题麻木症。它有以下三大突出表现。

问题总是重复出现

很多领导者非常注重问题的解决，一旦发现问题则马上处理，但他们容易忽略一点：为什么这个问题总是重复出现？

华为公司的管理条例中有这样一句话：金无足赤，人无完人，我们允许犯错，但重复犯错不可原谅。

由于不肯在管理上下成本，在改善制度、优化流程、经验存留、人员培训等方面不肯下功夫，大多数的企业把超过 50% 的精力用在了处理重复问题上，例如：

- 新产品推广不能达到期望值；
- 新员工一年内留存率偏低；
- 研发效率低，70% 以上的迭代都属于被动型；
- 夜间生产设备运行故障无人处理；
- 财务报销的退单率高达 30%；
- ……

事实上，企业是可以将这些问题再次发生的概率降到最低的，但总是急于解决而采取那些看起来快速有效的手段，却没有想过如何减少问题发生的次数，导致问题不断重复发生。如果把一个企业的力量分为十份，可能有六七份力量都在用于解决重复出现的问题，留给战略目标的力量则不多了。

问题发酵，小问题成为大问题

破窗效应由詹姆士·威尔逊及乔治·凯林提出，是指环境中的不良现象如果被放任存在，会诱使人们仿效，甚至变本加厉。

他们发现，如果街边存在一幢有一扇破窗的建筑，且没有及时修好它，接下来就会有越来越多的破窗出现，甚至会有破坏者闯入建筑内。如果有人发现这里无人居住，也许就在里面定居或者纵火；如果一面墙上出现一些涂鸦没有被清洗掉，很快的，墙上就布满了乱七八糟、不堪入目的东西；一条人行道上有些许纸屑，不久后就会有更多垃圾出现，最终人们会理所当然地将垃圾随手丢弃在地上。

破窗效应，就是小问题没有及时处理，从而堆积和发酵，变成更多、更严重的问题。组织中也是如此，当领导者并没有倡导去解决问题时，成员们会对存在的问题视若无睹，直到"破窗"多得受不了了，才开始类似整顿的行为。

在一家制造型企业里，所有的生产工作都是按需排期的，可有些在公司里颇为得宠的"王牌销售员"总是给出填写并不完整和准确的临时需求单，而且要求立刻生产。

结果不出意料地出现退货并重新组织生产，又耽误了其他订单的交期。原因很简单，销售认为反复确认需求是很"麻烦"客户的事情，自己提交的那些信息足够安排生产了（不要以为这是天方夜谭，这种现象在企业中非常常见)。

生产部门在销售要求"立刻生产"以及"客户需要"的压力下,按照并不明确的订单需求进行了生产,而高层对此也视若无睹。长久以往,库存高居不下,生产成本逐渐升高,部门间矛盾不断堆积……团队中原本充沛的战略目标前进力量就这样被内耗掉,前进的脚步迈不开,这是领导者必须要重视的问题。

永远没有责任人

"鸡生蛋,蛋生鸡"的问题责任逻辑在低效组织里似乎占据了主流。

领导者们特别严苛地想找到问题的责任者并给予处罚,可成员们早已学会"保护"自己,总能找到各种理由来表明与己无关。要知道关于协作的事情,总是能找到一些真空地带的,"我不知道""我不清楚""可能没传达到位"……这些成了最为"厉害"的回应方式。

在一家企业里出现了这样的状况:新员工入职培训结束后被安排到各个部门,半年之内这些新人就走了一大半,无论是人力部门还是用人部门都不觉得有问题,更看不到招聘和用人的成本浪费。

直到某天,高层领导发现在入职见面会上有过良好印象的某个新人也离开了,询问之下,人力部门说新人入职后就是用人部门负责,而用人部门也会有无数理由:"年轻人不安分,总想要更好的机会""扛不住压力""外面诱惑太大,我们这点工资留不住,谁像我们这样埋头打拼很多年啊"……

问题往往就此打住,但浪费的招聘成本、用人成本就被悄悄藏起来,用人部门继续提出岗位需求,人力部门继续努力招聘……问题到底出在哪里呢?

领导者要将问题管理起来

优秀的领导者会把问题管理作为一套体系来运作,他们擅长在寻找问题和解决问题的过程中,开放地接受各种问题和意见,让所有人都可以看见组织对于改善问题的决心和对下属意见的尊重。

对于问题的管理,可以采取以下三个步骤。

第一步,构建问题库。

企业里存在一个"残酷"的现实:下属往往都非常清楚该如何解决问题,但他们并没有这么去做,因为他们不认为组织鼓励和支持这样的行为。因此,上级一定要能够用心倾听员工所面临的问题以及他们看到的组织中存在的问题,并构建问题库。

在桥水基金,瑞·达利欧把问题库叫作问题日志,它在企业中发挥着巨大的作用。他认为,问题日志是用来记录错误、吸取教训的主要工具,通过它可以把所有的问题公之于众,再将其交由问题处置能手处理,进行系统化的改进和完善。但凡出现任何错误,都必须载入问题日志,并说明问题的严重性和谁应当对此负责。此外,问题日志是个很好的工具,能够改变人的行为和观念。通常人们首先面对的挑战就是公开指出错误,因为有人本能地认为指出别人的错误会让犯错的人很难受。一旦他们习惯公开指出错误,就会认识到这样做带来的好处。[一]因此,问题库的建立需要公开且持续地进行,最终会形成改善文化,不断将战略落地过程中的错误暴露出来,继而进行调整。

一般来说,组织20人左右进行问题讨论,能发现至少100个问题,而且这些问题中的绝大部分早已存在,现在把它们找出来、写下来,贴在

[一] 达利欧. 原则 [M]. 刘波,綦相,译. 北京:中信出版集团,2018.

墙上，让下属感受到领导已经注意到这些问题，并真的在行动，无论最后问题是否完美地得到了解决，对团队士气和组织文化来讲，都是莫大的鼓励。

第二步，共同分析问题。

问题找到了，但为何存在？为何一直存在？如何解决？没有这些思考，就冲动地安排下属去执行解决问题的任务，效果往往都不好。此时需要上级领导的加入，并与团队一起来分析问题。

分析问题，其实就是寻找产生问题的原因，只有找到最主要的原因或者根本原因，才能真正杜绝问题再次发生的可能。如果不剖析问题的原因，它是不会自动出现在你的眼前的，尤其是导致问题重复发生的根本原因就像冰山一样，总是藏在下方，需要去挖掘出来。

第三步，评估问题的解决，并实施奖励。

不论最终是否解决问题，都应该进行评估，这个环节需要关注以下内容：

- 问题是否在约定的时效期内得到解决；
- 问题解决任务的完成状态：结果确实体现了改进吗？结果同预期相比如何？
- 解决方案的有效性和可复制性。

当领导者抱怨员工缺乏动力的时候，不妨把一些激励资源放到问题改善项目上来，当员工自发去寻找问题并着手解决，由此获得相应的激励的时候，他们的积极性会得到提高，更重要的是企业问题得到了改善。

每个企业都有问题，优秀的企业甚至问题更多，但企业之间的差距在于是否敢于直面问题，是否敢于不断挖掘问题，是否能真的采取有效行动去解决问题，是否能把问题的解决作为经验避免再次发生。

战略落地贯穿于每个年度的企业经营活动，这个过程中领导者进行问题管理的效率和效果，很大程度上决定了战略落地的效果。

掌握"一对一会议"

开会是用来解决问题的重要技巧之一，也是让很多人一提起来就头大的事情，绝大多数的人是这样看待会议的：

- 不喜欢开会，又不得不开，似乎没有别的方式；
- 开会就是通气，大家知晓情况而已；
- 就是一个把已经做好的事情给领导汇报的过程；
- 会议随时都开，甚至不需要做什么准备；
- 开会是一个把领导意图变成群体背书的过程；

……

召开会议是推行战略目标的重要手段，优秀的领导者善于借助一对一会议来实现很多目的：维系上下级的关系、了解状况、掌控工作、取得共识等，这是一种杠杆率非常高的管理活动。

很多人会诧异，"一对一会议"这么简单的概念还需要专门学习吗？在公司里面随时都可以找上级或者下属进行一对一的沟通，甚至在非工作时间也可以进行充分的交流和沟通。

一对一会议的好处

管理者与向其直接汇报的下属之间，举行一对一会议并非面谈那么简单。

向下属学习

在战略目标推行过程中,上级也会遇到不了解的工作内容及关键工作的"窍门",通过一对一会议,上级向某位下属请教,可以借此掌握那些在办公室中不会听到但很重要的"接地气"的信息,同时也能够维系上下级的良好关系。

向下属传授

通过一对一会议,对专门的项目或者事宜进行探讨,上级可以在一个独立且专注的环境下,向下属传授自己的思路、经验,以及建议切入问题的角度和方式等。下属在这种环境下,会认为上级是在对他坦诚相待、倾囊相授,从而促进他对所传授内容的接受和理解。这样的方式会潜移默化地提升上级与下属的"共识度",上级的意图也能得到更顺畅的执行。

对工作进行把控

把控工作的核心主要在于两点:下属对工作的处理能力以及工作中事情变化的情况。通过一对一会议可以了解下属对工作的熟悉程度,并借此设定会议的频次,例如新项目的变数可能较大,于是开会频次是一周一次,甚至两次,通过会议可以及时发现工作中可能出现的问题。

领导者开好一对一会议的技巧

会议一定要有目的,需要上级或者下属准备一份开会的内容概要,包含一个目的或者多个目的,以及需要沟通的相应要点。这就可以避免会议中的思维跳跃,避免时间过去一大半才发现该谈的事没有谈的状况。

千万不要觉得和自己熟悉的下属进行一对一会议时，就可以随便聊，想到的话题都可以用来沟通，那就不是会议，而只是聊天。为开好一对一会议，领导者可以运用以下技巧。

技巧一：一定要有会议内容概要，并做好笔记

领导者一定要做笔记，其真正的作用在于可以让自己集中精神，更加专注，并通过做笔记不断理解和消化所接收到的信息，甚至按照自己的逻辑不断进行分类（例如使用方格笔记本），这样做的价值远远大于会后再看记录。

一对一开会的过程是不断思考的、专注的过程，否则一切交给录音机就好了。

技巧二：以"立刻写下来"这个动作激发下属

"立刻写下来"与做记录并不完全一样，这是一个特别的动作。

现在我仍然记得十多年前的一个场景，那时我正担任某房地产集团副总裁，与营销总监在一对一会议中探讨项目营销设计。他突然说道："我们的销售人员应该让来看房的客户感受到这就是他们以后生活的环境，并且一言一行都要表现出我们是在帮客户照看值得珍惜的房子，并且这些房子以后会交付给他们。"

我听到这句话立刻受到启发，拿起笔说："你等我一下，这几句话太好了，得专门记下来。"我写好这段话后，抬头看到了对方溢于言表的开心，那次会议中我们产生了无数的想法，并且都在后面的工作中得到了实际应用，取得了非常好的成果。

"立刻写下来"不是一个简单的动作，在下属提出建议时，这个动作

就代表了上级对他的肯定甚至承诺，如同无形中的握手。

技巧三：要鼓动下属谈"心里话"

　　一对一会议是一个坦诚的、面对面的场景，上级应该营造出值得信任和放松的氛围，鼓励下属谈及一些"心里话"，主要是工作中的顾虑、公开场合中不愿意说出来的问题，工作布置时的困惑等。

　　如果一对一会议的目的不是推进工作，而是维系上下级关系，那还可以谈及绩效、个人发展等相关的问题，在这个环节中不要担心员工提出薪酬抱怨、职位晋升等话题，要将其视为难得的问题疏通机会。

　　我曾经跟某位技术负责人进行一对一会议，一开始是在很正常地谈工作，也提出了很多不错的想法，直到会议快结束时，他突然提到有猎头在挖他，而且薪酬比现在高50%，这消息的确让人措手不及，但也许这是他一开始就想提到的话题。

　　被猎头高薪挖人的事情，会让很多上级感到绝望，尤其是在对方给的薪酬高50%的情况下，实在是有些无能为力。此时如果上级陷入沉默或者让对方回去再想想，或者打情感牌留人，都难有好的结果。

　　对于这类谈"心里话"谈出了"炸弹"的情况，建议使用两个小技巧，分别是尽量追问，以及上级要谈自己的"心里话"。

　　当对方抛出了问题，上级无法应对时，最好的方式就是再多问几个问题。我当时是这样做的：

　　我：你了解对方的企业吗？

　　答：不了解，就猎头给了个企业资料。

　　我：你觉得对方公司这么高薪酬挖你，目的是什么？

答：应该是缺这个技术，毕竟年轻人培养起来没那么容易。

我：你觉得如果真的过去了，他们是培养你，还是利用你？

答：坦率地讲，应该是利用吧，但薪酬够高啊。

问到这里，基本上就可以使用第二个技巧了，那就是谈上级的"心里话"。

我：这个薪酬说实话的确很诱人，如果我是你，估计也难以抵抗这个诱惑，毕竟有房贷有小孩，多 50% 是一个非常好的事情。我也非常希望你的收入增加，而且过去我每年给你们的年度计划里面都有关于薪酬提升的内容，所以这三年你的收入增幅累计肯定不少于 50%，你应该清楚吧？

答：这个我很清楚，感谢领导对我的关心，的确相比过去薪酬已经提升了很多了，您也总是站在提升我们薪酬的角度来安排年度工作计划。我很愿意在公司干下去，也知道薪酬还会继续涨，只是这次的机会太诱人了，非常抱歉。

我：没什么好抱歉的，你能坦诚地跟我说出这件事情，没有偷偷写份辞职报告给人力部门，甚至在我都不知道的情况下走离职流程，就已经是尊重我对你的信任了，就已经是在珍惜这些年工作的情谊了，所以我要说声谢谢。但是我还是想回到刚才的话题，既然知道他们给你一个恶意的挖人薪酬，是在利用你，那你能确保 5 年后不被替代吗？5 年后的薪酬还能再涨吗？

答：其实我很清楚，这种情况下去了就是卖命的，没可能再涨了。

我：我可以给你 50% 的涨幅，但不是现在。其实你很清楚的，我一直希望你带队去学习某技术，丰富我们的技术服务业务，但你就是一直沉迷在自己熟悉的领域。这个领域已经非常成熟，虽然别人愿意挖你，但在我们公司里的确没有理由涨薪啊，只能每年尽量在薪资普调的时候考虑。你上面还有总工，总工的薪酬你也知道的，起码多了几个50%吧？你为什么就不能选择一个空间无限且自己不断成长的路径，而要去考虑一个利用你、耗干你、透支你的路径呢？回去好好思考一下，而且在新的组织里，我想你也难以遇到这样一对一会议的机会，尤其是对于自己的发展而言。前两年我就建议你掌握新的技术，公司也会提供培训学习的机会，你为什么这么久都不愿意做呢？虽然现有业务很重要，但必须要为趋势做储备啊，尤其是对于你个人来讲，不要仅仅看薪酬，更该关注的是能力提升。你必须为自己的价值负责，没有哪个公司会愚蠢到使薪酬与员工价值严重背离。我也给你们讲过职场身价管理的课，你回去再好好理解一下吧。

答：好的，我好好思考一下，您说的对，不要只看眼前，而是要关注自己整个职业发展周期的成长。

很幸运，这位技术负责人被我留了下来，而且也制订了新的技术产品学习及开发计划，虽然有各种考量因素，包括个人发展、人际关系等，但的确是得益于这次一对一会议。当然我也遵守承诺，在他带领团队掌握某技术并带来业务增长后，他的薪酬在两年内实现了翻番。

不要小看一对一会议，更不要将其当作随便的谈话，它会让你的意图更能被下属理解，增加上下同欲的程度；它也可以让你更好地去理解业务以及了解下属对工作的把握情况，解决一些隐藏的、将要发生的问题。

对领导力的定义可谓多种多样，有的领导者并没有专门学习过相关的理论和技能，却能够带领企业走向卓越，而有的领导者经过了系统的学习却无法挽救企业前途,所以如果让我用一句话给领导力下定义,那就是:领导力是一种带领团队实现战略落地的能力。

战略落地中的领导力,应该是每一个层级的管理者都应该具备的,它需要在思维上进化,需要致力于共识,需要懂得一些具体的领导方法。我仅仅是根据企业实践中的一些经验总结提出以上三个方面的要点,但这远远不够,还需要在未来的实践中不断地去归纳和提炼。

结束语

意义是什么

由于答应了出版社的交稿日期,在 2021 年春节期间我一直埋头在书房里工作,时间特别紧张,好几次都觉得无法完成了,但还是告诉自己要信守承诺、坚持下来。在初稿完成之时,我从镜子中看到带着黑眼圈、满脸胡茬、头发凌乱的自己,突然想到了"意义"两个字。

对于我们要做的事情,其实不能说有意义和没意义,只能说在不同的意义间有所权衡和选择罢了,例如写书的这段时间里我几乎放弃了全部的业务工作,但不能说我觉得写书有意义,而业务没意义,只不过权衡之下,我认为写出本书的意义更值得我去投入精力和时间。

那意义是什么呢?

思考了许久,想来每个人都有自己的答案,但对于我而言,并不会因为失去什么而变得没有意义,也不会因为得到什么而感到有意义。真正的意义,是让我心里变得平静的东西,是感受到了自己应该去做,而与结果如何并无太大关系的东西。

结束语 意义是什么

正如我的这本《将战略落地》，从开始开题时我就认为它的名字和内容决定了它不可能是一个热销书，但我觉得应该写，应该把多年的管理实践及对诸多企业辅导的经验呈现出来。可以说，这是我要做出的一个交代，写好它，让有缘的读者看了能有收益，就够了。

在我们的人生中，意义是在不断变化的，正如马斯洛需求层次理论所蕴含的道理一样，意见是分层的。有的人会一直停留在某个层面的意义上，而有的人可以不断进化自己追求的意义，这形成了人与人之间的差异。

无论遇到何种困难，无论物质多么匮乏，无论身体多么疲倦，只要你心头还能感受到意义，就没有痛苦，甚至甘之如饴。

有一天半夜醒来，我看向窗外，突然意识到自己还颇为得意的现状正如夜空这般漆黑，而我们自来到这个世界的那一刻起，就是应该不断追逐光的啊。这光其实就在自己的内心，是一种需要去唤醒的使命，从而做有意义的事，成为一个有意义的人。

能永久陪伴我们的意义，是跳离自我的，是利他的，是能让你在人生路上走的时候抬起头向着天空微微一笑的，是让你在未来有一天能证明自己参与过这个世界的东西。

以上是在本书初稿完成之际的感悟，在写作过程中我感受到了意义的存在，当然更加感受到了自己文笔和知识的匮乏，仅能把自己有着很大局限性的认知与经验尽可能地提炼出来，希望能给企业带来一些实战的借鉴和启发。

感谢我的家人一直以来对我的支持，感谢我的一双儿女带给我的欢乐；

感谢那些与我共同进行管理实践的企业领导者，让我不断有新的收获；也正是这些努力发展，致力卓越的企业，给予我分享的力量。

感谢机械工业出版社华章管理的老师们对我的信任和支持，感谢公众号"管理的常识"授予我 2020 年度最佳内容合伙人的荣誉，是你们的信任和厚爱让本书得以完成。

感谢公众号"胡言非语"的读者们，是你们让我坚信赋能的力量。

是你们，让我感受到了写书的意义，我也希望将这意义带给更多的人。

附录

企业战略落地模板汇总

为了便于读者在纵览全书后查阅工具并应用到实践工作中,我专门将本书中涉及的模板进行汇总,并送上我的一份项目思路以供参考,但是需要提醒的是,任何一项学习必须要经过吸收转化的过程,模板也有一定的局限性,每个好的工具模板都是特定环境下解决问题的产物,因此如何巧妙地借用、改编工具,应用到自己所在的企业组织中并发挥作用,就是留给读者的课题了。

附录1：OGSM-P 表格（见表 A1-1）

表 A1-1　OGSM-P 表格模板

Objective	Goals	Strategies	Measurement	Projects

其中：

- Objective：战略目标，时间周期一般为1年、3年或5年，最好为1年。

- Goals：子目标、阶段目标，以时间或其他维度来划分，是 Objective 的支撑，建议从不同维度划分，更有实际意义。

- Strategies：根据 Goals 设定的策略，每一个 Goal 都需要一个或多个策略来支撑，策略的写法是动宾结构，例如提高 XXXX。

- Measurement：对策略的量化评估标准，明确策略做到什么程度才算合格，才能支撑实现 Goals，这里要避免把手段当结果，例如策略为培训员工技能，衡量标准为平均每人参加3次培训，这个衡量标准看起来是量化的，但实际上没有意义，因为参加培训并不能说明培训的效果，应该仔细推敲后确定策略的实施到底要达到什么状态或结果。

- Projects：根据策略及其量化标准，对应设置需要采取哪些项目，从而保证企业各部门（子公司）的年度项目计划与策略匹配，也就能支撑 Goals，最终贡献给 Objective，从而将战略目标转化为行动。

附录2：年度部门项目立项计划（见表 A2-1）

表 A2-1 年度项目列表

部门名称：集团财务中心　　　　　　　　负责人：XXXXXX

年度目标：(请填入您所在部门在20XX年度的主要工作目标)

_____

_____

立项依据：(请思考并填入您根据20XX年工作目标确定的立项依据，例如与往年比较得出的提升依据)

_____

_____

年度立项：

共计_____个项目，其中常规类项目_____个，逻辑类项目_____个。

项目级别："XXXX"项目为集团重点项目，其他项目均为依据公司策略及部门OGSM制定的项目。

项目编号	项目名称	项目目标	项目基本描述	项目成果评价指标及交付结果	负责人	项目类型	起止时间

附录3：责任矩阵（见表A3-1和表A3-2）

表A3-1　责任矩阵模板

项目成员责任矩阵（Team Members roles）							
一、基本情况							
项目名称：				项目经理：			
二、责任分配							
任务名称＼人员姓名	项目经理						
各成员签名确认							

表A3-2　角色矩阵各类角色注释

代　号	角　色	成员角色注释
P	参与协助	代号为P的人对相应任务进行协助性工作
R	审核任务结果	代号为R的人负责对相应任务结果进行审核
A	任务负责	代号为A的人为相应任务唯一负责人
I	提供资料	代号为I的人负责为相应任务提供所需资料
N	知会	代号为N的人在相应任务发生过程中需得到知会

注：如项目组成员还有其他角色类型，可自行添加，规则如上。

附录4：战略落地顾问项目辅导方案

本书希望读者能够将思路和方法用于实战中，即使读者不是战略层管理人员，了解战略落地中的思维、方法对于开展工作、提升认知也大有裨益。因此我将一个顾问辅导方案基本框架作为附录，希望能够加强读者对本书实际应用的认知。

一、项目背景理解

经过2017年11月对XX集团的中高层人员进行管理培训和深入沟通，我们更深入地了解并深深认同XX集团的战略方向，我们发现可以在以下几方面努力，让XX集团成为更优秀的企业，让团队变得更优秀，更具有目标导向，更具有策略性地执行目标。如图A4-1所示。

图A4-1　项目背景理解示例

二、项目的定位与核心内容

本项目通过我与 XX 集团高层及相关管理层成员共同组建项目组，推动目标体系到执行体系的梳理和落地。将 XX 集团 2018 年的年度经营目标进行系统性、逻辑性的分解，从高层到中层，明确每个目标的支撑，并形成中高层具体的关键目标，再据此分解并设立关键项目。在执行层面，我与 XX 集团项目组一起辅导并帮助关键项目的设立、计划的制订，在推行过程中进行统一管控和推进，及时协调资料和问题，高效地执行项目。

因此，形成了高管、中层和基层的目标体系，从上往下分解，从下向上支撑，并明确中高层的 KPI 所对应的关键项目，从而构建一套目标导向、层层落地的目标与执行管理体系。每一个层级的目标，都做到可分解、可追溯，从而保障年度经营目标的有效落地。

本项目主要完成以下内容：

A. 根据 2018 年度经营目标，明确不同维度目标的关联关系，形成副高层和部门层对整体目标的支撑；

B. 在梳理高层到中层目标承接的基础上，设立关键项目（公司级项目与部门内关键项目）；

C. 关键项目立项及计划制订、过程月度项目执行情况质询及推进，提升项目目标完成率；

D. 通过目标分解和项目设立、执行与质询，让各层级人员用统一的方法来执行目标。

三、问题发现

我发现，很多企业都存在上下级目标传递与执行的问题。例如，战略目标向下传递理解偏差大，无法统一认识，且各级 KPI 缺乏量化。如图 A4-2 所示。

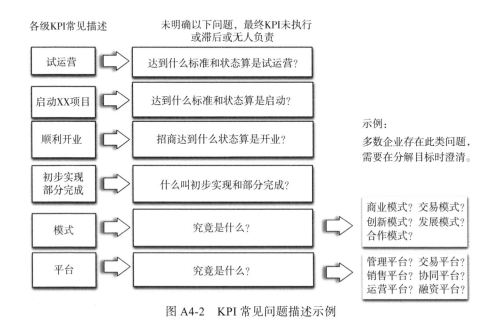

图 A4-2　KPI 常见问题描述示例

四、顾问项目总体思路（见图 A4-3）

五、项目各阶段关键工作

阶段一：项目启动阶段

本项目属于管理体系与执行结合的项目，对于 XX 集团未来的发展至关重要，所以项目的启动尤为重要。如图 A4-4 所示。

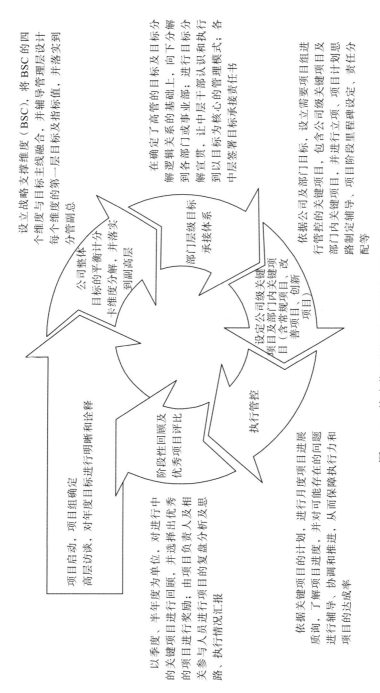

图 A4-3 战略落地顾问项目总体思路示例

图 A4-4　项目启动阶段主要工作与成果示例

需要特别关注的是，此阶段一定要得到总经理的大力支持，使各高层和各部门对此项目重视且配合相关工作的开展。

阶段二：目标分解体系梳理与执行辅导

为了解决过去 XX 集团目标设定及分解时，缺乏整体诠释性及横向联系的问题，项目组导入平衡计分卡法管理系统。

本项目不仅仅是进行年度目标分解，更是要输出一套目标与执行管理的模式，因此，此阶段工作会形成目标驱动框架（见表 A4-1），包括年度目标诠释、公司年度目标与中高层指标的关联性审视、关键项目行动方案、项目质询与推动等四个维度的成果。

这些成果主要通过表 A4-1 中的两个模块来具体执行。项目启动模块是指在项目正式启动时对企业的方法和工具进行输出，以保障后续项目的执行。辅导实施模块是贯穿整个项目过程的关键任务，包括目标分解辅导和关键项目设定、月度质询与辅导、项目复盘与经验总结，这一部分就会确定年度目标诠释、公司年度目标与中高层指标的关联性审视、关键项目行动方案等成果。

表 A4-1　目标分解体系梳理与执行辅导关键任务

项目模块	关键任务	任务内容
项目启动	项目组管理辅导及工具输出	1. 辅导项目化管理中需要使用的工具方法，并分配任务 2. 对项目管控组进行质询项目的经验分享 3. 确定项目质询制度及排期
辅导实施	中层目标分解辅导及关键项目设立	1. 根据公司的整体目标，辅导各部门进行针对整体目标及自身建设的目标分解，形成一级、二级、三级 KPI 对应表；并构建部门年度工作 OGSM，形成明确的策略性工作列表，报高层讨论、审核通过 2. 中层签订目标承接表，并与项目组共同分析、设立关键项目 3. 由公司高层审核并发布公司年度关键项目，明确项目目标、起止日期、项目成员等 4. 对需要立即启动的关键项目进行项目设立思路辅导，并由项目成员完成项目计划，提交项目管控组审核，通过后启动项目
	项目月度质询与辅导（项目周期内每月进行）	1. 项目月度质询及相关问题辅导（任务分解审核、建议、进度质询、结果定义） 2. 项目执行过程中问题发现及分析 3. 质询组针对项目执行组的过程问题进行研讨、分配改进任务、监督等
	项目复盘与经验总结辅导（每季度与月度辅导一起）	1. 导入项目复盘的方法，提升各模块人员思维及执行能力 2. 辅导项目人员针对项目中的经验教训开展问题分析会 3. 针对项目中的关键任务和流程，辅导项目成员进行经验总结 4. 项目管控组对各关键项目的季度完成情况进行评估，并对相关人员进行评定

阶段三：目标"管理闭环"——季度监控及半年度目标调优

战略管理并非一次目标设定工作，而是一个不停向上向前滚动的闭环，因此目标及关键项目推进过程的跟进、监督、调整、控制尤为重要。本项目以月度为单位进行辅导，以季度为单位进行闭环回顾。在 2018 年的第一、二季度进行回顾和监督，并发现问题，为目标的优化和调整提供依据。

具体工作分为两个季度的目标回顾与质询环节、半年度目标回顾与质询环节。顾问参与进行研讨，并提供相应建议。

A. 季度目标回顾和进度质询；

B. 目标推进问题研讨；

C. 对可能存在的目标调整进行优化；

D. 半年度战略回顾及下半年工作建议；

E. 落实推进目标匹配的相关奖惩。

六、项目成功所需的支撑

为了项目的成功，更主要的是为了帮助 XX 集团打造以目标为核心的管理体系，让各层级统一地围绕着目标进行自发地管理和优化，申请支撑如下：

A. 一定要得到总经理的大力支持，启动会和目标分解确定后的管理层宣贯会、季度及月度质询等环节需要请总经理参加和支持；由总经理亲自担任整体项目最高负责人，否则重视度不够，项目难以开展；

B. 顾问与总经理在每月的辅导过程中有直接沟通环节，对于影响进度的人和事，总经理须要求整改；

C. XX 集团有专人跟进、组织项目所需协调、访谈、记录等文字工作事宜；

D. 设定项目管控组，将高管和部门负责人、核心骨干纳入项目组，相关信息会顺畅许多；

E. 项目组需要较为稳定的办公场所，例如固定在某会议室。

参考文献

[1] 钱德勒.战略与结构：美国工商企业成长的若干篇章[M].孟昕，译.昆明：云南人民出版社，2002.

[2] 梅多斯.系统之美：决策者的系统思考[M].邱昭良，译.杭州：浙江人民出版社，2012.

[3] 博西迪，查兰，伯克.执行：如何完成任务的学问[M].刘祥亚，等译.北京：机械工业出版社，2016.

[4] 左哈尔.量子领导者[M].杨壮，施诺，译.北京：机械工业出版社，2016.

[5] 联商网.宝洁CEO：价值领导力模型的十大原则[Z/OL].(2011-12-21)[2021-02-28].http://www.linkshop.com.cn/web/archives/2011/188747.shtml.

[6] 库恩.科学革命的结构[M].4版.金吾伦，胡新和，译.北京：北京大学出版社，2012.

[7] 阿代尔.正确决策 [M].燕清联合,译.海口:海南出版社,2008.

[8] 德博诺.水平思考 [M].卜煜婷,译.北京:化学工业出版社,2017.

[9] 渥克.灰犀牛:如何应对大概率危机 [M].王丽云,译.北京:中信出版集团,2017.

[10] 达利欧.原则 [M].刘波,綦相,译.北京:中信出版集团,2018.

[11] Peter F Drucker. Management: Tasks, Responsibilities, Practices[M]. New York: Harper&Row, 1974:462.

[12] 稻盛和夫.领导者的资质 [M].曹岫云,译.北京:机械工业出版社,2014.

[13] 迪克西特,奈尔伯夫.策略思维:商界、政界及日常生活中的策略竞争 [M].王尔山,译.北京:中国人民大学出版社,2013.

[14] 查兰,蒂奇.良性增长:盈利性增长的底层逻辑 [M].邹怡,译.北京:机械工业出版社,2019.

[15] 张敏敏.OGSM 打造高敏捷团队 [M].台北:商业周刊,2020.

[16] 卡普兰,诺顿.平衡计分卡:化战略为行动 [M].刘俊勇,孙薇,译.广州:广东经济出版社,2004.

[17] 宾图.项目管理 [M].北京:机械工业出版社,2007.

[18] 艾斯纳.管理复杂系统:从框框外思考 [M].胡保生,译.西安:西安交通大学出版社,2007.

[19] 乐国安.社会心理学 [M].北京:中国人民大学出版社,2009.

[20] 黄卫伟.以奋斗者为本:华为公司人力资源管理纲要 [M].北京:中信出版社,2014.

[21] 霍尔沃森.如何达成目标 [M].王正林,译.北京:机械工业出版社,2019.

[22] 德鲁克.管理的实践[M].齐若兰,译.北京:机械工业出版社,2006.

[23] 格鲁夫.格鲁夫给经理人的第一课(纪念版)[M].巫宗融,译.北京:中信出版社,2013.

[24] 奥格威.一个广告人的自白[M].林桦,译.北京:中信出版社,2008.

[25] Avraham Shtub, Jonathan F Bard, Shlomo Globerson. Project Management: Processes, Methodologies, and Economics[M]. 2nd ed.Upper Saddle River: Prentice Hall, 2005.

2021年最新版
"日本经营之圣"稻盛和夫经营学系列
马云、张瑞敏、孙正义、俞敏洪、陈春花、杨国安 联袂推荐

序号	书号	书名	作者
1	9787111635574	干法	【日】稻盛和夫
2	9787111590095	干法（口袋版）	【日】稻盛和夫
3	9787111599531	干法（图解版）	【日】稻盛和夫
4	9787111498247	干法（精装）	【日】稻盛和夫
5	9787111470250	领导者的资质	【日】稻盛和夫
6	9787111634386	领导者的资质（口袋版）	【日】稻盛和夫
7	9787111502197	阿米巴经营（实战篇）	【日】森田直行
8	9787111489146	调动员工积极性的七个关键	【日】稻盛和夫
9	9787111546382	敬天爱人：从零开始的挑战	【日】稻盛和夫
10	9787111542964	匠人匠心：愚直的坚持	【日】稻盛和夫 山中伸弥
11	9787111572121	稻盛和夫谈经营：创造高收益与商业拓展	【日】稻盛和夫
12	9787111572138	稻盛和夫谈经营：人才培养与企业传承	【日】稻盛和夫
13	9787111590934	稻盛和夫经营学	【日】稻盛和夫
14	9787111631576	稻盛和夫经营学（口袋版）	【日】稻盛和夫
15	9787111596363	稻盛和夫哲学精要	【日】稻盛和夫
16	9787111593034	稻盛哲学为什么激励人：擅用脑科学，带出好团队	【日】岩崎一郎
17	9787111510215	拯救人类的哲学	【日】稻盛和夫 梅原猛
18	9787111642619	六项精进实践	【日】村田忠嗣
19	9787111616856	经营十二条实践	【日】村田忠嗣
20	9787111679622	会计七原则实践	【日】村田忠嗣
21	9787111666547	信任员工：用爱经营，构筑信赖的伙伴关系	【日】宫田博文
22	9787111639992	与万物共生：低碳社会的发展观	【日】稻盛和夫
23	9787111660767	与自然和谐：低碳社会的环境观	【日】稻盛和夫